Impressum

ISBN:	978-3-9818431-2-5
Umschlagbild:	Peter Reindl, Farbholzschnitt 2017
Digitalisierung und Satz:	Peter Reindl
Lektorat:	Gabi Rößler
	Corinna Michaeler
	Richard Reindl
Verlag:	Silber Alpen Verlag
	G8-2015.de UG (haftungsbeschränkt)
	Rehbergstrasse 4
	82481 Mittenwald

Mittenwald - 2017

Dieses Buch wurde mit freier Software erstellt: Tesseract OCR, LaTeX, Gimp, Scribus, Inkscape.

Rab Golli
ein fahrender Mann

Hochgebirgsroman aus Mittenwalds Glanztagen

Adolf Ott
1842 – 1918

SILVER-ALPS
MOUNTAIN TRADITION
Verlag & Bildagentur

Genovefa Wörnle
Katharina Reindl
Gerd Rößler

es hätte ihnen gefallen

Vorwort

Eine Recherche in Antiquariaten brachte diesen Roman zum Vorschein. Natürlich stand sofort im Raum, zum Bozner Markt 2017 etwas Besonderes präsentieren zu können. Aber Vorsicht, bei Romanen aus dieser Zeit kann man auch solche treffen, die Namen beliebig wählen und inhaltlich wenig Überaschendes bieten.

Eine erste Lektüre zerstreute diese Bedenken aber schnell und es präsentierte sich ein solider Roman dem man die Recherche vor Ort ansehen kann. Keine beliebige Geschichte, die nur durch Zufall nach Mittenwald verortet wurde, sondern sich mit den Verhältnissen der damaligen Zeit in Mittenwald tatsächlich beschäftigt.

Damit war klar, eine Neuauflage muss sein. Und das rechtzeitig zum Bozner Markt. Eine hohe Latte, wenn weniger als 6 Monate (Frei)Zeit zur Verfügung stehen. An dieser Stelle möchten wir kurz auf den Prozess eingehen, wie eine solche Neuauflage entsteht.

Zuerst steht die Digitalisierung, das Buch wird eingescannt und die einzelnen Seiten stehen nun als Computerbilder zur Verfügung. Das alleine reicht aber noch nicht, es handelt sich nur um Bilder. Um daraus den Text für den neuen Satz zu erhalten, müssen diese Bilder aufbereitet und durch ein Texterkennungsprogramm verarbeitet werden. Großer Dank gilt dabei dem tesseract Projekt[1], welches die Texterkennung von Frakturschriften ermöglicht.

Nachdem der Text nun in seiner Rohform zur Verfügung stand, musste dieser grob korrigiert und in eine Form gebracht werden, die die weitere Verarbeitung in einem Textsatzsystem ermöglicht. Damit stand das Buch in seiner Rohform und wurde in einer kleinen Auflage von 10 Stück gedruckt. Diese Exemplare dienten der weiteren Korrektur und dem Testlesen. Noch vorhandene Fehler wurden korrigiert und mit der Zeit entstand eine Basis, die guten Gewissens gedruckt werden kann.

Das alleine reichte aber noch nicht, Hintergrundinformationen mussten eingeholt werden und auch das äußere Design war festzulegen. Da wir beim Bozner Markt alte Drucktechniken zeigen, fiel die Wahl auf einen Holzschnitt bei der Titelgestaltung.

Zur Edition

Diese Ausgabe orientiert sich an der der Ausgabe des „Verlag von Adolf Bonz & Comp." von 1909. Weitere Ausgaben sind uns nicht bekannt. Die Rechtschreibung wurde an manchen Stellen angepasst und offensichtliche Fehler korrigiert. Wenn es für das Verständnis notwendig war, wurden Begriffe durch Fußnoten erklärt. Der Aufbau des Textes und die Satzstellungen wurden direkt übernommen und auf eine weitergehende Modernisierung der Sprache verzichtet.

---

[1] https://github.com/tesseract-ocr/tesseract

Der Autor

Der Autor des vorliegenden Romans, Adolf Ott, scheint heute weitgehend in Vergessenheit geraten zu sein. Es finden sich nur wenige biografische Daten. Er wurde am 10.3.1849 in Lindau geboren und starb am 13.1.1918 in Puchheim. Sein Leben verbrachte er wohl hauptsächlich in Freiburg und war neben seiner schriftstellerischen Tätigkeit auch Offizier (Oberstleutnant).

1 Sie kommen!

Es ist im Juni des Jahres 1678.

Die zahlreichen Menschen beiderlei Geschlechtes — jung und alt — die sich in dem stattlichen Hochgebirgsmarkte Mittenwald auf den Straßen bewegten, müßig unter den Haustüren standen oder die Köpfe neugierig durch die niederen Fenster steckten, zeigten eine gewisse Aufregung, die sich steigerte, je tiefer sich die Sonne nach Westen senkte.

„Heut kommen ganz g'wiß die Ersten!" schrie einer und schnitt ein möglichst kluges Gesicht zu dieser Behauptung.

„Was wirst denn du wiss'n?" bezweifelte ein anderer spöttisch. „Hast wohl gar ein' Brief kriegt? Aber was sag' ich? Les'n kannst ihn doch net, wenn auch einer ein' an dich geschrieb'n hätt'."

„Nachher ging's mir grad wie andere Leut," war die nicht mißzuverstehende Entgegnung. „Ich glaub's halt und da machst du mich net irr. Hat auch der Wasn-Hans von Scharnitz heut Nacht die Post bracht, daß die Erst'n vorgestern in Innsbruck einzog'n sind. Wie lang dass von dorther bis auf Mittenwald brauch'n, dös kannst du dir leicht selber vorstell'n."

Der Sprechende, der sich überlegen von dem Spötter abgewendet hatte, sollte recht behalten.

Es dauerte keine Viertelstunde, nachdem die gehörten Bemerkungen gefallen waren, als atemlos vom schnellen Laufe, ein junger Geishirte, der auf einer seitlich der Straße gelegenen Anhöhe seine meckernde Schar gehütet hatte, in den Marktflecken gestürzt kam, dabei aus vollem Halse schreiend:

„Sie kommen! Sie kommen!"

Wie in einem gestörten Ameisenhaufen begann es im Orte zu wimmeln. Alles eilte auf die Straßen; die Kinder johlten und schlugen Purzelbäume in überschäumender Luft; die Alten zeigten grinsend vor Vergnügen ihre Zahnlücken; die jüngeren Weiber lachten hellauf, trugen aber emsig Wäschestücke und sonstige, etwa für eine begehrliche Hand zu leicht erreichbare, im Freien befindliche Gegenstände in den Schutz des Hauses, während das Mannsvolk eine wichtige Miene aufsetzte und seine Blicke etwa über bereitgestellte Lastwagen oder nach den Fenstern des Oberstockwerkes, woselbst sich die gute Stube befand, gleiten ließen.

Aus denen mag wohl die nächsten Wochen so manch fremdländisch geschnittenes Gesicht schauen. Solche Gäste im Hause sind zwar oft eine Plage und machen viel Unruh und Ungemach. Aber es trägt Geld und das bleibt die Hauptsache.

Wer es möglich machen konnte, eilte vor den Marktflecken, wo die Straße nach der Scharnitz geht.

Auch der Büttel und seine Stockknechte, sowie sämtliche drei Nachtwächter, wohl bewehrt mit Hellebarden und kurzen, breiten Stoßschwertern, erschienen in sehr beschleunigter Gangart, um den Eingang des Marktfleckens zu besetzen und niemand hereinzulassen, bevor nicht der Bürgermeister und seine Beisitzer hiezu die Erlaubnis gegeben hatten.

Das mußten wohl sonderbare Gäste sein, die man ersehnte, auf die sich alles freute und die man dann nicht in den Ort hereinließ, als sie endlich angekommen waren!

Mittlerweile war ein aus vielen Wagen, Reitern und Fußgängern bestehender Zug fahrender Leute um den steil aufstrebenden Stock des Karwendels herumgekommen und hatte Mittenwald auf ungefähr tausend Schritte vor sich. Er machte halt und alsbald konnte man wahrnehmen, wie sich eine kleine Reitergruppe aus der mächtigen Staubwolke, die aufgestiegen war, frei machte und langsam, unter den Klängen einer Kesselpauke, eines Triangels und eines Glockenspieles, sich gegen den Ortseingang zubewegte.

Als erster ritt auf einem guten Klepper ein alter, würdig aussehender Mann, der eine schwarze Filzkappe auf dem Kopfe trug und den ein langer brauner Mantel umwallte. Öffnete sich dieser, so war eine breite, silberne Kette zu bemerken, die dem Greise auf der Brust erglänzte. Weißer Bart umrahmte ein angenehm zu sehendes Gesicht, aus dem ein paar lebhafte, manchmal überlegen listige, blaue Augen blitzten.

Einen so guten, soliden Eindruck der Alte machte, der kein geringerer als der von den Fahrenden gewählte Pfeiferkönig[1] Klaus Hornnebel war, ebenso stark sah man dessen Begleitern das Handwerk an, das sie trieben. Der eine, ein brauner, zigeunerhafter Bursche, kam auf einem dicken, alten, zaum- und sattellosen Pferde, in buntphantastischem Aufzuge daher. Er riß Zoten und Witze beim Näherkommen, stellte sich zur Abwechslung auf seinem Gaule auf den Kopf; tat, als wenn er heruntergefallen wäre und kletterte dann in der ergötzlichsten Weise, entweder über das vordere oder hintere Ende seines Reittieres, wieder auf dessen Rücken. Wiehernde Lachsalven, Beifallstampfen, allseitiges Hallo belohnte die Gratisvorstellung dieses Künstlers, der unerschöpflich in der Abwechslung seiner Kunststücke und kräftigen Witze schien.

---

[1] der Pfeiferkönig stellte ein Bindeglied zwischen fahrendem Volk und den Landesherrn dar. Die Spielleute waren in Strukturen ähnlich kirchlichen Bruderschaften organisiert, denen der Pfeiferkönig vorstand.

Sein Kamerad, ein Mensch der allerlängsten und magersten Sorte, ritt auf einem sonderbar geschirrten kleinen Maultier, das durch das viele Klingelwerk, das es trug, die musikalische Fortsetzung des Reiters zu bilden schien. Auf dem Kopfe saß dem Manne ein ganzes System verschiedener Glocken und Glöcklein; Ähnliches war auch längs von dessen Waden angebracht. Vor sich, auf dem Sattel, hatte er eine Pauke von so großen Dimensionen, daß sie weit noch über den Kopf des geduldigen Tieres hinausragte.

Mit vorgehaltenen Hellebarden wurden die Fahrenden vom Büttel und den Knechten am Ortseingang aufgehalten. Der Alte stieg von seinem Rosse und nahte der hohen Obrigkeit barhäuptig und mit gekrümmtem Rücken, wie es die damalige Sitte verlangte. Unter dem Arme trug er einen schweren Beutel, der allseitig das größte Interesse erregte.

Der alte Pfeiferkönig mit seinem Gefolge war eine Persönlichkeit, die allgemein bekannt war. Bevor Klaus Hornnebel das Szepter seines Bettelreiches trug, waren es zahlreiche andere seiner Vorfahren gewesen, die hier devotest um die Erlaubnis gebeten hatten, die wohlehrsame Bürgerschaft und die fremden Marktgäste, mit allerlei künstlichem Spiel und merkwürdigen Vorführungen ergötzen zu dürfen.

„Von wannen kommt Ihr und was wollt Ihr hier mit Roß und Wagen?“ frug der Büttel, wobei er sich bemühte, eine feierliche Amtsmiene auszusetzen.

„Wir kommen durch die Welt, von Land zu Land, vom heißen Afrika und vom Nordlande, wo die Menschen in Eis und Schnee wohnen. Um ein gutes Wort und wir fahren auch nach dem neuen Goldlande, das sie Amerika nennen. Heute ist es aber nicht so weit; heute sind wir gekommen, um Rat und Bürgerschaft des hochberühmten Marktes Mittenwald um ihren Schutz und die gnädigste Erlaubnis zu bitten, aufzuspielen, auf dem hohen Turmseil zu tanzen, Kunststücke von bis jetzt unbekannter Feinheit auf freilaufenden Rossen, mit Bällen und Schwertern, brennenden Reifen und hohen Luftsprüngen zu zeigen. Wir führen mit uns den weltberühmten Doktor Zinegus, der aus dem Lande Hyspania kommt, wo er 20000 Menschen durch seine Mixtura vor dem schwarzen Tode, der Pest errettete. Das ist aber noch nicht alles: Er besitzt unfehlbare Heilmittel gegen 2000 Schäden, Krankheiten und Gebrechen der Menschheit und des lieben Viehes. Der Tod verkriecht sich vor ihm, wie ein getretenes Hündlein. Auch wenn es gelüstet, einen Blick in die Zukunft zu tun, dem kann bei uns geholfen werden. Man wird der Dirne ihren künftigen Eheliebsten und dem kecken Burschen die Maid zeigen, wo er nur anklopfen darf damit ihm aufgetan wird. Alles das aber in Zucht und Ehren, mittelst weißer Kunst und in Verachtung der Werke des Teufels.

Wir geloben, keine Hand auszustrecken nach unrechtem Gute, alles zu kaufen und zu zahlen nach landesüblichem Werte, was wir brauchen und was man uns nicht aus gutem Herzen gönnt und schenkt.

Außerdem trage ich hier bei mir einen Beutel mit hundert Augsburger Goldpfennigen[2], den der wohlweise Rat von Mit-

[2]Pfennige waren als Goldmünzen nicht regulär in Umlauf. Während Gulden und Dukaten aus Gold waren, bestanden Pfennige (mal mehr, mal weniger) aus Silber. Allerdings wurden auch von kleinen Münzen

tenwald zu Handen nehmen möge, bis wir wieder abziehen, auf daß er sicher ist vor Schaden und Schädigung, die durch uns und unser Getier könnt angerichtet werden.“

Der Alte schwieg nach dieser Rede und blinzelte dem Büttel vertraulich zu. Dieser wußte schon, was dies zu bedeuten hatte und frug entgegen:

„So Ihr das alles wißt und könnt und etwa für wahr zu halten ist, was Ihr versprochen habt, so laßt mich und meine Kameraden ein Muster von denselbigen Goldpfennigen sehen, auf daß ich mit gerechtem Herzen Eure Bitte beim wohledlen Herrn Bürgermeister und seinen Beisitzern vorbringen kann. Aber spart nicht wenn Ihr ein Pfeiferkönig sein wollt, auf daß nicht wir und die andern Leute euch für Großsprecher und Schreimäuler ansehen,“ entgegnete der Scherge und bot dem Alten die offene, breite Hand hin, auf welche dieser langsam, für alle die vielen Neugierigen wohl bemerkbar, zwei kleine Goldstücke legte.

Der Beschenkte und dessen Begleiter schmunzelten fröhlich.

„Ihr scheint mir kein unebener Geselle,“ fuhr der Büttel fort. „Wesmassen es wahr ist, was Ihr versprochen habt und die andern Goldpfennige im Sacke eben so gut sind, wie diese hier in meiner Hand, so will ich mir den Mut nehmen, Euch zum hochwohledlen Herrn Bürgermeister zu geleiten.

Folgt mir allein, Klaus Hornnebel, denn es ziemt sich nicht, daß bevor die Herrn gesprochen, Eure Handwerkskameraden

---

teilweise Abschläge mit edleren Metallen erstellt, sowohl als Geschenk an die Räte der Stadt wie auch zu Neujahr, wo sie von Paten an ihre Patenkinder geschenkt wurden.

und Untertanen ihren Fuß in unsern guten Markt setzen. Habt frohen Mut, vielleicht daß Euer Werk einen richtigen Ausgang hat."

Damit nahmen sie den Pfeiferkönig in ihre Mitte und zogen mit diesem auf das Rathaus. Ein Teil der Zuschauer folgte, hauptsächlich angezogen von der magnetischen Kraft des braunen Lederbeutels.

Als Hornnebel mit der erhaltenen Erlaubnis zurückgekehrt war, durfte der Wagenpark der Fahrenden sich wieder in Bewegung setzen und wurde von den Wächtern nach dem Gries begleitet, woselbst sich nächst den Häusern des Marktfleckens eine trockengelegene Gänseweide befand.

Damit mußten sie sich begnügen, denn keiner der Marktbürger hätte die „unehrlichen Leute" in das eigene Haus aufgenommen, weil er in die Gefahr geriet, durch die Berührung mit denselben, sich selbst „unehrlich" zu machen. Was aber für die Menschen galt, das übertrug sich nicht auf die Tiere der Spielleute. Wer den Aufwand bestreiten konnte, fand Gelegenheit, die Reit- Zug- und sonstige Tiere, darunter auch Kamele und Bären, nebst einer ganzen Kolonie possierlicher Affen, innerhalb guter und fester Stallungen in der Ortschaft unterzubringen.

In kürzester Zeit war auf dem grünen Anger eine unregelmäßige, bunte Zeltstadt aufgebaut worden; die Wagen entleerten sich ihres menschlichen Inhaltes, der aus zahlreichen, oft kaum bekleideten Kindern jeglichen Alters, aus Mädchen und Weibern der verschiedensten Rassen und einer Rotte von Burschen und Männern bestand, mit sonnverbrannten verwegenen Gesichtern.

Noch am Abend desselben Tages, war Mittenwald bereits von den Fahrenden überschwemmt. Aus dem großen Gasthause am Marktplatze und den kleinen Wirtschaften in den Nebenstraßen, klang es von Fideln, einfachen und Doppelpfeifen. Die gequetschten, winselnden Töne des Dudelsackes und die Maultrommel ließen sich hören; rauhe Stimmen brüllten im Chore oder bemühten sich, einen der vierzeiligen Volksgesänge zum Besten zu geben, die ihre Entstehung oft der Anregung des Augenblicks dem Witz des Gebirglers verdankte. Die Heller sitzen locker im Beutel und der Wirt hat Arbeit, den Wünschen seiner Gäste nachzukommen. Das Weibsvolk der Fahrenden ist bemüht, ältere Bekanntschaften, die es in dem Orte hat, profitlich auszubeuten. Das gelingt ihnen natürlich unter dem Reiz der Neuheit ihrer Anwesenheit am besten und leichtesten. Wenn es dunkel geworden ist, öffnet sich so manche Hintertüre; eine vermummte, weibliche Person wird eingelassen und dann beginnt in irgend einer der Kammern ein Tuscheln und Raunen. Aus den Linien der Hand, dem Blute eines frischgeschlachteten Huhnes wird die Zukunft vorhergesagt. Unter Grauen und Schaudern, bei bebenden Knien, vernehmen die Frauen und Mädchen ihr Schicksal.

An solchen Abenden blüht auch der Handel mit Liebestränken und Amuletten, die ihren Träger oder die Trägerin liebenswert erscheinen lassen.

Am Abend des folgenden Tages nahte sich von der Scharnitz her wieder eine mächtige Staubwolke, aus der es aufblitzte wie von Metall- und Waffenglanz, in welcher Reiter auf reichgeschirrten Pferden, von Maultieren getragene, mit weißen Blachen bedeckte Fuhrwagen und sogar einige der neuen, noch ganz seltenen Kutschen, deren Kasten in federnden Tragvorrichtungen an breiten Riemen hingen, zu bemerken waren.

Langsam und würdevoll bewegte sich der lange Zug der erstankommenden Südländer auf der staubigen Landstraße. Je näher er herankam, desto schärfer und deutlicher aber waren die vielen Hunderte von Glocken und Glöcklein oder das Zusammenklingen der Metallzieraten zu hören, welche die Rosse und Maultiere an ihren Geschirren trugen.

Diesmal waren nach altem Brauch der Bürgermeister und seine Beisitzer, der freisingische Unterrichter mit seinen Schöffen, die Geistlichkeit und was sonst noch zu den Vornehmeren des Marktfleckens gehörte, an derselben Stelle versammelt, die gestern der Büttel mit den Stockknechten durch gefällte Hellebarden sperrte.

Die Einziehenden waren aber auch ganz andere Leute als das fahrende Volk, das Tags zuvor Einlaß begehrt hatte: die Blüte und der Glanz der stolzen venezianer Kaufmannschaft, mit ihren nicht weniger hochmütigen Dienern und Knechten, sowie den zahlreichen Bewaffneten, denen der Schutz des Wagenparkes anvertraut war.

Der reiche Venezianer benützte gerne solche Gelegenheiten, wie diesen Mittenwalder Markt, um seinen Frauen und Töchtern in gutem Schutz und noch besserer Aufsicht einige Städte des barbarischen Deutschlands zu zeigen. Durch die Handelsbeziehungen hatten sich auch solche von freundschaftlicher Art, zwischen den Italienern und Deutschen angebahnt, welche häufig ihren Ausdruck in gegenseitigen Familienbesuchen fanden. Es gehörte nicht zu den Seltenheiten, daß von Mittenwald aus ein Welser, Fugger, Imhof, Haller oder Höslin, mit großer Artigkeit und Gepränge irgend eine Dame aus den hohen und reichen italienischen Geschlechtern nach Augsburg oder Nürnberg führte, um sie dort monatelang gastlich zu hüten. Es ist natürlich, daß sich alsbald nach dem Einzug der fremden Gäste ein lebhaftes Verhandeln und ein furchtbares radebrechen in beiden Sprachen erhob. Suchten die Italiener doch für sich und ihr zahlreiches Gefolge passendes Unterkommen, was diesmal schwerer als sonst fiel, da sie zahlreicher als gewöhnlich eingetroffen waren.

2 Die venezianischen Gäste

Einhunderteinundneunzig Jahre waren verflossen, seit der Erzherzog Sigmund von Tirol auf dem damals in Bozen gehaltenen Markte, dem Austausch und Abrechnungsplatz für die mannigfachen Waren des Südens und Nordens, so ungefähr 130 reiche und edle venezianische Kaufleute, die sich weigerten, die von ihm grundlos erhöhten Abgaben zu erlegen, ohne viel Umstände zu machen, greifen und eintürmen ließ.

Die stolze Republik ließ sich diese Gewalttat natürlich nicht von dem kleinen Bergfürsten bieten und rächte die Unbill mit dem Schwerte. Dorthin, wo sie so ungastlich behandelt worden waren, mochten die Venezianer auch nach Beilegung der Angelegenheit nicht wieder zu Markt ziehen und aus solchen Gründen verlegten sie diesen nach dem fürstbischöflich freisingischen Markte Mittenwald, der für ihre Zwecke bequem an der großen deutsch-italienischen Handels- oder Rottstraße gelegen war.

In diesen fast zweihundert Jahren hatte der unbedeutende Gebirgsflecken Zeit gehabt, sich zu einem nicht nur wohlhabenden, sondern reichen Gemeindewesen auszugestalten. Auf dem Land- und dem Wasserwege der Isar wurden von Mittenwald aus die italienischen Waren in das Innere Deutschlands gebracht. Was nach Italien von Süddeutschland kam, mußte über diesen Stapelplatz. Ein großer Teil der Bewohner des Marktfleckens gehörte den wohlorganisierten Innungen der Fuhr- oder Rottleute und den Flößern an, die mit ihren zerbrechlichen Fahrzeugen auf der reißenden Isar über München bis an die Donau und aus dieser oft noch weit hinab in die österreichischen und ungarischen Lande fuhren.

Die von Italien und Deutschland kommenden Waren mußten in Mittenwald niedergelegt werden, dort Abgaben zahlen und oft längere Zeit auf Weiterverfrachtung warten. Dazu benötigte man verschiedene Baulichkeiten, von denen beispielsweise das sogenannte Ballenhaus, das gegenüber dem Rathause steht, noch heute erhalten ist. Auch die Bürger sorgten sich vor durch Anlage von festen Gewölben und Unterkünften für die südlichen und nördlichen Gäste und deren zahlreiches Gefolge. Manches besteht zur Zeit noch, vieles hat bei dem wechselnden Bedürfnis baulichen Umänderungen weichen müssen.

Kaum waren die Italiener untergebracht, so kam ein zweiter Reisezug von noch größerer Stärke auf der Rottstraße von Partenkirchen heran und bewegte sich über den Hügel herunter, an dessen Fuß der Markt liegt: Augsburgs und Nürnbergs stolze Patrizier und Kaufherrn.

Dieses Zusammentreffen so vieler Unterkunftsuchender, meist sehr anspruchsvoller Menschen, Reit- Und Zugtiere, nebst vielen Trausportfahrzeugen, erhöhte natürlich die Verwirrung, die in dem Marktflecken herrschte.

Nach langen Bemühungen schien für alle gesorgt zu sein. Aber da kam von der italienischen Seite her eine der neumodischen Kutschen gerollt, die von Bewaffneten zu Pferde und auf Maultieren umgeben und von hochbepackten Saumrossen gefolgt war.

Herr Georg Bader, der Bürgermeister, kraute sich bedenklich hinter dem rechten Ohre und schob dabei seinen Hut in großer Verlegenheit nach rückwärts.

„Heiliger Nepomuk!“ murmelte er. „Was fangen wir da an? Alles ist voll, g’steckt voll. Und ein jungs italienisch Weibsleut ist auch dabei!“

Mittlerweile war der Zug herangekommen. In ihrer großen Verlegenheit nickten und dienerten der Bürgermeister und seine Gesellen gegen das Kutschenfenster, aus dem das krankhaft gelbe, magere und scharfgeschnittene Gesicht des italienischen Kaufherrn mit funkelnden Augen und den Zeichen größter Aufregung sah.

„Schon gut, schon gut,“ sagte dieser hastig in fließendem Deutsch, dem man nur wenig den Ausländer anhörte. „Schon gut, ich danke für den Willkomm. Doch jetzt schafft Herberge für mich und die Meinigen. Die Dame, die Ihr hier zu Roß seht, ist meine Tochter. Daß ich bei Euch nicht wohnen kann wie in bella Venezia, das weiß ich, aber ich will gut untergebracht sein, denn mein armer Leib leidet an einem bösen Lebergebreste. Die Galle steckt mir im Geblüt und verdirbt meine Säfte! Daß ich mich nach der langen Reise nach Ruhe sehne, werdet Ihr begreifen. Zahlen werde ich, was landesüblich ist und darüber.

Jetzt sagt, wo meine Kutsche hinfahren soll, auf daß die Reisequal ein Ende bekomme!“

„Ja, ja, das wär’ alles recht und auf ein gut Quartier kommt’s uns net an,“ entgegnete der Bürgermeister.

„Also, wohin?“ rief ungeduldig der Kaufmann. „Wenn nichts besseres zu haben ist, so bringt mich in das Quartier, in dem ich vor zwei Jahren gelegen habe.“

„Geht net, wohledler Herr Sor Sporini,“ verneinte der Bürgermeister. „Geht wirklich und sicher net.“

„Aber warum denn?“

„Weil alles schon voll ist.“

„Per bacco!“ fluchte der Italiener mit zornfunkelnden Augen, „Was soll denn mit uns werden? Soll ich etwa auf der Straße liegen bleiben? Ihr wollt einen Markt haben und wißt Euere Gäste nicht einmal unterzubringen! Auf der Stelle schafft mir Quartier und wenn es sein sollte, daß Ihr selbst, ihr deutschen Dickköpfe, Euch in den Wald legen müßtet!“

„Ist nicht nötig, Herr Sporini,“ schallte eine tiefe Stimme aus dem Haufen der neugierig die Gruppe Umstehenden.

„Ist nicht nötig, so lang noch guter Wille was helfen kann. Vorlieb nehmen müßt Ihr halt, mit dem was da ist. Wenn wir uns ein bißl schmal machen und zusammenrucken, dann wird's schon gehen.“

Der also gesprochen hatte und sich nun an den Kutschenschlag vordrängte, wo er dem vor Aufregung zitternden Kaufmann seine Rechte bot, war der Rottmeister Hans Neuner, ein vermöglicher Bürger, der ein schönes Haus besaß, bis daher aber sich nicht mit der Aufnahme von Fremden befaßt hatte.

Ihm zur Seite hielt sich sein Sohn, der Jörg, ein junger Mann von ungefähr fünfundzwanzig Jahren, groß, breitschulterig, mit dem edlen, offenen Gesichte und den treuherzig blickenden blauen Augen, wie man solche bei dem Gebirgsvolke nicht zu selten antrifft.

Jörg hatte mit wachsendem Interesse die schöne Italienerin betrachtet. So etwas Rares und Feines, dünkte ihm, hatte er noch nie gesehen. Sonina Sporini, die achtzehnjährige, war auch darnach beschaffen, um das Blut der Männer rascher zu deren Herzen strömen zu lassen. Sie zeigte die dem deutschen Typus so unähnliche, echte italienische Schönheit, bei einer Hautfarbe wie mattpoliertes Elfenbein und große schwarze, bald feurig bald schwärmerisch blickende, von starken, geraden Brauen überschattete Augen, die unter dem Schleier langer Wimpern lagen. Das war aber nicht Sonina's einzige Schönheit! Die freie Stirne, die feine, schmale Nase, die angenehm gerundeten, sanft gefärbten Wangen, das kräftige, Energie verratende Kinn vervollständigten ihr verführerisches Gesichtsbild. Das knappe Reitkleid aus grauem Samt zeigte eine volle und doch edel gebaute, schlanke, etwas über das Mittelmaß reichende Figur, die mit Grazie im Sattel saß.

Das verwunderte Anstarren des Bauernburschen schien das Mädchen zu ärgern. Mit unmutigem Verschieben der Unterlippe wendete es seinen Kopf zur Seite.

Die Verhandlungen zwischen dem Italiener und dem alten Neuner waren weitergegangen. Aber dieser stellte Anforderungen, welche die Raumfähigkeit des Hauses fast überstiegen, denn der Rottmeister und seine Familie wollten doch nicht an die Luft gesetzt werden.

Neuner wurde ärgerlich und es hatte den Anschein, als ob er sein Anerbieten zurückziehen wollte, als sich Jörg von dem Anblick des Fräuleins losriß und dazwischen rief: „Vater! Was verschlagt's mir, wenn ich mich zu den Knechten leg? Gib den Herrschaften meine Kammer!"

„Ja, ja, das wär' ein Ausweg, das wär' etwas für die Signorina!" rief der Neuner, der wegen des Ansehens Mittenwalds froh war, daß damit die Angelegenheit doch geordnet werden könnte. „Meines Sohn's Kammer ist leicht die schönst' im ganzen Haus und hat eine Aussicht auf die kaiserlichen Berge wie keine andere."

Sonina wendete unmutig den Kopf. „Welche Gnade!" warf sie spöttisch und geringschätzend hin.

Jörg war jäh errötet. Dieser verachtungsvolle Ausruf galt ihm!

Da regte sich aber sein Stolz, denn er fühlte sich als freier Mann. Was konnte ihn kümmern, daß diese Sporini italienische Nobili waren!

Ihre Ritterschaft war untergegangen und sie waren zu Händlern, Krämern, Kaufleuten in guten und schlechten Waren geworden; ihre Ehre steckt in ihrem Besitz und ihr Ehrgeiz heißt Gewinn.

Was standen solche Menschen hoch über ihm, der zu einem Stamme gehörte, in dem man von geschorenen Haupthaaren, dem Zeichen der Unfreiheit und Knechtschaft, nichts wußte? Freie Gebirgsbauern waren die Neuner und die alten Mittenwalder Geschlechter seit vielen Jahrhunderten gewesen und geblieben, trotzdem sie heute an das freising'sche Hochstift steuern mußten.

Das wußte und fühlte der Jörg und deswegen lag es ihm auf der Zunge, der stolzen Signorina in das Gesicht zu sagen: „Wenn Euch meine Kammer nicht gut genug ist, so könnt Ihr auf der Straße bleiben!"

Aber er kam nicht dazu, denn der alte Italiener sagte: „Habt Dank! Ja das ist, was noch gefehlt hat. Eilt, Neuner, zeigt den Besuch Eurem Weibe an und sorgt dafür, daß uns ein freundliches Gesicht empfängt. Wenn vollends Roß und Wagen untergebracht sind und die Ware im Ballenhause gestapelt liegt, so werde ich Euch folgen."

Damit verließ der Italiener seine Kutsche und packte in seiner lebhaften Art den Bürgermeister am Rockärmel, ihn zu den Wagen ziehend.

An seine Tochter, die mit zwei auf Maultieren sitzenden Dienerinnen zurückblieb, dachte er für den Augenblick nicht.

Die Wirkung, die ihre scharfen Worte auf den jungen Burschen gehabt hatten, war Sonina nicht unbemerkt geblieben. Sie hatte das zornige Aufflammen der Augen des Burschen wohl beachtet. Ein Blick, den sie zur Seite warf, zeigte ihr, daß Jörg seinem rasch wegeilenden Vater nicht folgte, sondern trotzig, mit über der Brust verschränkten Armen und bei gefalteter Stirne an dem nächsten Baume lehnte.

War es ein Aufwallen der Reue; war es der Wille, die Macht ihrer Schönheit diesem Manne noch weiter fühlen zu lassen; oder war es das Gefühl keimenden Gerechtigkeitssinnes — sie zwang ihren Zelter zu einer raschen Wendung und blieb kurz vor dem erstaunt zu ihr Aufschauenden mit lächelndem Gesicht halten.

„Ihr seid der Sohn des Mannes, bei dem wir wohnen werden!“ sagte sie mit jetzt sanft klingender Stimme.

„Ja,“ entgegnete Jörg, in dessen Gemüt Bewunderung und Ärger nun einen starken Kampf ausfochten. „Was kümmert das Euch, Signorina? Habt Ihr nicht eben mein gutgemeintes Anerbieten zornig verschmäht?“

Sonina schüttelte den Kopf und lachte spöttisch.

„Ihr habt Euch darüber geärgert, weil ich vielleicht kein Entzücken zeigte, daß ich von nun an in der Kammer eines jungen Mannes hausen sollte? Habt Ihr das Eine gemerkt, so mögt Ihr dabei das Andere übersehen haben, daß es mir kein lieber Gedanke war, den Sohn des Hauses in der Kammer der Knechte zu wissen; vertrieben aus seinem eigenen Unterschlupf durch eine großmütige Laune einem ganz fremden Mädchen gegenüber."

Jörg sah erstaunt und im höchsten Grade überrascht zu ihr auf. Die schwarzen, funkelnden Augen ruhten jetzt mit sichtlichem Wohlgefallen auf ihm, die Worte, die er zu seiner Entschuldigung vorbringen wollte, kamen in unverständlichen Lauten zum Vorschein. Sonina weidete sich einige Augenblicke an der Verlegenheit des Burschen, dann bat sie ihn, ihr vom Rosse zu helfen.

Dieser Umschlag in der Behandlung gab dem Jörg die Sicherheit zurück. Er rückte lachend den kleinen Hut, und als die Italienerin sich auf seine Schulter stützen wollte um abzusteigen, packte er sie mit beiden Händen an der schlanken Taille und hob sie mit leichtem Schwunge aus dem Sattel.

Das Mädchen stieß im ersten Schrecken einen leichten Schrei aus. Die Sicherheit und Kraft aber, mit der es geschehen war, verfehlten nicht die Wirkung auf ihr weibliches Gemüt.

Jörg war aber einer augenblicklichen Regung gefolgt. Nicht, daß er nicht gewußt hätte, wie man einer Dame in ritterlicher Weise vom Pferde hilft.

Als Sonina sich von ihrem Schrecken erholt hatte, fand sie es am besten, das kleine Vorkommnis nicht weiter zu berühren.

Nun nahm er den Zelter am Zügel, sie schritt nebenher im leichten, ungezwungenen Geplauder, das lachend von ihr unterbrochen wurde, wenn es ihr schwer fiel, für irgend ein Wort oder einen Begriff den richtigen deutschen Ausdruck zu finden. Der Bursche benahm sich dabei sehr ruhig und zeigte natürlichen Takt.

Einmal ertappte sie ihn, wie er sie, über den schlanken Hals des Pferdes hinüber mit derselben unverhohlenen Bewunderung ins Auge faßte, wie in jener Minute, in der sie sich so sehr über ihn erzürnt hatte. Diesmal fehlte bei ihr diese Empfindung; sie wich sogar dem Blick nicht aus, sondern schien ihn festhalten zu wollen. Es gelang ihr dies jedoch nur auf einen kurzen Moment, dann wendete sich Jörg rasch nach der Seite, um eine jähe Röte zu verbergen, die ihm plötzlich in das Gesicht gestiegen war.

Das Haus des Rottfuhrmannes war ein massiver Holzbau, ähnlich wie solche auch jetzt noch im Hochgebirge zu sehen sind. Wohnhaus, Stall und Scheuer deckte ein Dach. Von der Laube der um das erste Stockwerk des Wohngebäudes laufenden Altane, nickte blühendes Pflanzenwerk, und weit ragte das mit großen Steinen beschwerte Schindeldach, Schatten und Regenschutz spendend, darüber weg.

Das Haus, der dazu gehörende kleine Vorgarten, die geräumige Hofstatt mit wohl geordneten ländlichen Fahrnissen, die Menge des Geflügels, das sich dazwischen tummelte, machten einen wohlhabenden, anheimelnden Eindruck. Ein Teil der Hauswände war mit Mörtel beworfen und auf diesen Stellen hatte ein garnicht ungeschickter, ländlicher Farbenkünstler den heiligen Georg dargestellt, wie er den Drachen tötet. Außerdem war zu sehen der heilige Leonhard als Beschützer der Fuhrleute und ihrer Rosse, Daniel in der Löwengrube, den der Engel am Haarschopf den schrecklichen Katzen entreißt und anderes mehr.

Braunes Holzgetäfel umlief Wände und Decken der Stuben und Kammern; einige wenige Gelasse waren mit Kalk weiß getüncht.

Im oberen Stockwerke hausten nun die Italiener. Sonina hatte sich nicht weiter gesträubt, Jörg's Kammer für sich in Benützung zu nehmen. Aus den mitgeführten Vorräten wurden weiche orientalische Teppiche, buntgewebte Vorhänge, allerlei Hausgeräte, ja selbst verschiedene Kunstgegenstände herbeigeschafft und damit die Wohnräume geschmückt.

Die alte Neunerin kam aus dem Verwundern und Hände über dem Kopf zusammenschlagen gar nicht mehr heraus, so oft die Diener und Knechte wieder neue Packe und Ballen herbeischafften.

Jörg's Mithilfe wurde von Sonina sehr in Anspruch genommen. Es schien ihr ein Vergnügen zu gewähren, sich von dem gewandten und anstelligen Burschen allerlei Handreichungen tun zu lassen. Erst am späten Abend entließ sie ihn unter lachend gegebenen Dankesbezeugungen.

3 Ein Liebespaar

Der Tag war heiß gewesen, auch jetzt hatte der nächtliche Bergwind das Tal nur wenig durchkühlt.

Jörg saß auf der steinernen Bank neben der Haustüre und bot seine heiße Stirne dem Luftzuge.

Die heutigen Vorkommnisse muteten ihn an wie ein sonderbarer Traum. Ein Weib, von der ausfallenden Schönheit Soninas, hatte er noch nie gesehen. Mit einem fast verlegenen Lächeln gedachte er seines aufwallenden Zornes und der bösen Worte, die zum Glück noch unausgesprochen geblieben waren. Wie hatte er sich getäuscht gehabt, als er die Italienerin für stolz und unnahbar gehalten hatte! Der Blick ihrer Augen, der Klang ihrer wohllautenden, etwas tiefen Stimme durchschauerten ihn.

Er wußte nicht einmal, ob er sie wirklich für schön halten sollte, denn sie war so ganz anders, als das, was man Weibesschönheit in diesem Gebirgstale nannte.

Nun dachte er seit den heutigen Nachmittagsstunden zum erstenmale an Margaret, die Tochter des Floßmeisters Kriener, seine ihm verlobte Braut, die er demnächst heimführen sollte.

Jörg sprang auf und zog die Stirne in finstere Falten.

Das Bild der Italienerin verlor seine glühenden Farben und trat in eine nebelhafte Ferne zurück. Freilich, die Margaret! War sie nicht die Schönste und Beste weit und breit? Groß, kräftig, voll und schlank zugleich; mit Augen, so blau wie die Himmelsfarbe und mit einem Herzen so gut, treu und weich, daß man sich ruhig und geborgen fühlte, wenn sie einen nur anschaute. Und wie konnte die Margaret zugreifen bei der Arbeit! Das schlaunte[1], wo sie anfaßte! Gottesfürchtig war sie und rein wie ein Kind und eine so gute Tochter, daß ihre Eltern nur mit schwerem Herzen dem Jörg Neuner, der sie ihnen nehmen will, das Jawort gegeben hatten.

Das Herz begann dem Burschen rascher zu schlagen, indem er daran dachte, daß dieser Schatz schon in wenig Wochen sein Eigen sein sollte. Eine brennende Sehnsucht erwachte in ihm, heute, wenn es auch spät war, sie noch zu sehen.

Ungesäumt machte sich Jörg auf den Weg nach dem Hause des Floßmeisters. Dies stand in nächster Nähe der hölzernen Brücke, die im Marktflecken Über die Isar führte.

Es war schon sehr ruhig geworden in den Häusern und auf den Straßen. Nur wenn der Abendwind stärker einsetzte, waren einige verlorene Pfeifen- und Geigenklänge zu vernehmen. Dort mochte wohl in einer Kneipe noch fremdes Volk und darunter einer oder der andere durstige Mittenwalder sitzen, um entweder dem roten Tiroler Wein oder dem heimischen Braunbier zuzusprechen. Hie und da schlug ein Hund an. Jörg klopfte an das kleine Fenster an der Seitenwand des Hauses das sich alsbald öffnete, wobei der blonde Kopf Margarets zum Vorschein kam. „Was soll's heut' noch?“ fragte sie etwas verwundert und ärgerlich. „Du kannst doch am Tag in's Haus kommen, wann du willst. Was willst du in der Nacht an mei'm Kammerfenster?“

Dieser Empfang war für Jörg unangenehm abweisend. Er war mit warmem Herzen zu ihr gekommen; und hatte sich danach gesehnt, noch ein paar liebe Worte von ihr zu hören.

---

[1]schlaunte - wahrscheinlich: emsig

„Oho!“ entgegnete er deshalb ziemlich verstimmt. „Seit wann wär denn dös ein Unrecht unter rechtschaffene Brautleut? Bist denn gar net neugierig, Margaret? Wirst es schon vernommen haben, daß der Vater den Italiener Sporini und seine Tochter, mit fünf oder sechs Dienstleut ins Haus g’nommen hat!“

Das Mädel nickte mit dem Kopfe.

„G’wiß auch noch. War ja heut Abend Euer Großdirn bei uns und hat erzählt, daß du den ganzen Nachmittag dem Italienermadl net von der Seit’n gangen bist. Soll ja bildsauber sein, dieselbige und mit die Mannsbilder soll sie’s versteh’n, daß ’s zum Staunen sei. Da begreif ich’s freilich —“

Jörg hatte mit steigendem Unmut zugehört, aber er schüttelte diese Empfindung gewaltsam von sich ab, wie etwas, das ihm Unrecht tun wollte.

„Kein Wort weiter,“ rief er ihr zu. „Schämst dich net, daß du dir von der Dirn solche Raiberg’schicht’n erzählen laßt und daß du dir so eine unnötige Eifersucht einbild’st.“

„Ha, ha, Eifersucht!“ lachte das Mädl erregt auf. „Eifersucht? Aber dös wirst doch net leugnen wollen, daß du heut den ganzen Nachmittag und wahrscheinlich noch bis in die Nacht nix g’wußt hast, als derselbigen ihren Handlanger z’machen?“

Im Jörg kämpfte der Zorn, er bezwang sich aber und antwortete ruhig: „Wenn du handlangen heißt, daß ich den Italienern bei ihrer Einrichtung g’holfen hab, so hat die Dirn richtig g’sehen und du hast recht g’hört. Ich hab bei der Arbeit g’holfen und sonst weiter nix und daß ich dir’s sag: Es steht dir schlecht an, wenn du mir solche eifersüchtige Vorhaltungen machst; du hast wirklich kein Grund dazu!“

Margaret fing an, sich ihrer Leidenschaftlichkeit zu schämen. Der Jörg hatte ihr noch nicht den geringsten Grund zur Eifersucht gegeben und sie mußte sich sagen, daß die Dirne sicher in ganz boshafter Weise übertrieben hatte. Je länger sie dem Burschen in das aufgeregte, so ehrliche Gesicht sah, desto rascher verschwanden ihre Besorgnisse und Befürchtungen. Zuletzt fühlte sie sich so im Unrechte, daß sie beschloß, einzulenken und liebkosend ihren Arm auf seine Schulter legte. Jörgs Unmut verflog mit dem kräftigen Kusse, den er auf des Mädchens willfährige Lippen drückte. Eine Wiederholung ließ sich Margaret noch gefallen, dann schob sie ihn von sich und nahm unter dem Vorwande, daß der Vater etwas hören könne, einen raschen Abschied.

Etwas enttäuscht und ärgerlich stand Jörg vor dem Kammerfenster, das sich ihm vor der Nase geschlossen hatte.

Nachdem er noch den weißen Schein einer abwehrenden Hand hinter den Butzenscheiben wahrgenommen hatte, trollte er sich, um heimzugehen.

Der Vollmond stand über dem Tale; die zerrissenen Grate des Wettersteingebirges hoben sich hellglänzend vom tiefblauen Nachthimmel ab, an dem es von Myriaden von Sternen leuchtete und flimmerte; aus den Hochtälern stiegen Nebelschwaden empor und verfingen sich in den grünen Astärmen der Bergfichten, die die Nebelbräute, nur langsam und widerstrebend, sich ihnen entwinden ließen; tiefer herunter — schwerer, blauschwarzer Schatten, der kaum noch einen Umriß der aus dem Walde ragenden Felszacken und Steilwände zeigte. Der hinter Mittenwald steil aufsteigende Karwendelgebirgstock lag da, wie eine gewaltige dunkle Wand, die sich in das Gewölk zu

Verlieren schien und nur einzelne Stellen hoben sich im unbestimmten Halblichte deutlicher ab. Breit und mächtig fluteten die Mondstrahlen über das Tal. Da gab es keinen Wassertropfen, der es nicht spiegelnd zurückwarf: die Fensterscheiben glitzerten und leuchteten in den Hauswänden; die Kirchtürme sahen aus, als wenn flüssige, bläuliche Flammen aus ihren Dächern zittern würden; fahlweiß lagen Wege und Straßen und gleich daneben verstärkten blauschwarze Schatten in wunderlichen Formen die Gegensätze.

Jörg war so wenig als irgend ein anderer Bauernbursche ein sentimentaler Mensch.

Eine Mondscheinnacht bei warmen Sommerlüften, das war dem Burschen etwas Längstbekanntes und doch glaubte er, daß er noch niemals den balsamischen Heugeruch so stark verspürte, daß das Quacken der Frösche in den entfernten Tümpeln nicht unangenehm zu hören sei, daß es gut ist, den Kühen Schellen um den Hals zu hängen, weil es so gar schön klingt und man sie leichter finden kann. Wenn es finster und mondlos gewesen wäre, hätte er auch seiner Gretl hübsches Gesicht nicht sehen können. —

Damit war für sein Denken der Kreis geschlossen; die Margaret konnte er verstehen, ihren Eifersuchtsanfall begreifen. Darin war sie wohl nicht anders als die meisten Mädchen. Jörg gab ihr recht, obgleich es ihm unbequem gewesen war, da er sich nichts vorzuwerfen gehabt hatte. Ganz von selbst tauchte wieder Soninas Bild vor ihm auf. Anfangs wollte er diese Erinnerung gleichgültig abschütteln, denn, was kümmerten ihn die italienischen Fremden? Wenige Tage und Wochen und sie sind spurlos verschwunden, das Mittenwalder eintönige Leben wird sich wieder in seinen alten Bahnen bewegen. Dann aber trat ihm immer deutlicher die Art und Weise vor Augen, wie die stolze Venezianerin ihn anfangs und dann später behandelt hatte. Darin lag etwas, das der Bursche nicht recht begriff, obgleich es ihm nicht an Selbstbewußtsein fehlte.

4 Bei den fahrenden Leuten

Jörg geriet auf den Weg zur Isar-Brücke. Eine seltsame Unruhe hatte Besitz von ihm genommen, er verspürte weder Müdigkeit noch Schlaf und wanderte deswegen weiter, überschritt den Fluß und befand sich bald in der Nähe des Lagers der fahrenden Leute.

Der Berg warf seinen Schatten darüber; durch das Dunkel funkelten einige Feuer, an welchen Umrisse menschlicher Gestalten wahrzunehmen waren; ab und zu das irrende Licht einer Laterne, verschwindend und wieder austauchend, je nachdem sich der Träger da oder dorthin bewegte; ein Roß wieherte kurz auf, oder es fing ein Hund zu bellen an, dem seine Kameraden, die an den Wagen angebunden waren, beistimmten; ab und zu drang ein verlorener Ton, menschlichen Redens oder Rufens, unverständlich und geheimnisvoll an das Ohr des Burschen, der lauschend und betrachtend, in der Nähe eines großen Haselnußbusches stehen geblieben war.

„Ein arm und elend Leben!" sagte er geringschätzend vor sich hin. „Kein Haus, keine Heimat! — Wie der Mensch so leben kann und mag?"

Bei diesen Worten tönte dicht neben dem Burschen ein helles, kurzes Auflachen.

Jörg erschrak über den unvermuteten Ton und wendete sich ihm rasch zu, die Hand an den Messergriff legend.

„Wer ist da, wer hat gelacht?" rief der Bursche scharf auf den Busch schauend, der gänzlich im Schatten lag, so daß etwas Genaueres im Astwerk desselben nicht zu erkennen war.

Noch einmal ertönte das Lachen, aber offenbar jetzt mit einem spöttischen Klange.

„Hah! Du fürchtest dich wohl? Laß das Messer stecken — es will dir niemand etwas tun. Wenn man so laut denkt, wie du, muß man es schon hinnehmen, daß auch ein Anderer mitredet oder mitlacht."

„Auslachen! Wer soll mich auslachen?" rief Jörg ebenso ärgerlich als überrascht. „Ich verbitt' mir das Auslachen! Und überhaupt — wer bist du? Was treibst du bei Nachtzeit dich draußen herum?"

Die Büsche bewegten sich und aus ihnen sprang gewandt und leicht ein weibliches Wesen, mitten auf den Weg.

„Das könnt ich dich gerade so gut fragen. Ihr Hausmenschen gehört um diese Zeit in's Bett. Unsereins tut aber immer gut, einem Streuner aus dem Weg zu gehen."

„Ich bin doch kein Streuner!"

„Was denn? Oder bist du vielleicht ein Büttelknecht, der acht geben soll, daß wir keine Ungebühr treiben?"

Nochmals klang das helle, herausfordernde Lachen. Der Mond, vor den sich eine Wolke geschoben hatte, strahlte jetzt wieder im vollen Lichte. Jörg konnte erkennen, daß das weibliche Wesen vor ihm jung und zweifellos schön war, wenn auch nicht nach den Mittenwalder Begriffen, die eine große und breite Figur und regelmäßige Gesichtszüge verlangten.

Wegwerfend bemerkte er:

„Aha! So, so. Wartest vielleicht auf dein' Schatz? Hast dich vielleicht mit einem Burschen aus dem Ort zusammenb'stellt? Schöne Nacht, heut!"

Er hielt erstaunt inne, denn das Mädchen war plötzlich nahe an ihn herangetreten und hielt ihm die kleine, geballte Faust vor das Gesicht.

„Das lügst du!“ zischte es wütend. „Was weißt du von mir? Müssen alle von uns schlecht sein? Und wenn sie’s wären — wer hat die Schuld? Ihr, ihr und nochmals ihr!“

In leidenschaftlicher Aufregung stand das Mädchen vor dem jungen Manne. Ihre schwarzen Augen blitzten und leuchteten; die Stirne wurde von Zornesfalten gekräuselt und um den kleinen, fein geschnittenen Mund zuckte es, wie wenn ein böser Schmerz die Tiefen des jungen Herzens durchwühlen würde.

Das hatte Jörg mit seiner oberflächlich hingeschleuderten Bemerkung nicht bezwecken wollen; es war ihm gar nicht eingefallen, das fremde Mädchen auf irgendeine Weise zu beleidigen. Möglich, daß es auch unter denen eine Ausnahme geben konnte!

Der Zorn, die Aufregung, das ganze Wesen des fremdartigen jungen Geschöpfes hatten soviel Echtes an sich, daß Jörg nicht zauderte, sich nach seiner Art zu entschuldigen.

„Brauchst bloß halb so resch zu sein, Deandl,“ meinte er begütigend. „Will dir weder an Ehr noch Ruf und glaub unbeseh’n, daß du net bist, wie wohl die meisten andern. Sag aber selber: Ist das net sonderbar: ein junges, sauberes Madl bei nachtschlafender Zeit, mitten auf dem Feld, unter einem Busch! Ei, ich mein, da könnt man leicht dazu kommen, unsaubere Sachen zu glauben. Also, nix für ungut!“

Er machte Miene, ihr seine Hand hinzuhalten, zog sie aber in einer Anwandlung von Verlegenheit wieder rasch zurück, denn, wenn es vermieden werden konnte, sparte man den Handschlag gegenüber dem Volke, zu welchem unzweifelhaft das Mädchen gehörte.

Es mußte von dieser Bewegung wahrscheinlich nichts gesehen haben, denn es hob langsam und voll die Augen, die eine stille Trauer ausdrückten, zu dem Burschen empor.

„Es ist wahr, ich habe so viel als keinen Grund gehabt, daß ich dir zürnte. Ihr wißt es eben nicht anders! Ausnahmen gibt es für euch nicht," setzte die Fahrende, wie entschuldigend, bei.

Sie schwieg und schien mit einem Entschluß zu kämpfen. Was sie dann sagte, kam ihr nur widerstrebend über die Lippen.

„Du fragst mich, warum ich unter dem Busche saß, als du hier stehen geblieben bist? Ja warum! Die schöne, laue Nacht hat mich herausgetrieben aus dem Lager. Die Mutter schilt entweder, oder sie schläft. Eine Kameradin habe ich nicht und das Geschwätz der Burschen und Männer ist mir zuwider. Ich kam hieher und betrachtete den glänzenden Mond und die zackigen Berge und freute mich über das Flimmern der Sterne. Da hörte ich einen schweren Tritt und sah einen Mann auf mich zukommen. Dem wollte ich aus dem Wege gehen, obgleich ich ihn nicht gefürchtet hätte."

Im Notfall würde ich mir schon geholfen haben — Dabei langte sie in ihren Gürtel und man bemerkte das Blitzen einer Klinge.

„Wenn ich nicht über dein Selbstgespräch hätte lachen müssen, so würdest du nie gemerkt haben, daß jemand zwei Schritte von dir im Busche sitzt. Ihr Hausmenschen habt eben schlechte Augen!" setzte sie geringschätzend bei.

„Es war doch nichts Lächerliches an dem, was ich gesagt habe." entgegnete Jörg, dem das Gefühl, ausgelacht worden zu sein, höchst unangenehm war.

„Und doch! Was versteht ihr davon, was uns Freude oder Schmerz macht! Hast du schon einen fahrenden Mann oder ein fahrend Weib kennengelernt, die euch um euere Häuser und Heimstätten beneidet hätten? O, wir hungern und frieren, wir sind die Ausgestoßenen und man hetzt uns mit Hunden. Wer von euch gibt uns offen die Hand oder ißt mit uns aus einer Schüssel? Gelt, reicher Bauernsohn, das ist ein hartes, elendes, gejagtes Leben! Aber tauschen wollen wir doch nicht mit euch, denn wir sind trotzdem frei wie der Vogel in der Luft; wir zinsen keinem Herrn, und freut es uns morgen nicht mehr hier, so packen wir auf und ziehen irgend wohin, gegen Morgen oder Abend, nach Süden oder Norden, denn unsere Länder haben keine Grenzen und Schlagbäume, und wo wir unser Haupt niederlegen, da ist auch unsere Heimat."

Jörg schüttelte den Kopf. „Nein, Mädl, das versteh' ich net, das wird auch unsereiner nie verstehen. Wir gehören zu Haus und Hof; zwischen den hohen Bergen ist unsere Heimat und wir sind unglücklich, wenn wir fort ins Land hinaus müssen. Das ist also etwas anderes. Wenn ich dir aber sag', du dauerst mich bei solch ei'm wilden Leben, so geht mir das ganz aus der Seel. So ein jung Ding ist gar zerbrechlich und fein und nimmt nur zu leicht bösen Schaden. Was treibst du denn bei deinen Leuten? Bist wohl zum erstenmal hier?" fragte er, neugierig geworden. Das Mädchen nickte zustimmend. „Ja, zum erstenmal. Aber ich tanze nicht auf dem Seil, ich arbeite nicht mit den übrigen; ich kenne eine andere, viel schwerere Kunst."

„Willst du mir net sagen, was das für eine Kunst ist?"

„Warum nicht! Verdien' ich doch für meine Mutter und mich mein Brot damit. Ich kann wahrsagen, aus der Hand, aus verschiedenen andern Dingen. Ich sehe in die Zukunft – –"

Jörq lachte gepreßt auf. „Du machst es halt auch wie die anderen, nimmst eine Steuer von der Dummheit und lügst den Leuten dafür den Buckel voll."

Das Mädchen schüttelte leicht den Kopf, zeigte sich aber durch diese Anschuldigung nicht verletzt oder verärgert.

„Das ist dein Ernst nicht; du weißt ebenso gut als ich, daß es Wege gibt, auf denen uns die Himmlischen einen Blick in die Zukunft tun lassen. Du bist doch ein Christ? Dann mußt du auch wissen, daß die heiligen Bücher oft davon erzählen, daß Menschen, wie wir es sind, die Zukunft vorausgesagt haben."

Der Bursche nickte mit dem Kopfe. Ja, davon wußte er. Aber als Kind seiner Zeit war er ebenso fest davon überzeugt, daß neben den himmlischen Gewalten der Satan mit seinem Anhang, den Zauberern und Hexen, ein freches Spiel mit der Menschheit trieb. Weil der Teufel ungemein schlau war, so verstand er es, sich oft den Anschein zu geben, als ob er zu der andern Seite der Übernatürlichen gehörte. Zu trauen war also nie, mochte das Übernatürliche in dieser oder jener Gestalt erscheinen.

Jörg machte deshalb ein halb scheues, halb schlaues Gesicht, denn der Teufel wählt eben vielerlei Formen, und gar nicht ungern bedient er sich der eines schönen Mädchens. Sind ja doch die Mannsleute so eigentümlich, daß sie solchen viel lieber vertrauen, als wenn sie mit einem zu tun bekommen, das ein häßliches Äußere zeigt. Er sah genau hin, ob er nicht etwa einen schwarzen Kater, oder gar einen Raben in der Nähe der Fahrenden bemerken könnte. Aber sie war ganz allein, es sprangen ihr auch keine Funken aus den Haaren oder ein kaum sichtbares Mäuslein aus dem Munde, was doch sonst ganz untrügliche

Hexenzeichen sind. O, man kannte in Mittenwald diese Dinge sehr gut! Waren doch dort und in der Umgegend Hexenmeister und Hexen in Menge verbrannt worden. Da bekommt man Übung in übernatürlichen Dingen!

Der Bursche zuckte deshalb zweifelnd mit den Achseln.

„Wenn man das nur g'wiß wüßt?"

„Sehe ich aus, als wenn ich's mit dem Teufel halten würde?" frug das Mädchen entgegen und legte dabei die Rechte auf die Brust. Dabei sah es mit einem ruhigen, aufrichtigen Blick ihm in das Gesicht.

Das war schweres Geschütz, das da aufgefahren wurde, vor dem Jörgs mißtrauischer Hexen- und Aberglaube sofort kapitulierte. Ja, er mußte sogar lächeln, als er auf die feine, wohlgewachsene Gestalt herabsah. Das, und eine Hexe! Ebensogut könnte er selbst ein Hexenmeister sein. Nein, nein! Mit einem solchen paar Augen im Kopfe hat man keinen Packt mit den Unterirdischen eingegangen. Da blieb ihm denn nichts übrig, als daß er zeigte, er habe seine ungünstigen Vorurteile fahren lassen.

„Du kannst aus der Hand wahrsagen? — Gut — ich will dir alles glauben. Wenn ich am Tage wieder komme, so will ich dich aufsuchen und dann kannst du deine Kunst bei mir probieren."

„Und warum nicht heute?" sagte sie mit einem ermunternden Lächeln.

„Heut'! Ah! Heut' is viel zu spät — da siehst du alles falsch!"

„Komm mit!" befahl die Fahrende, indem sie dabei eine gebietende Armbewegung machte.

Ohne sich weiter umzusehen, schritt sie voraus, dem untern Ende des Lagers zu.

Jörg zögerte unschlüssig einige Augenblicke, lächelte verlegen und setzte sich dann in Bewegung. Nach wenigen Schritten versuchte er eine Unterhaltung anzuknüpfen. Seine Führerin gab ihm jedoch keine Antwort.

Es war ihm unmöglich, den Blick von ihr zu wenden, wie sie da fast unhörbar, mit leicht gesenktem Haupte vorausschritt. Ein noch nie gekanntes, unheimliches Gefühl bemächtigte sich des Burschen. Am liebsten würde er umgekehrt sein.

Sie kamen an verschiedenen Feuern vorüber, an denen Schlafende lagen, Männer und Weiber in müßiger Ruhe saßen oder kauerten. Niemand schien sie zu sehen oder auf sie achten zu wollen. Nichts war deutlich zu hören, als das Prasseln des verbrennenden Holzes; alle andern Töne schlugen undeutlich und fremdartig an sein Ohr.

An einem der letzten, hüttenartigen Zelte, das sich an einen mittelgroßen Blachenwagen anlehnte, aus dessen Spalten matter Lichtschein fiel, blieb das Mädchen stehen.

„Komm! Hier!!“ sagte es, einen Zipfel der Zeltwand hebend.

Jörg war wie in halber Willenlosigkeit; er bückte sich und trat ein. Im gleichen Augenblick schreckte er zurück, da plötzlich das Zelt, von oben herab, blendend hell erleuchtet schien. Außer einem, aus Feldsteinen aufgebauten Herd und wenigem Hausgeräte konnte er nichts wahrnehmen.

Da regte es sich in dem hintersten, im Schatten liegenden Zeltwinkel und eine müde Stimme frug:

„Mita! Was soll es noch so spät in der Nacht?“

Das Mädchen wandte sich der halbdunkeln Ecke zu:

„Ein Mann wartet darauf, daß ich ihm sein Schicksal aus der Hand lese."

„Er zweifelt?"

„Nein, er glaubt."

Bei diesen Worten hatte Mita die Rechte des Burschen erfaßt und diesen so geführt, daß der helle Lichtkegel sich gerade über ihm befand. Lange sah sie auf die verschlungenen Linien in der Fläche der derben, abgearbeiteten Hand. Plötzlich ließ sie diese in einem augenblicklichen Schreckgefühle fallen, nahm sie aber rasch wieder auf und verglich sie mit der eigenen Rechten in peinlicher Aufmerksamkeit. Dann verschränkte sie die Arme über der Brust und starrte mit finster zusammengezogenen Augen zur Erde.

Jörg sah sie fragend an. Der ganze Vorgang hatte ihn in nicht geringe Aufregung versetzt. Er wollte sie drängen zu sprechen, aber eine eigentümliche Scheu hielt ihn davor zurück. Auf seinem Gesichte malte sich Neugierde, Furcht und Vertrauen. Als sie sich nach ihm wandte und sichtlich noch mit einem Entschlusse kämpfte, war ihr Antlitz von innerer Bewegung bleich geworden.

„Nein," murmelte Mira zwischen den Zähnen „Nein, ich kann nicht — er soll es nicht wissen!"

„Was sagst du, Mädl?" frug Jörg verwundert.

„Geh! Ich kann dir nichts sagen!" rief sie mit einer abwehrenden Handbewegung. Jörg's Erstaunen vergrößerte sich. Das Mädel hat ihn doch geheißen mitzukommen, sie hat seine und dann ihre Hand angesehen und nun will sie nicht reden! Um sich foppen zu lassen, ist er nicht hieher gekommen. Dem Burschen stieg der Zorn zu Kopf und es klang nicht fein, als er ihr entgegnete:

„Das sind Fax'n, dumme Fax'n! Entweder du kannst nicht, oder du willst nicht und haltst mich zum Narren. Heh, Mädl! Hast du mich vielleicht nur daher gelockt, weil ihr etwas mit mir vorhabt? Da könnt ihr euch irr'n — der Jörg Neuner stellt sein' Mann!"

„Mita! Mita!" tönte die Frauenstimme ängstlich und flehend aus der Ecke.

Das Mädchen hatte seine Fassung wieder vollständig gefunden; es wendete sich mit einem traurigen Kopfschütteln dem erregt und mißtrauisch dastehenden Manne zu.

„Nein, da irrst du dich. Zwei arme Frauen, von denen die eine lahm auf dem Stuhl sitzt und die andere —"

Mita schien, bei unruhig umherblickenden Augen, nach einem glaubhasten Grund zu suchen. „Und die andere — von ihrer Kunst im Stich gelassen worden is ."

„Was soll das heißen?" frug Jörg unwirsch. „Was du als dein Handwerk bei hundert andern treibst, kann doch bei mir net versag'n!"

Mita nickte eifrig mit dem Kopfe. „Und doch ist's so. In deiner Hand sind Linien, die — die mir fremd sind. Sie verwirren mich — ich kann den Anfang nicht finden und da wirst du schon begreifen, daß ich, wenn ich sprechen wollte — dir etwas sagen müßte, das — ja, wie will ich es nennen! Das nicht richtig ist. Ei! Und weißt du?" — fügte sie, eindringlich lächelnd bei — „weißt du, weil wir niemand täuschen wollen und es ehrlich meinen — so sagen wir in einem solchen Falle — der ja auch ab und zu vorkommt — nichts, gar nichts. Geh' also, und laß es mir und den Meinigen nicht entgelten."

In Jörg war das Mißtrauen nicht ganz geschwunden und der Ärger stemmte sich noch bedeutend gegen die Wendung, die Mita der Sache geben wollte. Er hob seine Hand hoch und betrachtete deren Linien, konnte aber natürlich nichts Außergewöhnliches daran wahrnehmen. Dann aber kam ihm doch zum Verständnis, daß mit Gewalt hier nichts auszurichten sei. Bittend blickten die dunkeln Augen des Mädchens; es hatte etwas Rührendes, wie es so vor ihm stand, bleich, mit angstvoll zuckenden Lippen, wie von Schauern durchbebt. Da kam etwas über ihn, wie Schämen. Gutmütig wie er war, verflog bei diesem Anblick der Ärger, er streckte ihr die Hand hin, in die sie nur zögernd einschlug und sagte mit einem etwas verlegenen Lächeln:

„Nix für ungut, Mädl! Was net geht, das geht net. Übrigens will ich mir was drauf einbild'n, daß in meiner Hand gar so rare Linien sind, die einer Wahrsagerin Kopfzerbrechen machen können."

Mita machte einen Versuch zu lächeln, aber es gelang ihr nicht. „Mach dir nix d'raus, Mädl! Hast mir vielleicht eine falsche Hoffnung oder eine Unruh erspart. Und jetzt: Gut Nacht beinander!"

Der Bursche nickte freundlich, ruckte an seinem Hütl, dann hob er die Zeltdecke, und bald war der Schall seiner eilig sich entfernenden Schritte verhallt.

5 Mita

Die Hand auf das unruhig klopfende Herz gelegt, hatte ihm Mita nachgesehen. Wie auf Verabredung schwiegen beide Frauen, bis nichts mehr von den Tritten zu vernehmen war. Dann ließ sich wieder die Stimme aus der dunklen Ecke hören, keifend, klagend, vorwurfsvoll. „Mita! Mita! Warum hast du das getan? Warum hast du den Mann fortgeschickt? Auf solche Weise fordert man die Menschen heraus, gegen uns Recht- und Wehrlose! O, du Sorgenkind! Wenn du es so forttreibst, wenn du es noch öfter so machst, als wie eben mit diesem dummen Bauern, dann bringst du unsere Kunst in Verruf und wir können verhungern. Warum willst du nicht seiltanzen? Warum willst du nicht singen und auf der Laute spielen? Weiß ich's! Aber du willst eben nicht und deswegen können wir — — —"

„Mutter, Mutter!" rief Mita schmerzvoll, und in leidenschaftlicher Bewegung warf sie sich an die Brust der siechen Frau. „Mutter, ich konnte nicht!"

„Ja, das sagst du, aber warum? Ich muß fragen wie der Bauer," nickte die Alte und schlug, bereits halb versöhnt, ihren mageren Arm um die Schultern der Tochter.

Ächzend erhob sich das Mädchen. „Du sollst es wissen," sagte es und drehte die Lampe und die Spiegelvorrichtung so, daß deren Licht in die dunkle Ecke fiel.

„Sieh her! Kannst du alle Linien in meiner Hand erkennen, auch die kleinsten Winkel und Verschneidungen?"

„Ja, das wohl; meine Augen sind noch gut für die Nähe. Aber was willst du damit? Deine Hand kenne ich; hab' ich doch, so lange du lebst, mit Angst und Zittern schon ihre Linien verfolgt und betrachtet und habe mich immer wieder neu darüber gefreut, daß dein Leben ruhig verlaufen wird.

Was will der Mensch mehr? Besonderes Glück und besonderes Unglück, das sind Ausnahmen, Schickungen, Himmelslohn oder Höllenstrafen, wie man es nennen will."

„Mutter, Mutter sieh hieher!" drängte Mita und deutete mit der Spitze einer Nadel, die sie sich rasch aus ihrem Haar gezogen hatte, auf eine sonderbar geschlungene Linie, die bei dem Eintritt in die sogenannte Lebenslinie, welche sich vom Zeigefinger, als erste und bedeutendste, über den Ballen nach dem Handgelenke zieht, dort einen etwas höher geröteten, scharf ausgeprägtem kleinen Stern bildete.

„Das habe ich in deiner Hand noch nicht bemerkt!" rief die Alte verwundert. „Du hast dich da gestochen, gerissen, auf irgend eine Art verletzt!"

„Mutter, nein, nein! Sieh genau hin."

Das Gesicht der Frau begann sich aschfahl zu färben, als sie nach langer, scharfer Beobachtung wieder zu ihrer Tochter aussah. Es war so, wie diese behauptete: keine kleine Narbe oder Verletzung, sondern fest und tief in die Haut der Handfläche gegrabene, sich kreuzende, einen Stern bildende Linien.

„Seit wie lange hast du das?" frug sie mit heiserer Stimme.

Mita zuckte die Achseln. „Wie kann ich das genau wissen? Vielleicht seit meiner letzten Krankheit, in der sich mir die Haut von den Händen schälte. Wer beachtet sich selbst so genau? Sträube dich nicht gegen die Erkenntnis von etwas, das du besser weißt als ich, denn du warst es, die mich die geheimen Zeichen der Hand lehrte."

„Ja, ja, meine Tochter — gewiß, ich weiß es. Das Zeichen bedeutet aber nichts, wenn sich nicht das andere dazu fügt. Und das ist selten, so selten, daß die geheimen Bücher davon sprechen, wie von einer unsicheren Sage.“

Die Alte rang mit allen ihren Geisteskräften, um einen Ausweg zu erblicken, eine glaubhafte Aufklärung für das Vorhandensein dieser kleinen, an und für sich so unbedeutenden Hautfältchen zu finden. Ein Blick in das Gesicht der Tochter zwang ihr die Überzeugung auf, daß diese mehr wisse, daß das, wovon die geheimen Bücher als sagenhafte Seltenheit sprechen, zur Wahrheit geworden war.

Ein schüttelnder Frost überkam das Weib; ein Grauen überlief es, als wenn es vor einem Abgrund stünde, aus dem Tod und Verderben droht, der bereit ist, es zu verschlingen, mit allem was in seinem armen Leben ihm noch von Glück geblieben war. Eine weitere Frage wäre für die alte Wahrsagerin unnötig gewesen, denn sie kannte die Antwort, die ihr zwingend folgen mußte. Nun begriff sie das eigentümliche Tun der Tochter, deren Schrecken und abweisende Art. Mit angstverzerrten Mienen hörte sie, als diese sprach:

„Das gleiche Zeichen, die Linie aber von der entgegengesetzten Seite kommend, trägt die Hand des Mannes, der eben noch vor uns gestanden hat. Was das bedeutet, Mutter, darüber ist es unter uns unnötig, daß wir ein Wort verlieren. Es genügt, daß wir wissen, daß ich durch diesen Mann zu Grunde gehen muß. — Die Zeichen lügen nie!“

Mita hatte sich abgewandt und auf einen Schemel zusammengekauert, die Alte schlug ächzend die Hände vor das Gesicht — nichts wurde weiter zwischen ihnen gesprochen — sie nahmen den Blick in die Zukunft, als den unumstößlichen Richterspruch des Allgewaltigen, der die Geschicke der Erschaffenen lenkt, und beugten sich davor. Es fiel ihnen nicht ein, über das Wesen ihrer Kunst Betrachtungen anzustellen. Als ein von den Überirdischen stammendes Geheimnis hatten sie diese überkommen und sie glaubten fest daran, worin sie auch nicht irre wurden, wenn ihre Kombinationen und Voraussagungen nicht eintrafen. Das lag dann nicht an der geheimnisvollen Kunst, sondern an ihnen, den schwachen Werkzeugen, die nicht zu sehen verstanden, die sich durch Äußerlichkeiten und Nebenumstände irrig beeinflussen ließen und das Geschaute, in das Gegenteil verkehrten.

Der Morgen dämmerte — das wiederkehrende Tageslicht fand die zwei weiblichen Geschöpfe noch in der gleichen, wie erstarrten Stellung des träumenden Dahindämmerns.

Erst als die glänzenden Strahlen breite Bündel durch alle Spalten und Risse der alten Zeltleinwand sendeten, erhob sich Mita und besorgte mechanisch die Geschäfte, welche der neue Tag für das kleine Hauswesen gebieterisch verlangte.

Sie schlug den Vorhang vor der Zeltöffnung zurück. Vor ihr lagen Wald und Berge, der rauschende Fluß, Bäume, Sträucher und Gräser, an denen unzählbare Tautropfen spiegelnd das Licht der glänzend aufgestiegenen Sonne brachen. Die Vögel sangen in dem Gezweig; balsamisch wehte die reine Bergluft, durchschwängert von den Düften frischgemähten Grases, überall Atem, Bewegung, eine drängende Lust zum Leben.

Da stieg es ihr heiß in die Wangen und das Herz fing an, in rascheren Schlägen zu pochen, denn auch sie freute sich innig des eigenen jungen Lebenstages, so wenig Sonnenschein ihr und ihresgleichen die Welt auch gönnen wollte.

Ein Hunger, ein gieriges Sehnen nach Leben flammte in ihr auf — sie war ja noch viel zu jung, um in Gleichgültigkeit verzichten zu können. Und mit zuckendem Herzen erwartete sie aus der drohenden Wolke der Schicksalsverheißung den zerschmetternden Blitz. Wo, wann und unter welchen Umständen er auf sie niederfahren würde, davon hatte sie keine Ahnung und versuchte auch nicht, sich Gedanken darüber zu machen.

6 Klaus Hornnebel, der Pfeiferkönig

Klaus Hornnebel, der Pfeiferkönig, saß in Hemdärmeln, mit dicken Schweißtropfen auf der Stirne, unter einem Zeltdache, das neben seinem Wagen ausgespannt war und beschäftigte sich nichts weniger als königlich, da er im Begriffe stand, eine Anzahl zerrissener Schuhe, Kummete und sonstige Geschirrteile zu flicken. Ihm gegenüber, in der hintersten Ecke, hockte in der, den Schneidern eigentümlichen, orientalischen Beinstellung, Hans Reißaus, das ebenso lange als auch gewandte, musikalische und akrobatische Mitglied der Fahrenden, das bei dem Einzuge die volle Bewunderung der Mittenwalder erregt hatte, und besserte mit Nadel und Zwirn eine alte Hose aus.

Es schien ihm aber nicht besonders ernst mit seiner Arbeit zu sein, denn ab und zu vergaß er das Einstechen und stierte dann minutenlang vor sich hin, ehe er sich entschloß, wieder weiter zu machen.

Als er einmal wieder recht deutlich seufzte, sah Hornnebel halb ärgerlich, halb belustigt auf und rief ihm zu: „Na, Hans Reißaus, was soll's? Hast du Leibschmerzen oder plagt dich das Zipperlein? Oder will sich deine dreimal gewendete Hose gar nicht mehr flicken lassen?"

„Ach, du hast gut reden," entgegnete der Lange mit einem schmerzlichen Kopfschütteln, stellte die Füße auf und schlang die Arme um die spitzen Knie. „Du hast gut reden, Meister Hornnebel, du bist ein geachteter Mann, ein ganz berühmter Medikus für Mensch und Vieh, hast Geld im Beutel und bist obendrein der Pfeiferkönig."

„Heh! Hat sich was mit diesem Königtum! Wer gehorcht mir denn? Wer zahlt mir etwa Steuern und Zins? Ja, wenn ich ihnen die Schuhe und Geschirre nicht so gut und billig flicke, als sie es haben wollen, dann machen sie mir Grobheiten und um ein gutes Wort krieg ich Prügel statt Geld.“

„Das kann vorkommen,“ nickte Hans Reißaus resigniert, „und ist auch ganz in der Ordnung.“

„Was! Ganz in der Ordnung! Plagt dich der Schwarze? Bis jetzt habe ich immer gedacht, du gehörst unter die wenigen, die meine Würde zu schätzen wüßten!“ schrie Hornnebel erbost und bearbeitete klatschend ein Stück Sohlenleder mit dem Hammer.

„Tu ich auch,“ antworte Hans in größter Ruhe. „Aber Prügel gehören einmal für die Menschen; ohne Prügel geht es nicht. Wer würde denn etwas lernen ohne Prügel? Und gerade unsere Zunft könnte sich begraben lassen, wenn man zu prügeln aufhören wollte. Aber sei dem so oder so. Du hast doch etwas von deinem Amt, Meister Hornnebl! Ziehen wir irgendwo aus oder ein, so wirfst du den langen Mantel über, hängst die schwere silberne Kette um, nimmst den dicken Geldsack auf den Arm —“

„Wovon mir kein Heller gehört!“ schrie der Schusternde dazwischen.

„Wenigstens nicht mehr oder weniger, als jedem von uns,“ fuhr Hans Reißaus ruhig fort. „In dem Sack steckt gleichsam unsere Ehre und guter Leumund. Denn wenn wir ihn nicht hätten, so ließe uns das Hausvolk schon gar nirgends mehr herein. Dann hast du eine tüchtige Frau gehabt, die sparsam gehaust hat und die nicht litt, daß du gar zu viel trankst. Siehst du, das ist auch schon etwas! Bei mir, da geht alles durch die Gurgel oder durch den Schlund. Und da sitz’ ich nun und flicke die alte Hose, in der zehn Katzen keine Maus fangen können, weil mir kein Weiberleut die Arbeit abnimmt."

„Dummes Zeug! Du bist doch eigentlich ein Schneidergesell' und hast, bevor du zu uns gekommen bist, manchen Knäul Faden vernäht."

„Was bin ich? Ein Schneidergesell'! Klaus Hornnebel, du dauerst mich, trotzdem du der Pfeifertönig bist, wenn du nicht begriffen hast, daß ich ein Künstler bin."

Der Lange war aufgestanden, hatte die Hose verächtlich in eine Ecke geschleudert, stemmte die Arme in seine Seiten und machte ein sehr beleidigtes Gesicht.

Der alte Klaus sah einen Augenblick verwundert auf den Erzürnten, dann lachte er hell hinaus.

„Mußt dich nicht ärgern, lange Latte! Hä! Hä! Hä! Freilich bist du ein Künstler! Soll dir es 'mal einer nachmachen mit einem solchen Knochenzeug, Purzelbäume und Saltis zu schießen. Aber du hast recht – eigentlich bist du eine versoffene Eule und kommst, wenn du so fortmachst, dein Lebtag nicht auf einen grünen Zweig. Einspännig geht's also nicht mehr – probier's einmal zweispännig!"

Mit einem Ruck fuhr Hans herum.

„Also, du bist auch meiner Meinung?"

„Na, warum denn nicht. Probier's einmal! Hat Mädels genug unter uns und anderswo, und wenn du dir die Gurgel nicht gar zu feucht halten willst, so wird es schon gehen. Sind freilich schlechte Zeiten! Das Bauernpack wird immer heller und hochmütiger; die Büttel greifen zu gern und zu fest zu; der Krieg, der lange, hat entweder alles untereinandergerührt oder die Menschen aufgezehrt, wie der hungrige Hund die heißen Würste. Das war noch was anderes vor 30, 40 Jahren! Hui, hat's da Batzen, Groschen und Silberpfennige geregnet, je nachdem man wohin kam, ob zum Tilly oder zum Wallenstein oder gar zum Schweden! Und erst was man für Geschäfte machen konnte, mit den dummen, versoffenen Tölpeln von Reitern und Fußvolk! Immer hatten sie was zu verhandeln und zu verschachern; was wußten wir und was ging's uns an, wo's herkam! Da konnte man so manchen Goldgulden zusammenkratzen und brauchte sich nicht vor einer leeren Alters-Krippe zu fürchten. Aber schlau mußte man sein und achtgeben, daß man nicht zwischen die Zigeuner kam, sonst konnte es passieren, daß es hieß: Mitgefangen, mitgehangen! War auch nicht immer so leicht, die reinliche Scheidung, denn das Anhängen und Anschließen beruhte auf Gegenseitigkeit. Vieler Orten hat man die Brüder aus Ägypterland für vogelfrei erklärt und davon aufgehangen, was man in die Hand bekam. Früher ging's uns auch besser, das Geschäft warf mehr ab, denn die Menschen waren dümmer.

Jetzt sind wir freilich in den dürren Jahren und müssen oft vom eigenen Fett zehren, wie der Bär im Winterschlaf. Aber der liebe Gott wird hoffentlich ein Einsehen haben und irgendwo einen kleinen Krieg zulassen, auf daß unser Weizen wieder blüht."

„Christlicher Wunsch!" warf der Lange ein.

„Warum nicht?" fuhr Hornnebel auf. „Sind wir doch auch des Herrgott's Kostgänger, ebensogut wie das Kriegsvolk, der Adel, die Kutten, die Bauern! Warum soll er nicht auch für uns sorgen? Sind wir vielleicht weniger Menschen als die anderen? Jedermanns Haß geht gegen unsern Hals, darum ist es nur recht und billig, daß unsere Hände gegen Jedermanns Gut sind. Sind wir die Klügeren oder sind sie es? Sie zahlen eben von ihrer Dummheit die Steuer, die uns ernährt. Also freie darauf los, langer Hans; vermehre dich ins Zehn- und Zwölffache! Wenn es auch nicht reich herunter geht, für uns Fahrende bleibt der Tisch trotzdem gedeckt."

Der Akrobat hatte mit steigendem Interesse den Ausführungen Hornnebels zugehört, die dieser in ziemlich erregter Weise von sich gegeben hatte. Auf seinem eckig geratenen Gesichte lag ein breites, zustimmendes Grinsen.

„Werd ich auch," sagte er, wobei er eifrig mit dem Kopfe nickte und sich in die Brust warf. „Werde ich auch! Bekommt auch nicht leicht eine einen Mann wie ich bin."

„Hm!" machte der Schusternde und schlug kräftig auf eine Sohle.

„Oder vielleicht nicht? Jetzt hab ich mir's vorgenommen, jetzt fehlt's mir auch nicht an Mut. Beim Pisak und beim Fitzlipuz! Den möcht ich sehen, der mir ein Mädl streitig macht, das ich zu meiner Frau haben will? In Kochstück verreiß ich ihn; ungespitzt schlag ich ihn in den Boden, daß nur mehr die Absätz herausschauen. Jetzt gleich, im Augenblick geh' ich zur Mita — denn das ist doch die einzige, die für mich paßt, weil sie weitaus die schönste ist — und sag' ihr, daß ich sie heiraten will."

7 Rab Golli

Klaus Hornnebel lachte. Er hatte bemerkt gehabt, daß sich bei den letzten Worten des Hans Reißaus ein junger Mann in das Zelt schob, der den größten Teil dessen, was der heiratslustige Künstler sagte, gehört hatte und freute sich auf das, was jetzt kommen mußte.

Der Eingetretene war im Gegensatze zu dem Akrobaten, ein schöner Mensch, dessen blitzende schwarze, mandelförmige, etwas tief liegende Augen, sowie die leicht bräunliche Gesichtsfarbe und die weichen, schlicht herabfallenden dunklen Haare ihn als den Abkömmling einer südlicheren Rasse, vielleicht von Zigeunerblut erkennen ließen.

Bei Nennung des Namens Mita hatte ein jäh aufsteigendes Zorngefühl das schöne Gesicht des jungen Mannes verzerrt und seine Rechte fuhr nach dem Dolche, den er im Gürtel stecken hatte. Er sah aus wie der Panther, wenn er sich zum todbringenden Sprunge zusammenzieht. Aber ebenso rasch als dies geschehen war, ließ die Spannung der Mienen und des Körpers nach, und ein verächtliches Lächeln zeigte sich auf dem blaß gewordenen Gesichte. Mit lautlosem Tritte bewegte er sich zwei Schritte vorwärts und schlug dem Schneider so kräftig auf die Schulter, daß der Nichtsahnende zusammenschrak und sich mit einem Ausrufe des höchsten Erstaunens herumwirbelte.

„Was willst du tun, jetzt gleich, im Augenblick? Heh!“ frug der junge Mann, mit anscheinend ruhiger Stimme. Doch im Hintergrunde der Augen zuckte es, wie von gefesselten Blitzen und die Rechte, die er in die Seite stemmte, würde lieber am Dolchgriff gelegen haben.

Klaus Hornnebel hatte den alten Schuh, an dem er arbeitete, fallen gelassen und sah mit über der Brust verschränkten Armen, einen höhnischen Zug im Gesichte der Entwicklung der Dinge entgegen.

Der Lange hatte sich wieder gefaßt, aber der, der vor ihm stand, war ihm unheimlich. Es ist von ihm bekannt, daß er ebenso kräftig als gewandt ist und sich bei Gelegenheit nicht besinnt, ausgiebigen Gebrauch auch von der scharfen Waffe zu machen.

„Was geht das dich an!“ stieß er patzig heraus. „Soll ich dir vielleicht Rechenschaft von meinem Tun und Lassen geben?“ Dabei versuchte er, an seinem Gegner vorbeizukommen, um das Freie zu gewinnen.

„Du bleibst und stehst mir Rede!“ rief ihm der junge Mann zu, dessen Stimme nun bereits gefährlich drohend klang. „Was willst du von der Mita? Hüte dich, daß du mir in den Weg trittst!“

„Dir??“ fragte der Akrobat, dessen Mut bereits einen bedeutenden Tiefstand erreicht hatte, erschreckt und verwundert. Aber er schämte sich doch vor Klaus Hornnebel und zwang sich, den kleineren Nebenbuhler von oben herab anzusehen.

„Hans Reißaus, der Künstler, freit wen er will; er läßt sich keine Einsprache gefallen; er hat den festen Entschluß gefaßt, die Mita zu seinem Weibe zu machen und wird diesen Entschluß durchführen,“ entgegnete er großartig, aber es war ihm dabei keineswegs geheuer, denn der andere machte ein ganz sonderbares Gesicht zu diesen Ausführungen. Seine Verblüffung stieg, als dieser in ein helles, höhnisches Lachen ausbrach.

„Was ist denn da zu lachen?“ frug er beleidigt.

Der andere trat dicht an ihn heran und zischte ihm zu:

„Bist du schon einig mit ihr; hast du schon mit ihr gesprochen?“

„Ei, was werd’ ich da lange Umstände machen! Das ist doch eine Ehre für sie,“ entgegnete sehr unsicher der Lange.

„Eine Ehre für sie?“ klang es ihm verächtlich entgegen.

„Ich will dir etwas sagen: So du eine Hand nach der Mita ausstrecken willst, bist du ein verlorener Mann. Das schwöre ich, ich, den man Rab Golli nennt, der dich zu finden wissen wird, wohin du dich auch verstecken wolltest. Und jetzt geh’!“ rief er herrisch, wies mit der Hand nach dem Zeltausgange und wendete sich dann ruhig Klaus Hornnebel zu.

Bleich vor Zorn und Schrecken, stand der lange Hans noch einige Augenblicke unschlüssig da, dann drückte er sich, halblaut Flüche und Verwünschungen murmelnd über das Pech, daß jetzt, gerade wo er einmal zu einem festen Entschluß gekommen war, er sich die Unrechte herausgesucht hatte. Die Mita gefiel ihm, von Liebe verspürte er zwar nichts gegen sie, aber trotzdem ärgerte er sich tüchtig über das Auftreten des Golli, von dem man bisher nicht wußte, daß er sich für das Mädchen interessiert hätte. Es schien aber doch so zu sein und da war es besser, dem zu allem fähigen Menschen nicht in die Quere zu kommen. Seufzend verzichtete Hans Reißaus auf die schöne Hoffnung und schlenderte an den Fluß hinunter, wo er anfing Steine aufzuheben und nach den kleinen, breitkopfigen Fischen zu fangen, die darunter saßen, wobei ihm seine langen Storchenbeine sehr zu statten kamen.

Nach Entfernung des Reißaus herrschte längeres Schweigen unter dem Zeltdach.

„Nun," sagte Klaus Hornnebel, „du gehst nicht fein mit dem Hans um!"

Golli zuckte die Achseln und spuckte zur Seite.

„Dieses Holzgestell! Aber was will ich von dem, der Mensch kann mir nicht in den Weg treten. Doch etwas anderes: Du, Klaus Hornnebel, der du unser Oberster bist und der Pfeiferkönig heißt, du mußt mir helfen. Daß ich mit Mita einig geworden bin, ist dir bekannt. Wir wollten nicht viel Redens von der Sache machen und deswegen haben wir es nicht all den Anderen auf die Nase gebunden. Die Mita hat mir versprochen gehabt, daß sie noch in diesem Jahre mein Weib werden will. Und jetzt, seit einigen Tagen, will sie ihren Verspruch zurücknehmen. Sie vertröstet mich auf später, auf unbestimmte Zeit und sagt, ein trübes Schicksal stände ihr bevor, in das sie mich nicht hineinziehen wolle. Unsinn? Wer kann in die Zukunft schauen?

Das darfst du nicht leiden, Klaus Hornnebel, ein Versprechen muß gehalten werden. Wenn es nicht anders geht, mußt du Mita dazu zwingen."

„Oho!" rief der Angesprochene, unangenehm berührt von der ausfahrenden Art des jungen Mannes. „Du überschätzest meine Gewalt! Wenn das Weib nicht will, so ist das seine Sache, zwingen kann ich es nicht dazu. Was wird es sein? Launen oder dergleichen. Bist dem Kätzchen nicht genug um den Bart gegangen; hast vielleicht irgend etwas versäumt? Ei, hilf dir selbst! Hast gesehen, daß ich mich nicht darein mengte, wie du geglaubt hast, mit dem Hans Reißaus abrechnen zu müssen. Ist dir ein anderer in den Weg gekommen, so wirst du wissen, was unter uns der Brauch ist. Helfen wir uns nicht selbst, so hilft uns niemand. Aber vorsichtig, es darf keinen Staub aufwirbeln und mit Obrigkeit und Büttel wollen wir nichts zu tun haben."

Der alte Klaus wendete sich zur Seite, als wenn über die Angelegenheit mehr als genug gesprochen worden wäre. Er erwartete offenbar, daß der andere sich nun zufrieden geben und sehen würde, selbst fertig zu werden.

Der aber schüttelte energisch den Kopf. „Du irrst dich, es ist keiner von den unserigen, den ich in Verdacht haben könnte, mir das Mädchen abspenstig machen zu wollen."

Klaus Hornnebel blickte verwundert auf. „Daß dich der Daus! Das kann nicht wahr sein! Die Mita ist keine von denen, die sich mit dem nächsten Besten abgibt und dabei auf ihre Versprechungen vergißt. Die Eifersucht verwirrt dich! Geh' in dein Zelt und schlafe, wenn du nichts besseres zu tun weißt."

„Und wenn es doch so wäre, wenn, seitdem die Mita vor kurzer Zeit einem Mittenwalder jungen Mann, nächtlich, aus der Hand das Schicksal las, sie ganz verändert ist! Schon Tags darauf, als ich zu ihr kam, die Hochzeit festzusetzen, weigerte sie sich das erstemal, und seitdem wird sie geradezu leidenschaftlich, wenn ich nur mit einem Worte aus mein Recht — denn ein Recht ist es — zurückkomme. Was sagst du jetzt, Klaus Hornnebel? Ist das nicht soviel als die Gewißheit, daß ein anderer und zwar dieser Mittenwalder Rottfuhrmann dahintersteckt?"

„Man kann es immer noch nicht mit Bestimmtheit behaupten." versuchte der Alte zu besänftigen. Aber Golli fuhr zornig auf und schrie:

„Das ist mir so viel wie Gewißheit? Als ich, um auf den Busch zu klopfen, diesen Menschen nannte, ist sie bald rot und blaß geworden. Und als ich schwur, ihn von der Erde vertilgen zu wollen, wenn er mir in den Weg tritt, so gab sie Zeichen der größten Angst von sich und tat wie eine Verzweifelte."

„Hm," machte Hornnebel, „das ist freilich bedenklich. Übereile dich aber nicht, Rab Golli, denn du weißt, daß du nicht allein auf der Welt bist und wir alle zu dir gehören. Kannst du dich nicht gehörig bemeistern, kommt es zu etwas, das ich in diesem Falle ebenso wenig billigen als verdammen kann, so können wir unsere Bündel schnüren und sehen, wo wir wieder so eine fette Weide wie hier finden. Ich wüßte nicht, wo ich eine solche suchen könnte."

Er sah sich da in eine enge Klemme gebracht. Auf der einen Seite hatte Golli, nach der Auffassung der Fahrenden, das volle Recht, sich mit Aufbietung aller Mittel sich seines Nebenbuhlers zu entledigen. Auf der anderen war das reiche Erträgnis des Mittenwalder Marktes, durch irgendeine, von einem Fahrenden begangene gewalttätige Handlung in Frage gestellt. Er kannte den heftigen, aufbrausenden Sinn Rab Golli's und befürchtete ernstliche Verwicklungen, wenn sich die Sache wirklich so verhielt, wie dieser behauptete. Klaus Hornnebel hatte an dem jungen Mann ein tieferes Interesse, als an jedem anderen Mitglied der hier bunt zusammengewürfelten Gesellschaften und Familien der fahrenden Leute. Er hatte ihn sozusagen gefunden, aufgelesen im wilden Walde, als zartes Kind von wenig Tagen. Das war jetzt so ungefähr einige zwanzig Jahre her und das brave Weib Klaus Hornnebels hatte damals noch gelebt.

Dort unten am Rheine war auf einem selten begangenen Nebenweg der wandernde Trupp durch einen Wald gezogen. Da tippte Hornnebels Weib diesem auf die Schulter und frug erregt: „Warum schreien dort im Dickicht die Raben so sonderbar? Mir war's, als ob ich auch ein Kind habe weinen hören! Sieh' nach, Klaus, was damit ist!"

Sie konnte eben kein Kind weinen hören, die Gute, deren Sehnsucht nach einem solchen ihre Tage ausfüllte und der Traum ihrer Nächte war. Dafür hatte sie ein feines Ohr, das sich nicht täuschen ließ. Ihr Gatte war durch die energische Aufmunterung nun auch aufmerksam geworden, brummte etwas von veraastem Wilde, von dem vielleicht noch ein Stück zu brauchen sei, dann warf er der Frau den Zügel zu und fing an, das Dickicht zu durchbrechen.

Je weiter er hinein kam, desto mehr kreischten und schrien die Raben, als wenn sie über die Störung zornig geworden wären. Der Wald wurde etwas lichter und zeigte eine grüne Blöße. Dort am Rande derselben, wo die hohe Fichte stand, die voll des lärmenden Vogelgesindels war, bemerkte Klaus zu seinem Erstaunen einen frischen, schmalen Erdhaufen, auf dem anscheinend ein Bündel alter Kleider lag. Er ging vorsichtig näher — die Raben erhoben sich spektakulierend, ließen sich aber unweit wieder nieder und reckten neugierig die Hälse nach dem Manne hin, der nahe an den Erdhausen hingetreten war, das Bündel aufgenommen und dabei einen kurzen Schrei ausgestoßen hatte, der ebensowohl Schrecken als Erstaunen bedeuten konnte. Die Raben schwirrten aufs Neue auf, als er das Bündel auf die Arme nahm und sich so rasch als es ging, wieder durch den Wald gegen die wartenden Seinigen zu bewegte.

Mit ängstlicher Spannung hatte die brave Urschi sein Zurückkehren erwartet und schrie ihm schon, als das Brechen und Knacken in dem Gezweige des Unterholzes sich näher hören ließ, ungeduldig zu, was es denn dort Außergewöhnliches gegeben hätte? Klaus hüllte sich aber in Schweigen; der Fall war zu verwickelt, als daß er imstande gewesen wäre, darüber in einigen Worten eine aufklärende Antwort zu geben. Dafür aber legte er seinem erstaunten Weibe das unförmliche Bündel, aus dem ein leises Wimmern drang, in die Arme und sagte dazu, mit einem eigentümlichen, aus Schrecken und Freude zusammengesetzten Lächeln: „Alte! Da wär' was wir bräuchten. Das heißt, wenn du es nehmen willst. Wenn nicht, so lass' ich es wieder den Raben zukommen."

Frau Urschi kreischte im Entsetzen über diesen Vorschlag, in Freude und Überraschung zu gleicher Zeit auf. Dabei drückte sie das wimmernde Bündel mit heißer Inbrunst ans Herz und machte gleichzeitig ihren Mann für seinen schlechten Scherz so herunter, daß dieser nur sehr schwer dazu kommen konnte, zu erzählen wie er zu dem Ding gekommen war.

Der ganze Trupp der Fahrenden hatte sich um die Hornnebels gedrängt; das Kindchen stieß wimmernde Töne aus und suchte mit dem offenen Mündchen nach der Mutterbrust. Äußere Beschädigungen, außer einer tüchtigen Beule an der Stirn, waren an dem kleinen Ding nicht wahrzunehmen. Die Fahrenden hatten eine Ziege bei sich, die gewohnt war, daß die kleinen Kinder und ihre Zicklein, sich ihre Milch teilten. Diese wurde schnellstens herbeigeholt, Frau Urschi warf sich auf die Knie und hielt den neuen Schützling der schon sehr schwach zu sein schien unter das strotzende Euter, das sofort von ihm angenommen wurde. Die Züge wurden stärker und stärker; die Wänglein begannen sich zu röten; dann vollgesogen und satt, fielen dem kleinen Würmchen die Augen zu und es schlief fest auf den Armen der Frau ein, die es unter heißen Tränen und den Schauern einer plötzlich entstandenen wie mütterlichen Liebe an das Herz drückte. „Nur nicht wieder hergeben; sich den so unverhofft vom Himmel gefallenen Schatz nicht wieder nehmen lassen," das war ihr einziger Gedanke.

Doch damit hatte es keine Not. Wer sollte ihr in diesen Zeitläuften solchen Schatz streitig machen?

Über die Sache selbst wurde zwischen Hornnebel und seinem Weibe weiter kein Wort gesprochen; das wäre gänzlich unnötig gewesen. Auf diese Weise war er auch das Gewimmer über die Kinderlosigkeit der Ehe auf einmal los geworden, und das behagte ihm nicht minder, als der Gedanke, durch Zufall vielleicht eine Stütze im Alter gewonnen zu haben.

Das Kind war bei Frau Urschi, die es hielt und pflegte, und wozu die anderen armen Weiber des Trupps alles nur irgend Entbehrliche beisteuerten, gut aufgehoben. Nun gab es aber für die Männer noch eine Pflicht, nämlich, nicht zu gestatten, daß die ganz oberflächlich mit Erde bedeckte Leiche des unglücklichen Geschöpfes dort im Walde eine Beute der Raubtiere werde. Nicht bloß menschliches Gefühl drängte sie dazu, sondern auch der Instinkt des Zusammengehörens im Elend und in der Ausgestoßenheit. Das Grab unter der Fichte und der zum Rabenfraß bestimmte Säugling redeten eine gewaltige Sprache zu den harten, abgestumpften Männern, die jetzt gegangen waren die Leiche des Weibes tiefer in die Erde zu betten.

Mit düsteren Mienen entfernten sie sorgsam Scholle auf Scholle von der Toten, anscheinend einer Zigeunerin; nahmen diese sanft aus der Grube, richteten den unordentlichen Anzug, belegten den Boden der vertieften Grube mit frischen Fichtenzweigen und wollten die Leiche eben wieder versenken, als es Klaus Hornebel einfiel, nach irgend etwas zu suchen, was über das Herkommen des Weibes oder Kindes Aufschluß geben könnte. Man fand nichts, als ein kleines, silbernes Plättchen, mit dem kurzen Ende einer feinen, silbernen Kette, offenbar Reste eines Halsgehänges.

Die Kettchen waren beim Wegreißen jedenfalls entzwei gebrochen, das Plättchen zwischen Kleid und Umschlagtuch gerutscht.

Bei näherem Betrachten, war auf dem Plättchen, schlecht eingeritzt, zu lesen: „da Golli."

Das war wenig und besagte eigentlich gar nichts, aber des Aufbewahrens war der Fund doch wert.

Wortlos wurde die Leiche eingesenkt, dann sprach Klaus Hornnebel ein Vaterunser, obgleich er nicht sicher war, daß die Tote Christin gewesen war.

Der kleine Findling war vom ersten Augenblick an unter den Fahrenden gut aufgenommen worden. Schon die Zähigkeit und Lebensfähigkeit, die das Kind dadurch bewiesen hatte, daß es trotz der Kontusion am Kopfe und der nächtlichen Kälte im Walde auf dem Grabe seiner Mutter ausdauerte, hatte ihm die Bewunderung des Trupps der Fahrenden erobert.

Rab Golli hatten sie den Knaben genannt, teils nach dem Umstande und zum Andenken, daß er als kleines, hilfloses Geschöpf den Raben fast zum Opfer gefallen wäre und nach dem Namen, der sich auf dem Silberplättchen gefunden hatte.

Der kleine Rab war ein sehr ernstes und ruhiges Kind, das viel Auffassungsgabe und bedeutende Anlagen für die von den Fahrenden geübten gymnastischen Künste zeigte. Lachen und spielen, herumtollen wie seine Altersgenossen, sah man es niemals. Es war, als wenn für ihn die schrecklichen Vorgänge der ersten Lebenstage einen dichten grauen Schleier über all das Schöne und Glänzende geworfen hätten, das die Jugend sonst von der Welt zu fordern hat.

Aber kühn war der kleine Junge wie kein zweiter und einen unbändigen Ehrgeiz, die höchsten Aufgaben seines lebensgefährlichen Berufes zu lösen, zeigte er, was ihm die volle und uneigennützigste Anerkennung seiner Fachgenossen verschaffte.

Rab war eine leidenschaftliche Natur, die nichts oberflächlich nehmen konnte. Alle Eindrücke saßen fest und unauslöschlich in ihm und seine Gefühlsäußerungen waren stark im Haß und in der Liebe. An seiner Pflegemutter hing er mit leidenschaftlicher Zärtlichkeit und war lange Zeit über deren Verlust kaum zu trösten. Klaus Hornnebel war ihm seelisch nicht besonders nah gekommen, der hatte zu viel andere Interessen und Geschäfte.

Eines Tages hatte sich dem Trupp der Fahrenden ein durch wüstes Leben und Trunk heruntergekommener Mensch angeschlossen. Vorher hatte dieser aber aus drei oder vier Universitäten studiert und es sogar zum wirklichen Doktor der Philosophie und des Rechtes, sowie zum Magister der sieben freien Künste gebracht.

Aber seine haltlose Natur gefiel sich im Schlamme am besten. Es gab Zeiten, in denen er wochenlang nüchtern blieb und sich in Reue über sein verfehltes Leben verzehrte. Wie um Buße zu tun, nahm er sich dann des Findelknaben an, lehrte ihn

Lesen und Schreiben, machte ihn später mit den Lateinern und Griechen bekannt und zeigte ihm, wie die großen Geister des Altertums und der neueren Zeit Welt und Menschen betrachtet haben.

Ein eigentümliches Paar, dieser Lehrer und sein Schüler!

Und erst das sonderbare Lernen zu jeder Tages- und Nachtzeit; unter der Decke des Blahenwagens oder im Zelte; in der Einsamkeit des Waldes, hinter einer Hecke oder dem Getöse eines Jahrmarktes.

Wenn die vielen Unterbrechungen nicht gewesen wären, welche die Verkommenheit des ehemaligen Magisters veranlaßten! Rab Golli ließ es von der ersten Stunde an nicht an einem leidenschaftlich betätigten, eisernen Fleiß fehlen. Wissensdurstig verschlang er, sozusagen, was ihm der andere, oft ohne Auswahl aus dem reichen Wissen, über das dieser verfügte, bot.

Kein Wunder, daß dem Heranwachsenden die Augen über sich und seine Stellung in der Welt aufgegangen waren. Das aber hatte ihn unglücklich gemacht. Und weil er sich über seine Genossen geistig gehoben fühlte, wurde sein Benehmen gegen sie hochmütig und hart, was sich diese natürlich nicht gefallen lassen wollten.

Sein Leben wurde ein unfriedsames und immer einsameres. So lange der alte Magister lebte, brachte es dieser notdürftig zustande, den jungen Mann durch philosophisches Wortgeklingel, oder durch beißenden Hohn, mit dem er über die sogenannte bessere Welt herfiel, aufrecht zu erhalten. Als aber der Doktor eines Tages im Rausche sich das Genick gebrochen hatte, war es auch damit vorbei.

Der Pfeiferkönig hatte wohl gemerkt, daß in letzter Zeit Rab, der sich sonst von den jungen Weibern fern hielt, ein erhöhtes Interesse für Mita zeigte. Wohlweislich schwieg er aber über seine Entdeckung, da er seinen Pflegesohn genau genug kannte um zu wissen, daß sich dieser durch die leiseste Bemerkung verletzt zeigen würde. Die Erklärung des Hans Reißaus nahm er von der komischen Seite; der war in seinen Augen ein Bramarbas, der nicht ernstlich zu nehmen war.

Das Resultat des Nachdenkens für ihn war, daß er den Entschluß faßte, so bald als möglich mit Mita Rücksprache zu nehmen und sie zur Vorsicht gegenüber dem leidenschaftlichen Rab Golli zu vermahnen.

8 Leichte und schwere Herzen

Nach einigen Tagen großer Unruhe schienen sich die Italiener zu ihrer Zufriedenheit im Hause des Rottmeisters eingerichtet zu haben. Sonina war jetzt öfter sichtbar, huschte und trippelte im Haus und in den Ställen herum, wo sie das Vieh und die schweren Pferde, welche ihr, als Venezianerkind, immer etwas fremd geblieben waren, nach Kräften bewunderte und mit Süßigkeiten oder Zucker fütterte. War Jörg in der Nähe, so mußte er den Erklärer machen, und dann schien sie ihm aufmerksam zuzuhören, wenigstens glaubte dies der Bursche, nach der Art wie sie ihn dabei ansah. Zu seiner Verwunderung machte er aber häufig die Bemerkung, daß Zuhören und Aufmerksamkeit zwei ganz verschiedene Dinge sein mußten, denn es kam vor, daß Sonina, trotzdem sie die Sprache gut genug verstand, oft ganz verkehrte Antworten gab oder fast sinnlos dazwischenredete. Jörg dachte, das werde bei vornehmen Italienerinnen schon so sein müssen; die hätten eben eine ganz eigene Art zu denken. Er hegte auch den Verdacht, daß es ihr unangenehm sei, einen derartigen Verstoß wahrzunehmen; sie schämt sich vielleicht etwas und bekommt dadurch hochgerötete Wangen.

Am leichtesten war mit ihr zu verkehren, wenn sie nach südlicher Sitte abends vor dem Hause saß und mit Jörg und dessen Eltern plauderte. Manchmal rief sie die Kinder heran, die staunend und neugierig umherstanden und unterhielt sich eine Zeitlang recht gut mit diesen. Oft schien sie aber die Spielerei plötzlich sattzubekommen. Dann jagte sie die fröhlich schäckernde Schaar mit heftigen, raschen Worten weiter. Verzogen sie sich nicht sofort, so konnte Sonina in eine leidenschaftliche Erregung verfallen, bei der sie das Deutsche dann vergessen zu haben schien. Solche Auftritte waren für die kinderfreundlichen Neuner peinlich. Zu Zeiten konnte Sonina rührend hilfreich und freundlich sein und dann war in den Herzen der gutmütigen Hausleute rasch wieder aller Groll vergessen.

Unter der Maske des Scherzes und der Frivolität verbarg das Mädchen ein tiefes, fortgesetztes Staunen über das meiste was es sah und was um es vorging. Die Natur, die Menschen und deren Handlungen waren so ganz verschieden von dem, was sie zu sehen und zu hören gewohnt war.

Das Leben in Venezia unter den reichen Patriziergeschlechtern war auf großen Fuß gestellt. Getreu den Traditionen der früheren Zeiten konnte man dort nicht sein ohne Intrigen und Geheimnisse. Es gab niemand, der gesagt hätte, was er sich dachte. Alles wurde vorsichtig abgewogen, um keinen Anlaß zu Mißverständnissen zu geben, die unter Umständen gefährlich werden konnten. Denn, noch saß der Doge in seinem Palazzo neben der Markuskirche und war von dem mißtrauischen, über die Rechte und Prärogative der Republik eifersüchtig wachenden Rat der Zehn umgeben.

In solcher Umgebung war Sonina herangewachsen, derartige Eindrücke hatte sie in sich aufgenommen. Venedig, eine kleine Welt für sich, schien für viele der Mittelpunkt der Erde zu sein, wie es noch heute die Chinesen von ihrem himmlischen Reiche glauben. Ähnlich empfand auch das Mädchen. Über Mestre hinaus, wo ihr Vater ein schönes Landhaus besaß, mit Wein- und Gartenanlagen, Geflügel- und Viehzucht, wo sich die Reit- und Saumrosse befanden, war es vor der großen Reise nach Mittenwald noch nie gekommen.

Das Hügelland, die Riesen des Hochgebirges, kannte es nur von dem Blicke vom Campanile aus; es hatte diese blaue Ferne bisher sogar wenig Anziehungskraft auf Sonina geäußert.

Aus dem Trubel des venezianischen gesellschaftlichen Lebens gekommen, empfand Sonina die nüchterne, naive Einfachheit ihrer neuen Umgebung wie etwas Beruhigendes. Sie vermochte aber sich nicht vorzustellen, daß diese Menschen auch großer, leidenschaftlicher Erregungen fähig sein könnten.

Und erst die Liebe! Schon was davon für die Unbeteiligten in Venezia sichtbar wird, zeigt, wie leidenschaftlich diese Triebe von Mann und Weib aufgefaßt werden. Wie sprechen und blitzen dort die Augen! Wie beredt sind Tücher und Fächer? Von anderen Arten des Verständnisses ganz abgesehen! Wie feurig suchen, meiden, lieben und hassen sich dort die Menschen? Wie viele heißschlagende Herzen hat der Dolch in grimmiger Eifersucht auf ewig stillstehen heißen? Welche schaudervollen Geheimnisse bergen die Kerker und die Tiefen der Kanäle und des Meeres, weil er oder sie zu heiß oder falsch geliebt haben?

Und dagegen diese Völker der germanischen Rassen!

Der Hunger, der aus dem Magen kommt; ein nur das Erreichbare anstrebender Ehrgeiz ; ein mäßiges Haschen nach irdischen Gütern und die Liebe nur insoweit, als sie zur bequemen Ehe führt — so zeigten sich dem venezianer Kinde die Bewohner der Länder, die es auf der langen, mühseligen Reise durchzog.

Die großartige Natur der Alpen mit ihren, in den Wolken sich verlierenden Bergspitzen und den von reißenden Strömen und Flüssen durchtobten lachenden Tälern, machte keineswegs den erhebenden Eindruck auf das Mädchen, wie dies vielleicht anzunehmen gewesen wäre.

Es war gewohnt den Blick in die Weite schweifen zu lassen, plätschernde, im Sonnenlichte schimmernde, im Abendscheine golden und purpurn fließende und wogende Wasser zu sehen; nach prächtigen Bauwerken aufzublicken und in ihnen Massen aufgestappelter reicher Kunstwerke zu bewundern.

Mit diesen Empfindungen und Ansichten war sie nach Mittenwald gekommen. Hier bot das rege Getümmel der Marktleute und Kaufherrn das Interesse, das sich an einige Menschen berühmten Namens und Herkommens knüpfte, zwar einige Zerstreuung, doch der Reiz der Neuheit hielt nicht lange vor, und nach und nach begann sie sich an der Seite des empfindlichen und kränkelnden alten Herrn, ihres Vaters, richtig zu langweilen.

Jörg Neuner, mit dem Sonina sich nicht ungerne unterhielt, war mehrere Tage mit den Fuhrwerken, die Kaufmannsgüter nach Partenkirchen und weiter verfrachteten, abwesend gewesen. Nun war er wieder auf kurze Zeit in Mittenwald und damit gab es für das Mädchen einige neue Anregungen und Zeitvertreib. Als Italienerin und Bewohnerin einer Wasserstadt war die junge Dame weder anstrengendes Bergsteigen gewohnt, noch zeigte sie ein besonderes Interesse dafür.

Da machte ihr Jörg den Vorschlag, sich abends das Leben und Treiben auf dem Platze anzusehen, auf welchem teils die fahrenden Leute ihre Vorstellungen gaben, teils die größte Menge der den Kauf- und Handelsleuten gehörenden Wagen und sonstige Fuhrwerke wie eine mächtige Wagenburg aufgefahren waren.

Davon hatte sie bis jetzt nichts wissen wollen; sie war gewohnt, sich und ihresgleichen als weit über den Belustigungen des gemeinen Volkes stehend anzusehen. Erst die peinlicher werdende Langeweile bewog sie, hier, wo sie sich weit vom Markusplatze befand und weder spöttische, heimatliche Augen oder abfällige Bemerkungen zu fürchten hatte, eine Ausnahme zu machen. Ihrem Vater, der ohnehin die Stube nicht verlassen konnte, sagte sie nichts von dem Vorhaben; wer weiß, wie es der pedantische, formenstrenge Mann aufgenommen hätte? Nachdem der Entschluß einmal gefaßt war, wurde ausgemacht, daß Sonina in Begleitung von Jörgs Mutter und ihrer Zofe, unter Jörg's Schutz, sich das fremde Wesen ansehen sollten.

Wandert man durch das heutige Mittenwald gegen die Scharnitz zu, so kommt man gegen das südliche Ende des Marktfleckens an einen großen, freien, länglich gebildeten Platz, der dadurch entsteht, daß sich die Hauptstraße zu verbreitern beginnt, indem die meist aneinandergebauten Häuser ungefähr auf ihre halbe Tiefe hintereinander rücken.

Heute trägt dieser Platz grünen Rasen, Bäume sind an seinem Rande gepflanzt und scheckiges Vieh weidet zu gewissen Jahreszeiten darauf, denn das einsam gewordene Mittenwald hat keinen großen Marktplatz mehr nötig.·

Lind und lau war die Juninacht; glänzend blickten die Sterne in das Tal herab, schwer und schwarz ragten die Massen des Karwendel hinter dem Orte empor; verworrene Töne von Trompetenklängen, Trommelschlag, das Geräusch, das entsteht, wenn viele Menschen sich plaudernd, lachend, schreiend sammeln, wurden vom Südwinde weitergetragen und lockte, sich die Herrlichkeiten zu besehen.

Sonina ging zwischen Jörg und dessen Mutter, die Zofe folgte. Der Andrang zu den beleuchteten Buden war sehr groß. Die meisten Leute hatten sich um eine ziemlich hohe Tribüne versammelt, auf der ein Zelt errichtet war.

Hier bot der berühmte Medicus Alfonso Anostasio Zinegus aus dem Lande Hyspania, wo es so warm ist, daß man kaum barfuß zu laufen vermag, wo auf jedem Aste eine Nachtigall flötet, deren es auch zwei und noch mehr sein können, wo das ganze Jahr süße, reife Kastanien von den Bäumen fallen, wo es die dichtesten Wälder von Feigen, Krachmandeln, Orangen und Zitronen, die wildesten Stiere der Welt, die kühnsten Männer und die allerschönsten Frauen und Mädchen gibt, wo das rote Gold nicht seltener ist, als bei uns das Kupfer und jeder Mensch, auch der Bettler, von Adel ist und sich in Samt und Seide kleidet, seinen weithin berühmten Theriak[1] zum Kaufe aus.

Um ihn brannten zahlreiche, schwebende Lampen; eine lodernde Pechpfanne, auf hohem Gestelle warf ihren roten, unruhigen Schein auf die Gruppe, die dieser mit seinem in Narrenkleidern auftretenden Famulus bildete.

Kopf an Kopf drückte man sich um die Tribüne. Die Menschen kamen aus dem wiehernden Gelächter gar nicht mehr heraus, stießen sich mit den Ellenbogen und trampelten mit den Füßen vor Lust und Vergnügen.

Viele glaubten fest an die leibärztliche Eigenschaft des berühmten Zinegus: Andere hatten leichte Zweifel, weil sie

---

[1] in der Antike als Antidot entwickelt und im Mittelalter als Wunderarznei verwendete Mixtur.

in ihm, Klaus Hornnebel, den Pfeiferkönig, Schuhflicker und Sattler erkannten, der von Hans Reißaus, dem urkomischen Tänzer, Springer und Lustigmacher begleitet war.

Die kleine Gesellschaft aus dem Neuner'schen Hause, hatte belustigt zugesehen und zugehört. Als das Gedränge gar zu arg wurde, bekam Sonina Angst, sie machte sich nah an Jörg heran, allein das half nicht viel, denn die Leute drängten und drückten rücksichtslos. Um nicht von dem Strome fortgerissen zu werden schob sie ihren Arm durch den seinen.

Jörg wußte nicht wie ihm geschah.

Arm in Arm zu gehen, öffentlich mit einem jungen Mädchen sich so zu zeigen, das entsprach in Mittenwald nur dem Begriffe von Braut und Bräutigam, die nahe vor der Hochzeit stehen. Und auch da sah man es nicht gerne und hielt es stets für ein Zeichen leichter Sitte.

Seine erste Regung war, den eigenen Arm freizumachen. Dabei traf ihn aber ein so verwunderter Blick Soninas, daß er sofort inne hielt und in der Verlegenheit den ihren nur desto fester an sich preßte. Sie waren an eine ruhigere Stelle gelangt, da sah er plötzlich Margaret mit ihren Eltern auf sich zukommen. Bevor er Zeit hatte, sich von seiner schönen Begleitung freizumachen, vernahm er einen Ausruf des Schreckens und der Überraschung und konnte gerade noch wahrnehmen, wie seine Braut ihre Eltern, nach einer seitwärts stehenden Bude, in der Reliquien verkauft wurden, hinriß.

Sonina an seiner Seite, plauderte und frug lebhaft nach allem Möglichen. Jörg hörte es entweder nicht oder gab ganz verkehrte Antworten. Es summte und rauschte ihm in den Ohren, als wenn er einen Wasserfall im Kopfe hätte; er sah nichts mehr, als sich drehende feuerige Kreise und ein Gewirr von Lichtfunken.

Seine Mutter hatte Margaret und deren Eltern erblickt und wollte nicht vorbeigehen, ohne damit gesprochen zu haben. Da war es Jörg, der auf einmal seinen eigensinnigen Kopf aufzusetzen schien und nach der entgegengesetzten Seite drängte. Die Alte konnte das natürlich nicht verstehen und hielt es für äußerst seltsam und unfreundlich von ihrem Sohne, der Braut nicht einige freundliche Worte zu gönnen.

Aber Jörg hatte das ganz richtige Gefühl, daß kein Augenblick unrichtiger gewählt werden könnte als der gegenwärtige, um das gewiß unschuldige Mißverständnis aufzuklären. Er kannte Margaret, die ihm erst vor einigen Tagen gezeigt hatte, daß eifersüchtige Regungen ihr nicht fremd sind. Jedes Wort, das sie sprechen würde, müßte die Italienerin auf das Tiefste beleidigen.

Daß ihm Sonina nur deswegen ihren Arm gegeben hatte, weil sie sich vor der ungestümen Menge fürchtete, stand ja bei ihm fest.

Sonina hatte sich eigentlich gar nichts dabei gedacht, als sie den Arm des Burschen unterfaßte. Im Gedränge der sich drückenden und stoßenden Leute, war es ihr unheimlich geworden und unwillkürlich wendete sie sich schutzsuchend an den Stärkeren. Wäre dieser ein anderer als Jörg gewesen, würde das Gleiche gewesen sein. Sie würde es nicht verstanden haben, wenn man ihr gesagt hätte, daß Margaret, Jörgs Braut, an dem nichtigen Grunde des Armgebens, Anlaß zur Eifersucht oder Ärger finden könnte. Die Menschen aber, die an ihnen vorübergekommen waren, hatten meist so viel mit sich selbst und ihrer Neugierde zu tun gehabt, als daß sie den Neunerischen besondere Aufmerksamkeit hätten schenken können.

Einige hatten freilich hoch erstaunt geschaut und dann sonderbare Bemerkungen gemacht.

9 Was gilt ein fahrender Mann?

Aus dem einen Volkshaufen waren sie also glücklich herausgekommen und nun mußten sie dem Menschenstrome folgen, der sich um ein hohes Gerüst staute, das einem Seiltänzer zu seinen Produktionen diente. Der Name desselben war in aller Mund. Rab Golli war als ein verwegener Künstler bekannt, der auf dem dünnen Seile Dinge ausführte, die vor ihm noch keiner gewagt hatte.

Sonina zeigte Lust, die Produktion in der Nähe zu sehen. Jörg hätte sich am liebsten der Meinung seiner Mutter angeschlossen, die Widerwillen zeigte, diese halsbrecherischen Kunstleistungen anzusehen. Aber nicht aus diesem Grund, sondern weil es ihm nach der vorhergegangenen Begegnung unangenehm war, sich in den ersten Reihen der Zuschauer mit der Italienerin zu zeigen.

Nun blieb ihm nichts übrig, als sich mit den Frauen vorzudrängen.

Bald standen sie ganz vorne an dem Seile, das im Viereck gespannt den Platz unter dem Gerüste frei hielt. Dort brannten einige rotlodernde Pechpfannen, aus denen qualmender, schwarzer Rauch über die Köpfe der Zuschauer hinwegwirbelte.

Oben an den Gerüstenden waren Lampen angebracht, deren Lichter durch prismatische Hohlspiegel verstärkt den arbeitenden Künstler grell beleuchteten.

Eine wilde Musik, ausgeführt von Beckenschlägern, Pfeifen, Trompeten, begleitet von einer dumpfdröhnenden großen Trommel, leitete das Schauspiel ein und begleitete es.

Der junge Künstler stand neben dem Spanngerüste, in einen langen, dunklen Mantel eingehüllt, den Kopf mit einem großen Schlapphut bedeckt und sah gleichgültig, ja fast finster über die Menge.

Das Musikstück schloß mit großem Spektakel und Getöse — nach einem Augenblick der Pause bliesen die Trompeter eine schmetternde Fanfare. Rab Golli warf Hut und Mantel ab und kletterte wie eine Katze rasch an dem losen Seile empor, das von dem gespannten Tanzseile herabhing. Ein blitzschneller Schwung und er stand frei in anmutiger Stellung und grüßte mit einem leichten Lächeln und Handwinken das in Beifall ausgebrochene Publikum.

Das Licht der Prismalampen fiel voll auf seine fein- aber sehnig gebaute Mannesgestalt, die den herkömmlichen, mit glänzendem Flitter bedeckten Anzug der Seiltänzer trug. Das Gesicht war edel und schön. Ein glänzender, auf der Stirne sitzender Metallreif hielt die schlichten, langen schwarzen Haare zurück.

Zuerst machte Golli einige Bewegungen und Kunststücke mit der langen Balancierstange, die er oben an dem Gerüste vorgefunden hatte.

Was der Seiltänzer nun an verwegenen Sprüngen, einfachen und doppelten Saltis, Gehen, Laufen usw. auf dem schwankenden Seile leistete, war atemhemmend anzusehen. So oft er eine kleine Pause machte, brach ein wieherndes, gellendes Beifallgejohle los, für das er kaum mit einem leichten Neigen des Kopfes dankte. Die Vorstellung näherte sich ihrem Ende; Mita, in phantastischer Gewandung, drängte sich durch die Zuschauer mit einem kleinen Teller, den sie den Leuten entgegenhielt, eine Gabe heischend.

Ihr Gesichtsausdruck war ein noch düsterer als der Gollis. Auf die scherzhaften Zurufe, oder die derben Spässe, die sie bei ihrem Gange mitnehmen mußte, achtete sie nicht, ja sie schien sie nicht zu hören. Hie und da wollte sie ein frecher Bursche beim Arme oder bei der Taille fassen. Dann machte sie sich aber energisch los und blitzte den Übermütigen derart mit ihren schwarzen Augen an, daß dieser sah, seine Liebesmühe sei hier vergebens. Als Mita, innerhalb des abgesteckten Platzes an Sonina mit ihren Begleitern herankam, wurde die Italienerin auf das schöne und bescheiden auftretende Mädchen aufmerksam.

Indem sie nach einem größeren Geldstück suchte, frug sie das Mädchen, ob es eine Schwester des Künstlers sei. Dieses verneinte mit Kopfschütteln. „Dann bist du wahrscheinlich seine Geliebte!“ Mita errötete jäh und hob unmutig den Kopf hoch. „Was bringt die Signorina darauf?“ frug sie kurz entgegen. Ihre Stimme klang gereizt.

Da mischte sich Jörg hinein, der Mita wiedererkannt hatte. „Das ist ja keine Unehr' für dich! Ihr Leute haltet immer zusammen wie die Zecken. Aber wir kennen uns ja von neulich nachts!“ Sonina wurde aufmerksam. „Von neulich nachts?“ frug sie verwundert. Es war ihr unangenehm zu hören gewesen, daß der Bursche in irgendeiner Beziehung zu dem Mädchen gestanden hatte. „Ja, ja,“ nickte Jörg. „Sie hat mir wahrsagen wollen. Wie sie aber hätt' herausrücken sollen mit der Farb', so hat's allerlei Ausflüchten g'habt und hat mir nix mehr sagen wollen. Da bin ich dann wieder fort, g'scheiter net als ich zu ihr kommen bin. Fast deucht mich, daß das Mädl selber nix G'wisses g'wußt hat. Ist allzuviel Gauklerei bei den Sachen!“ „Das ist nicht so!“ fiel Mita lebhaft ein. „Wenn ich dir nichts habe sagen wollen, so werde ich einen Grund dazu gehabt haben. Nicht unsere Kunst ist's, die man tadeln kann, sondern unsere blöden Augen, die oft nicht das Richtige sehen."

Sonina, die in der Auffassung solcher Fragen eine echte Tochter ihrer Zeit war, lachte gezwungen auf. „Du hast doch nicht sagen wollen, Mädchen, daß dem Jörg Neuner ein besonders geheimnisvoller und verwickelter Lebenslan bevorsteht? Ja, wenn er in Venezia statt in Mittenwald wäre und statt ein Rottfuhrmann zu sein unter die reichen Kaufherrn oder Nobili gehörte! Ja, dann wäre schon eher Aussicht, daß es zu einem geheimnisvollem verwickelten Lebenslauf kommen könnte."

„Und wenn es trotzdem so wäre!" rief die Mita und heftete ihre schwarzen Augen blitzend auf die Italienerin „Wißt Ihr zum Beispiel gewiß, stolze Signora, daß die eingebildete Vornehmheit Schutz und Schirm ist gegen die heißen Schläge eines Herzens? Ich will Euch nicht die Zukunft vorhersagen! Trotzdem aber sehe ich Euch in's Herz und darin steht klar und deutlich, daß Zaum und Zügel die man Euch ausgelegt, schon mehr als einmal hart von Euch empfunden worden sind."

„Ah!" stieß Sonina überrascht und zornig heraus. „Was wagst du mir zu sagen?"

„Unverschämte Dirn!" rief Jörg und faßte dabei nach dem Arme Mitas um sie weiterzuschieben.

Diese stieß bei der Berührung seiner Hand einen gellenden, erschreckten Schrei aus.

Der dumpfe Aufschlag eines gefallenen schweren Körpers folgte blitzschnell und zugleich erscholl aus hunderten von Kehlen ein entsetzter Schreckensruf.

Sonina und die um sie waren so von dem erregten Gespräche mit der Geldeinsammlerin in Anspruch genommen, daß sie erst zum Verständnis des Außergewöhnlichen durch das allgemeine, entsetzte Aufschreien gelangten.

Sie wurden von ihrem Platze gerissen.

Viele Leute hatten sich aus dem Staube gemacht, die einen, weil es hier nichts weiter für sie zu sehen gab, die anderen, weil sie eine Scheu vor dem regungslosen, menschlichen Körper hatten, der dort in bunten Flittern unter dem gespannten Seile lag.

Die Pechpfannen knisterten und qualmten, schwarz kroch der Rauch wie ein gewaltiges, unheimlich anzusehendes Fabeltier über den Boden hin. Neben dem Besinnungslosen oder Toten — wer konnte dies mit Bestimmtheit unterscheiden? — kniete jammernd und weinend Mita und hielt das bleiche, schöne Männerhaupt an ihre Brust gedrückt. Im weiteren Umkreise standen die Musikanten und einige Neugierige, die entweder mit roher Gleichgültigkeit oder entsetzt auf die Gruppe sahen.

Aber wie war das Gräßliche so überraschend möglich geworden?

Golli machte mit fabelhafter Ruhe und Sicherheit die halsbrecherischsten Kunststücke. Da fiel sein Auge dorthin, wo sich soeben Mita befand. Es war ihm ein unangenehmes Gefühl, diese länger als nach seiner Ansicht notwendig war, in nächster Nähe des Mittenwalder Burschen zu sehen, den sie vor kurzer Zeit nächtlich in ihr Zelt geführt hatte, um ihm wahr zu sagen.

Und plötzlich erwachte in ihm eine wütende Eifersucht.

Die Vorstellung verlangte, daß er eines der Kunststücke nach der von der genannten Gruppe abgewendeten Seite machen mußte. Mita für diese wenigen Minuten aus den Augen zu lassen, empfand der Seiltänzer als eine peinigende Qual. Der Salto vorwärts, den er machte, gelang tadellos. Während der Künstler den gleichen Sprung nach rückwärts ausführen wollte und sein Körper schon in der Luft wirbelte, erklang der Schrei Mitas. Es galt einen kaum meßbaren Augenblick, in welchem ihm die Beherrschung des Gleichgewichtes fehlte — ein krampfhaftes, vergebliches Fassen nach dem gespannten Seile — und Golli stürzte zur Erde.

Sonina stand bleich und zitternd.

Jörgs Mutter lamentierte und hielt den Sturz für ein Strafgericht Gottes.

Die Zofe wimmerte und weinte vor Aufregung und bedauerte, daß es gerade dieser junge und schöne Mensch sein müsse, der das Genick gebrochen hat.

Jörg bemühte sich, die Frauen zu beruhigen, und wollte sie von dem unheimlichen Ort fortbringen.

Das schien Sonina aus der Erstarrung, in die sie geraten war, aufzurütteln. Sie runzelte unwillig die Stirne und stampfte leicht mit dem Fuße auf.

„Ist das alles, was ihr für den armen Menschen habt?" frug sie hart und verweisend. „Soll er liegen bleiben wie ein gestürztes Tier?"

Jörg kam dadurch in arge Verlegenheit, denn er fühlte, daß der Vorwurf an ihn gerichtet war. Aber was kümmerte ihn der Seiltänzer! Der Mann war in seinem Berufe verunglückt und besaß genug Freunde und Genossen, die ihm helfen würden, wenn ihm überhaupt noch zu helfen war.

„Nun?“ drängte Sonina ungeduldig.

Der Bursche sah sich um. Seine Freunde! Ja. Aber wo waren diese? Sie schienen sich nicht zu beeilen, dem Gestürzten beizustehen. Dort unten, wo die Kunstreiter ihre Vorstellung gaben, drängte sich jetzt das Volk zu Haufen und hier standen nur einige Neugierige, denen es nicht einfiel, Hand anzulegen. Und warum? Ist denn alles Mitleid aus deren Herzen verschwunden?

„Dann will ich wenigstens versuchen, ob ich hier nicht helfen kann,“ rief Sonina und wollte gegen das Seilgerüst zueilen. Aber sie hatte den ersten Schritt noch nicht vollendet, fühlte sie sich schon von Jörg am Arme zurückgehalten.

Blutrot im Gesichte von aufsteigendem Zorn, sah sie sich um und wollte sich unwillig losreißen.

„Laßt mich! Was geht es euch an, wenn ich einem Unglücklichen zu Hilfe eilen will? Ihr habt ja kein Herz in der Brust, ihr kalten, häßlichen Deutschen!“

Jörg gab sie nicht frei. „Signorina!“ rief er entsetzt und bittend. „Signorina, was wollt Ihr tun? Bedenkt der Mann dort gehört zu den fahrenden Leuten! Die Menschen sind ehrlos; wer es machen kann, läßt seine Hand davon. Kommt, kommt mit mir! Das einzige was wir tun können ist, daß wir den Wächtern und Bütteln es sagen, daß hier einer liegt, der wahrscheinlich nicht mehr aufsteht.“

„Die Hand von mir! Wie kannst du, Bauer, es wagen mich zu berühren? Sorgst du nicht, daß ich mich dadurch auch für ehrlos gemacht halten könnte? Ehrlos? Dummer Wahn eines stumpfen Volkes! Niemand denkt bei uns an ehrloswerden, wenn er einem dieser Armen helfend die Hand reichen kann. Ehrlos ist nur der Schuft, der Dieb, der Räuber, der Mörder und nicht ein Mann, der sein Leben aufs Spiel setzt, um uns zu unterhalten und müßige Stunden zu verscheuchen.

Fort, Jörg Neuner! Ich hätte dich für besser gehalten, als das andere Bauernvolk. Geh' weit von da," rief sie mit bitterem Hohne, „daß dich die Luft nicht ehrlos macht, die du hier mit diesen Menschen atmen mußt."

Sonina wendete sich verachtungsvoll ab und eilte auf den Gestürzten zu. Einen Augenblick blieb Jörg wie ratlos stehen, dann schämte er sich vor der Italienerin und folgte mit raschen Schritten. Seine Mutter und die Zofe wollten sich ihm jammernd beigesellen, da schalt er diese mit rauhen Worten und schickte sie nach den Platzwächtern, damit eine Tragbahre herbeigeschafft würde.

Mita empfand einen leidenschaftlichen Schmerz, tat aber nichts, um Golli wieder ins Leben zurückzurufen. In ihrem Kopfe ging alles wirr durcheinander; das Schicksal des jungen Mannes, der anscheinend entseelt in ihrem Schoße ruhte; ihr eigenes freudearmes Leben; die Prophezeihung, die sie dem Mittenwalder vorenthalten hatte und ein wahnsinnig machendes Schmerzgefühl über den Verlust des Geliebten.

Das lähmte vollständig ihre Tatkraft. In diesen Augenblicken bemerkte sie es kaum und ließ es auch ganz willenlos geschehen, daß das fremde schöne Mädchen plötzlich neben ihr kniete, dem Seiltänzer das Gewand auf der Brust aufriß und horchte, ob noch vom Herzschlag etwas zu hören sei. Erst deren Aufschrei: „Er lebt!" riß sie aus der Erstarrung. Wie eine Verkündigung aus himmlischen Höhen hatte ihr dieser Ruf geklungen.

Der freudige Blick, den sie auf den Regungslosen warf, wurde wieder zu wildem Schmerz, denn sie konnte keine günstige Veränderung in den verzerrten Zügen und in den verglast aussehenden, wie im Entsetzen weit geöffneten Augen wahrnehmen.

Die Bedenken, die Jörg vorher gehabt hatte, schienen verschwunden zu sein als er Sonina so tatkräftig beschäftigt sah. Es kam über ihn wie Scham und ohne weiteres Besinnen rannte er davon und an den nächsten Brunnen, füllte seinen Hut mit frischem Wasser und brachte dies ebenso rasch wieder zurück. Die Signorina schien nicht verwundert darüber zu sein. Sie tauchte ihr Tuch in das Naß, besprengte den Kopf Gollis und kühlte dessen Schläfe mit der eiskalten Flüssigkeit, in die sie ihr Tuch eingetaucht hatte.

Da ging es wie ein Zittern durch dessen Körper; die Züge begannen sich zu beleben; ein leichtes Rot überflog die Wangen: Das junge Leben schien wieder in den schönen Körper zurückkehren zu wollen. Mit atemloser Angst hatte Mita alle diese Zeichen beobachtet. Sie hatte schon ihr Liebstes verloren gegeben, wilde Verzweiflung hatte sich ihrer bemächtigt gehabt und nun dieses Aufleben, dieser Schimmer von Hoffnung, der zum strahlenden Lichte wurde, als Rab Golli seine Augen zuerst mit Verwunderung im Kreise gehen ließ und dann mit innigem Liebesausdruck auf ihrem Gesichte, das sich in quälender Sorge über ihn beugte, haften ließ.

Ein schwerer Seufzer entwand sich der Brust des wunden Mannes. Die Freude und Hoffnung, die Mita ergriff, hatte bei dieser einen Strom lindernder Tränen ausgelöst. Sonina war etwas zurückgetreten; ihr Gesicht zeigte einen strengen Ausdruck.

Daß das junge Weib zu dem Seiltänzer in näheren Beziehungen stand, war nach dessen Gebahren außer Frage. Aber die Italienerin zürnte ihr. Verächtlich dachte sie von diesem Schmerz, der selbst der einfachen Mittel vergessen hatte, womit dem Unglücklichen hatte geholfen werden können. Warum war dies ihr und Jörg überlassen geblieben?

Es blieb nicht viel Zeit zu solchen Gedanken, denn in wenig Minuten hatte sich die Runde von dem Unglück über den ganzen großen Platz verbreitet. Unter einer aufgeregten, neugierigen Menge kam auch, bleich vor Schrecken, Klaus Hornnebel und Hans Reißaus herbeigestürzt. Beide befanden sich in den Gewändern, die sie bei den Vorstellungen als Wunderdoktor und fratzenhafter Famulus trugen. Der alte Pfeiferkönig brach in laute Klagen und Vorwürfe aus, weil Rab's Ehrgeiz sich nie habe genug tun können.

Jetzt habe er es — wenn er überhaupt durchkomme, so werde er wahrscheinlich nie wieder auf das hohe gespannte Seil steigen können, zum eigenen Schaden und zum Schaden der ganzen Truppe.

Hans Reißaus hatte sich zu Häupten des Gestürzten gestellt, auf seinem geschminkten und übermalten Gesichte war der Kampf, den seine angeborene Gutmütigkeit mit der Schadenfreude über das Unglück des Nebenbuhlers kämpfte, deutlich zu sehen. Man achtete aber nicht auf ihn; nur einmal streifte ihn flüchtig ein verwunderter Blick der jungen Italienerin.

Die Platzwächter und Büttel waren mit einer Bahre angekommen, hatten den Verwundeten daraufgelegt und nun entstand die Frage, wohin dieser getragen werden sollte.

Klaus Hornnebel wollte ihn nach dem Zeltlager gebracht wissen. Doch der Büttel als Vertreter der Obrigkeit behauptete, das Unglück sei im Markte selbst vorgekommen, und deswegen gehöre Golli in's Siechenhaus.

Nun war dieses Siechenhaus, mit dem sich auch das Armenhaus vereinigte, in welchem einige idiotenhafte, kranke Geschöpfe auf Kosten der Gemeinde ihr Leben fristeten, keineswegs ein zu empfehlender Aufenthalt für einen Schwerkranken. Es fehlte dort am Nötigsten, denn die humane Auffassung der Zeit war noch nicht so vorangeschritten, um mit alten, verarmten Menschen oder gar mit fahrendem Volke besondere Umstände zu machen.

Der Büttel würde seine Meinung durchgesetzt haben, wenn nicht Jörg Neuner zufällig einen Blick der Italienerin aufgefangen hätte, den er dahin deutete, daß er zu Gunsten des Seiltänzers eingreifen möge.

Schnell entschlossen trat er zwischen Klaus Hornnebel und den streitenden Büttel, drückte diesem ein Geldstück in die Hand, befahl die Bahre aufzunehmen und Golli nach dem Neuner'schen Anwesen zu tragen, woselbst dieser in einer der Kammern des Nebenhauses untergebracht werden solle.

Jörg mußte seinen Befehl wiederholen, so außergewöhnlich schien ein solches Vorhaben den erstaunten Leuten.

Nun setzte sich doch der traurige Zug in Bewegung. Die groteske Figur des Hans Reißaus trug eine schwelende Pechfackel voran; Mita ging neben der Bahre und hielt die Hand des Abgestürzten, der wieder in Ohnmacht lag; Klaus Hornnebel stützte, auf der andern Seite schreitend, den Kopf; eine lebhaft schwätzende und lachende Menge folgte, ging voraus oder zu beiden Seiten, je nachdem dies der Raum gestattete.

Die allgemeine Frage war: „Wo bringen sie ihn hin?" Viele ergingen sich in Vermutungen, denn sie hatten von den Anordnungen, die Jörg getroffen hatte, nichts vernommen. Wer aber gehört hatte, daß der Verunglückte in das Haus des Rottmeisters Neuner gebracht werden soll, der verwunderte sich nicht wenig darüber. Ein fahrender Mann, einer der mit Bütteln, Abdeckern, Henkersknechten und Henkern so ziemlich auf einer Stufe stand, was hatte der in einem solchen Hause zu schaffen? Man wollte es nicht glauben. Endlich mußte man sich doch dazu bequemen, als Jörg Neuner selbst das Hoftor öffnete, die Bahre mit dem Verletzten und den Trägern einließ und dicht hinter diesen das Tor wieder zuwarf und verriegelte.

Das war doch eine mehr als sonderbare Sache! Verschiedene wollten über die Planken klettern, um zu sehen, was innerhalb der Umzäunung vorgenommen wurde. Die Wächter und der Büttel machten aber kurzen Prozeß, zogen sie ziemlich rücksichtslos an den kurzen Höslein herunter, suchten überhaupt nach Kräften die Leute zu veranlassen, nachdem es nichts mehr zu sehen gebe, nun auch ruhig heimzugehen und sich womöglich baldigst schlafen zu legen.

Weiteren Anlaß zu Gerede und Auseinandersetzungen gab, daß man innerhalb der Umzäunung die erregte Stimme der alten Neunerin vernommen hatte, welche augenscheinlich an dem Gaste, den der Jörg ins Haus genommen, keine besondere Freude hatte. Der Sohn mußte aber doch seinen Willen durchgesetzt haben, denn trotz der heftigen Wechselreden wurde der Kranke nicht weiter gebracht. Da sagten dann die Leute: „Wie würde es geworden sein, wenn der alte Rottmeister heute nicht mit dem Fuhrwerke auswärts gewesen wäre? Das ist ein Mann, der zäh am Herkommen hängt; der sich nicht in unverantwortlicher Weise in Berührung mit einem Ehrlosen bringt. Aber der Jörg! Das ist einer, der es schon eher mit den Neuerungen hält. Die Margaret soll er heiraten? Ja wenn's wahr ist! Dem stecken vielleicht ganz andere Raupen im Kopf — der ist erst heute Nacht mit der Italienerin Arm in Arm auf dem Platze gewesen. Man möchte es kaum glauben wenn man es nicht gesehen hätte! Sie, eine vornehme, reiche, adelige Kaufmannstochter aus Venedig, und er ein Rottfuhrknecht, ein tölpelhafter Mittenwalder Bub. Zum Lachen! Zu bedauern ist die Margaret. Zehn hätte sie schon haben können. Aber nein, gerad der Jörg Neuner muß es sein. Jetzt hat sie das Nachsehen. Hochmut kommt eben immer vor dem Fall und an Hochmut hat die Margaret immer gerad genug gehabt. In dieser Beziehung kann man ihr den Ärger und die Enttäuschung wohl gönnen. Aber sie darf nicht glauben, daß jetzt so schnell ein anderer kommt; damit ist's nichts. Schamlos, ganz schamlos ist's von dem Jörg und der Italienerin und auch von der Margaret, denn die hat bis jetzt ganz gewiß die Augen zugedrückt und nichts sehen wollen, so närrisch ist sie auf den schlechten Burschen versessen. Männertoll, rein Männertoll ist das Madel.

Ein offenkundiger Beweis von der Schlechtigkeit des Neunerbuben und der Italienerin war für die Leute auch dadurch gegeben, daß die Mita, die Geliebte des Seiltänzers, nicht mit in den Hof und das Haus gedurft hatte. Die Signorina hat ihr ein Paar giftige Augen zugeworfen und sie zurückgehalten vom Eintritt. ‚In diesem Hause ist kein Platz für dich!' hatte sie ihr zugerufen und ganz gleichgültig war es der Italienerin gewesen, daß das braune Mädel, dem man es nicht verdenken konnte, daß es über eine solche Behandlung entsetzt war, vor dem Tor so lang geweint und gejammert hatte, bis es der Büttel mit Gewalt fortschaffte.

Na, morgen kommt der alte Neuner wieder heim; der kann nichts gescheiteres tun, als die ganze italienische Bande, seinen sauberen Sohn und den Vagabunden aus dem Haus zu jagen. Der Alte ist ja ein Ehrenmann!

Das hat er davon, daß ihn der Geizteufel geplagt hat, die Welschen ins Haus zu nehmen! Braucht er's etwa? Er ist ja ein reicher Mann und nimmt nur den Armen damit das Brot weg."

—

So und noch viel ärger ging das Gespräch der Mittenwalder.

10 Im Rottmeisterhause

Die Leute hatten richtig gehört, wenn sie behaupteten, die alte Neunerin habe sich gegen das Einschaffen des Seiltänzers in ihr Haus gewehrt. Diese zeterte gewaltig gegen die Entweihung des Heimwesens und gegen den Sohn, dem alles richtige Gefühl abhanden gekommen sein müsse, wenn er verlange, die Familie und die Fremden sollten mit so einem hergelaufenen Menschen unter einem Dache wohnen.

Jörg verwies sie darauf, daß der Verunglückte im Siechenhause sicher zu Grunde gehen würde, daß es eine christliche Pflicht sei, dem Armen zu helfen.

Da lachte die Neunerin hell auf; eine so verdrehte Ansicht war ihr noch nie vorgekommen. Als ob ein Fahrender und ein anderer Mensch mit einem Namen zu nennen wäre! Kaum daß ihm der Pfarrer das Sakrament spendet, wenn er es verlangt, was selten genug vorkommen mag. Begraben wird er ihn aber gewiß nicht unter den anderen, sondern, wie es auch recht und billig ist, in einer Kirchhofecke oder gar außen an der Mauer.

Das war dem Jörg, der sich einmal vorgenommen hatte hier zu helfen, genug. Er trat vor seine Mutter hin und sagte ihr mit einem Gesichtsausdruck, welchen sie kannte und fürchtete: „Mutter, nichts in Unehren und Unfried! Aber diesmal g'schieht, was ich für recht und gut find'. Der Seiltänzer bleibt."

Damit war die Sache in Gang gebracht. Die alte Neunerin fuhr erbost in's Haus zurück und schimpfte zuerst vor sich selber hin. Als ihr das zu langweilig wurde, legte sie sich in's Bett, gab aber trotz ihrem Zorn der Magd den Auftrag, nach der Kammer zu sehen, in der der Seiltänzer liegt, und dort zu schaffen, was Not sei.

Klaus Hornnebel befand sich mit dem jungen Neuner bei dem Schwerverletzten. Der Erstere ließ alle Wunderdoktoreien bei Seite und zeigte sich als ein verständiger und besorgter Arzt. Eine genaue Untersuchung, die er anstellte, ließ erkennen, daß Rab Golli trotz des Sturzes aus der bedeutenden Höhe keinen Knochen gebrochen hatte. Das war schon etwas! Immerhin aber waren innere Zerreißungen oder eine bedeutende Gehirnerschütterung zu fürchten.

Beide Männer saßen treubesorgt die ganze Nacht wachend und kühlende Umschläge machend an dem Krankenbette. Golli war noch nicht zum Bewußtsein gekommen, stöhnte oft schmerzlich und erging sich in wilden Fieberphantasien.

Des andern Tages, in den Nachmittagsstunden, war der alte Rottmeister von der Frachtfahrt zurückgekehrt. Ein Blick in das Gesicht seines Weibes zeigte ihm, daß etwas vorgekommen sein müsse, was sie aus dem Gleichgewicht gebracht hatte. Sie zögerte auch nicht, ihm die nötige Mitteilung zu machen, erzählte genau und hielt damit nicht hinter dem Berge, daß sie glaube, Jörg habe Anlaß zu einem öffentlichen Ärgernis gegeben. Mindestens sei es sicher, daß er mit seiner viel zu großen Gutmütigkeit das Neunerische Haus in aller Leute Mäuler gebracht habe.

Der Rottmeister antwortete vorläufig nichts, sondern strich sich das bartstoppelige Kinn und sah mit ernsten Augen vor sich hin.

Das kam ihr sehr sonderbar vor; am Ende war der Alte gar mit dem Tun des Sohnes einverstanden.

Einen zweiten Ansturm, den die Neunerin auf ihren Mann veranstaltete, beantwortete dieser damit, daß er sich erhob und auf den Weg nach des Seiltänzers Kammer machte.

Möglichst leise stieg er die schmale Treppe des Nebenhauses hinauf. Die Türe der Krankenstube war des Luftzuges wegen geöffnet — er konnte von dieser aus den kleinen Innenraum vollständig übersehen. Klaus Hornnebel, seiner bunten Lappen entledigt, saß an der Seite eines schmalen Bettes, auf dem Rab Golli bleich wie eine Leiche mit geschlossenen Augen lag und beobachtete mit ängstlicher Aufmerksamkeit dessen unruhiges, oft aussetzendes Atmen.

Der Rottmeister betrachtete mit teilnahmsvollen Blicken die Gruppe, dann räusperte er sich leise und machte damit Klaus auf seine Anwesenheit aufmerksam.

Dieser konnte sich für den ersten Augenblick eines gewissen Schreckens nicht entschlagen, denn von dem Manne an der Türe dort hing es ab, ob die kleine Kammer auch wirklich eine Freistätte für den armen Verunglückten bleiben würde.

Dem Winke des Rottmeisters folgend trat er zu diesem auf den Flur hinaus. Dort erhub sich zwischen den beiden ein halblaut geführtes Gespräch:

„Hm! Was gibst du dem Mann' da drin' für Leben und Sterben?"

Klaus Hornnebel zuckte die Achseln. „Wer kann's wissen, Rottmeister? Manch einer dünkt sich klug und ratet doch daneben. Gebrochen ist ihm nichts — was der Sturz sonst noch im Innern Schaden tat! — Ei, man sieht nicht hinein, aber etwas Großes scheint es doch nicht gewesen zu sein."

„Warum habt ihr den Bader nicht geholt?"

„Der?" Über des Alten Gesicht legte sich ein verächtliches Grinsen. „Der? Als ob du ihm nur ein gestürztes Roß anvertrauen möchtest! Frag' nicht so, Rottmeister."

„Die Mittenwalder haben keinen besseren! Einen wirklichen Arzt aus Partenkirchen oder gar Murnau erleidt's net, also müssen sie sich wohl mit dem hiesigen Pfuscher behelfen."

„Machen auch fleißig die Himmelfahrt, wenn's noch nicht nötig wär'," nickte Klaus.

„Du wirst aber doch net sagen wollen, daß du alle Krankheit, Wunden und sonstiges Gebrest besser verstehst als die gelernten Doktor's?"

„Sag ich auch nicht. Mußt auch nicht glauben, daß ich an dem Bett da der bin, der dort auf dem Platz Theriak gegen Krankheit, Höll und Teufel verkauft! Da liegt der Rab Golli, mein Pflegkind, das ich im Wald aufhob und dem Rabenfraß und dem Wolfshunger entrissen hab, jetzt ein wohlgetaufter Christenmensch. Mit dem treib ich keinen Hokuspokus. Gehört man aber unter unsere Leut' und ererbt man vom Urahn her so manche ernste, wirkliche Wissenschaft, so ist man gegen solche und andere Schäden kein blinder Mann. Lauft man dazu noch mehr als sechzig Jahr' Land auf Land ab, kriegt alles mögliche zwischen die Finger, dann kann man sich trauen zu sagen, daß man mindestens so viel weiß, als der Herrgott den blöden Menschenaugen zu sehen zuläßt."

Diese Berufung auf das höchste Wesen beruhigte den Rottmeister ebensoviel als die Bezugnahme auf die Praxis eines langen Lebens. Seine Miene drückte also Zustimmung aus. Aber er war ein vorsichtiger Mann und wollte nichts überflüssiges tun und zulassen.

„Wenn man den Seiltänzer wo anders hin schaffen wollt', könnt er's vertragen?"

Die Mienen Hornnebels drückten Schrecken aus.

„Du bist der Herr hier, Rottmeister. Wenn dir's auf ein Menschenleben nicht ankommt, so magst d' ihn von der Schwell' weisen."

„A bah!" entgegnete dieser unmutig „Bin ich vielleicht ein Türk oder so was? Niemand kann dem Rottmeister von Mittenwald nachreden, daß er nur einen kranken Hund hätt' aufstehen heißen! Und der Seiltänzer ist doch ein Mensch; sozusagen ein Mensch wie wir andere auch." Dann fuhr er ruhiger fort: „Leb' auch schon lang, Pfeiferkönig, und bin manchmal nachdenklich worden über das was die Welt glaubt. Weiß net viel von Büchern und Schrift; ja kann kaum mein' Namen schreiben. Wenn ich aber so betracht', wie's von Alters her grad mit euch fahrende Leut gangen hat, so möcht ich fast glauben, daß Satzung und Sitt' eben auch Menschenwerk war, die sich ändern im Lauf der Zeit. Weiß ich noch vom Urahn her, daß seinerzeit die Müller, die Leinweber, die Bäcker, die Bader und die Bartscherer, gerad so als unehrliche Leut' ang'sehen worden sind, wie heut noch ihr, die Büttel, die Scharfrichter und was dazu g'hört. Warum ist das anders worden? Wenn's wahr war, daß all das Volk unehrlich g'wesen ist, so müßt das heut noch zutreffen, denn an dem Handwerk, das ihre Nachfolger treiben, hat sich nichts geändert. Wir, die wir jetzt leben, haben also nachlassen in unserem strengen Unterschied'; wir sind die, die nachgeben haben und das wird schon haben so sein müssen. Wer weiß, was die Leut nach hundert und noch mehr Jahren d'rüber denken ? Wenn's so fortgeht, wie's bisher 'gangen hat, dann gibt's nachher höchstens noch ein Unterschied zwischen Bürger, Bauer und Adel.

Weil ich und du und der Golli da drinn' aber net warten können, bis sich die Menschen ihre Sach so ausdenkt haben, so mein' ich, wir fragen vor der Hand net zu viel darnach, wie sie sich jetzt dazu stellen. Was kanns uns verschlag'n, wenn wir so ein biß'l Samariter spiel'n, den armen Kerl liegen lassen, wo er liegt, und schau'n, daß wir ihn bald wieder auf die Strümpf' bringen. Ist ja doch auch ein Christenmensch und die sollen alle Brüder sein."

Der Rottmeister nickte freundlich und wollte gehen. Er mußte aber vorher noch dulden, daß ihm Klaus Hornnebel mit Tränen in den Augen nach der biederen Rechten griff und diese herzhaft schüttelte und drückte.

Hans Neuner war aus der Türe getreten; vor dieser begegnete ihm Jörg, der auf dem Felde gewesen war. Der Alte nickte dem ihm etwas unsicher Gegenüberstehenden ernst zu.

„Der Seiltänzer kann bleiben," sagte er ruhig. „Wer weiß, hast vielleicht dir und uns ein Kreuz damit aufg'laden! Macht aber nix — einer muß anfangen. Dünkt mich Unrecht, wie das elend' Volk behandelt wird."

„Dank dir, Vater!" entgegnete Jörg freudig, dem es heute gar nicht so sicher und gewiß vorgekommen war als gestern nachts, daß sein Vater mit seinem Tun sich einverstanden erklären würde. Er hatte nur die eine Sorge: „Wie wird sich die Mutter dazu stellen?"

Als er eben sein Bedenken äußerte und der Vater ihm gutmütig und seiner Gewalt im Hause sicher zulächelte, tat sich die Haustüre aus. Die Neunerin kam daher, auf einem Brette ein Krüglein Wein, Brot und sonstige Speisen tragend. Beim Ansichtigwerden der Männer stutzte sie. Diese Begegnung schien, nach den Falten, die sich aus der Stirne bildeten, ihr in diesem Augenblicke recht unangenehm zu sein; am liebsten wäre sie gleich umgekehrt. Aber schon hatte sie ihr Mann angerufen.

„He Alte! Was tragst denn da miteinander? Da muß irgendwo eine ganze Hungersnot auskommen sein!"

Die Gute tat, was ihr Geschlecht zumeist tut, wenn es sich in die Enge getrieben sieht: sie kehrte den Stiel um und ging ihrerseits zum Angriff über.

„Was steht ihr eim' denn im Weg herum? Gibt's für euch Mannsleut gar kein anders G'schäft, als daß ihr ausspekuliert, was ich da oder dorthin trag'?" rief sie.

Der alte Neuner lachte. „Manndl dich net auf, Alte! Seh'n ja doch, wo d' hin willst, mit all dem gut'n Sach."

„So, dös seht ihr! No, wie mich dös g'freut," entgegnete sie spitzig. „Wunde Leut' eim' bei Nacht und Nebel ins Haus schleppen, dös kann der Sohn und sein Vater leid's ihm. Was aber solchene Leut brauchen, die bei dem Kranken die ganze Nacht wachend sitzen und erst, was so ein todkranks Stückl Elend nötig hat, daran denkt kein's von dene g'scheit'n Mannsbilder. Wenn ich net wär und die Lori, so könnt dös arme Volk grad verhungern."

Wütend stürmte die brave Frau mit ihrem Speisenbrett an den schmunzelnden Männern vorbei und stieg die Treppe zu der Krankenstube empor.

Der alte Neuner stieß Jörg lächelnd in die Seite: „Meinst, daß die Mutter den armen Teufel auf die Straß'n setzt oder gar verhungern laßt?" frug er launig.

Dann gingen beide in das Haus zurück und Hans Neuner ließ sich noch einmal von seinem Sohne das ganze Vorkommnis erzählen.

Alles sagte Jörg, nur von dem Händedruck und dem Dankesblick, den er von Sonina erhalten hatte, davon erwähnte er nichts.

11 Seelenkämpfe

Die Margaret Kriener, Jörgs Braut, hatte sich trotz ihres Schreckens und Erstaunens, als sie diesen mit Sonina am Arme begegnete, so zu beherrschen gewußt, daß ihre Eltern nichts Außergewöhnliches an ihr wahrnahmen. Aber ihr Stolz, ihr Liebesgefühl, war dennoch auf das Tiefste gekränkt worden. Dazu kam die Furcht vor den bösen Zungen des Marktfleckens, die es sich auf keinen Fall nehmen lassen werden, neben Jörg auch sie in den Kot zu ziehen.

Margaret liebte ihren Buben, wie man einen angenehmen, unbestrittenen Besitz liebt, mit einem Gefühle von Sicherheit. Sie waren nur unbedeutend in den Jahren verschieden und hatten schon von Kindesbeinen an gute Kameradschaft gehalten.

Jörg und Margaret wußten seit langer Zeit nicht anders, als daß sie sich einst heiraten würden. Das fanden die fremden Leute auch ganz in Ordnung, denn, lagen doch die Talwiesen der Familien nebeneinander, ebenso auch zwei Almen auf dem Karwendel. Die beiderseitigen Grundbesitze verlangten sozusagen nach Vereinigung.

Was man Leidenschaft heißt, fehlte also in diesem Verhältnisse. Dies schloß aber nicht aus, daß bei einer eintretenden Störung die bisher ruhig dahinfließenden Gefühlswellen in stürmisches Fluten geraten konnten. Schon die Aussicht auf höhnende, bedauernde, boshafte Nachreden genügte hier, ganz abgesehen von der persönlichen Kränkung, die von der Flatterhaftigkeit oder der Untreue des Geliebten ausging.

Einen Bruch des Verlöbnisses fürchtete sie ebensowohl wegen ihrer Gefühle, die trotz allem – und allem doch: für den Ungetreuen oder „Flatterhaften“ sprachen, als auch wegen des großen Aufsehens, das dies machen mußte.

Noch in derselben Nacht hatte Margaret erfahren, daß Jörg den abgestürzten Seiltänzer in sein elterliches Haus hatte schaffen lassen. Das war ihr nun vollends unerklärlich. Was ging den Jörg der fahrende Mann an? Der Seiltänzer gehörte zu einer gemiedenen Klasse von Menschen, die man hinnehmen mußte, anstaunte, mit der man aber sonst nichts zu tun haben wollte.

Unehrlichkeit liegt als tiefe Kluft zwischen beiden und läßt keine Annäherung zu. Margaret behält sich ihre letzten Entschlüsse vor und will Jörg hören, obgleich ihr schon bei dem Gedanken, ihn zu sehen, der Zorn in das Gesicht steigt.

Für den jungen Neuner schien es keine besondere Eile zu haben, sich mit seiner Braut, die, wie er sicher wissen mußte, ihm zürnte, auseinanderzusetzen. Der Tag nach dem Unglück verging, ohne daß er Zeit gefunden hätte, sich bei ihr sehen zu lassen. Darüber kam diese erst recht in Erregung. Bestärkt wurde sie in ihren Ansichten, weil Vater und Mutter sich unumwunden gegen das Geschehnis aussprachen und dafür hielten, daß es aller guten Sitte entgegen sei, einen Landstreicher in das eigene Bett zu legen.

Hätte sie erst eine Ahnung davon gehabt, daß Jörg, abwechselnd mit Klaus Hornnebel, Tag und Nacht am Bette des Schwerkranken war und diesem alle nötigen Liebesdienste erwies. Oder, hätte sie gar gesehen, wie alle paar Stunden die schöne Italienerin eine Gelegenheit suchte mit Jörg zu sprechen, um von diesem zu erfahren, ob es vielleicht dem armen Leidenden schon besser geht, ob er bei Bewußtsein ist oder noch phantasiere. Und dann: Welche Augen Sonina dabei machte und wie weich und doch so kräftig der Händedruck war, der dem Jörg für jede Auskunft dankte.

Dem Burschen stiegen diese kleinen Gunstbezeugungen zu Kopfe wie neuer Wein.

Die gewandte Sonina erkannte natürlich mit vollkommener Deutlichkeit die Wirkungen, die sie auf den unverdorbenen Burschen ausübte. Die Verlegenheit, die diesen erfaßte und die ihm das Gesicht färbte, empfand sie als eine Huldigung, die ihr gebührte, überhaupt als eine Notwendigkeit, der sich kein Mann, der mit ihr in Berührung trat, entziehen konnte. Aber sonst wollte sie nichts, gar nichts; das Ganze war für sie nur eine Unterhaltung, welche durch die Langeweile, die sie in Mittenwald ausstehen mußte, gerechtfertigt wurde.

Jörg hatte sich bei den vielen Anforderungen, die seine Tätigkeit im Hause und sein Amt als Krankenpfleger an ihn stellte, nur selten an Margaret erinnert und dann war ihm der Gedanke einer unangenehmen Auseinandersetzung, trotz seines guten Gewissens, sehr peinlich. Am zweiten Tage glaubte er aber doch die Sache nicht länger hinausziehen zu können. Er machte sich auf den Weg zum Krienerischen Haus. Allein er wurde nur der beiden Alten ansichtig, die ihn kühl empfingen und mit vorwurfsvollen Blicken maßen. Das war dem Jörg sehr unangenehm, er tat aber, als merke er gar nichts von der sonderbaren Behandlung und ließ sich nur sagen, wo er das Mädchen finden könne.

Jörg ging durch den Ort, schlug die Straße nach Partenkirchen ein und wendete sich auf den Talwiesen seitlich gegen die Isar zu.

Die Mittenwalder waren noch in der „Wiesmahd" begriffen, die im Hochgebirge etwas später, als auf dem flachen Lande fällt.

Soweit das Auge talauf- talabwärts sehen konnte, waren flinke Mäher beschäftigt, Heu zu wenden, zu sammeln und in den auf den Wiesen aufgeschlagenen Blockhütten unterzubringen.

Das war von je des Mittenwalder Völkleins schönste Zeit, bei der sein stets wacher Natur- und Freiheitssinn, richtig auf die Rechnung kam. Singend und scherzend war Jung und Alt an der Arbeit, welche in diesem Jahre durch besonders warme und trockene Witterung begünstigt wurde. Helles Jauchzen, melodisches Jodeln, klang von den Abhängen und aus dem Tale; überall schimmerten die hellen oder bunten Farben der Anzüge der Arbeitenden; wenige Pferde- und mehr Ochsen- und Kühgespanne schleppten hochbeladene Wagen gegen Mittenwald; Viele kräftige Männer und Burschen trugen schwere Lasten des duftenden Heues nach den Blockhütten oder fuhren sie aus den ganz niedrig gestellten mit langen geschweiften Leitern versehenen Bergkarren dorthin.

An windgeschützten Stellen brannten lustige Feuer, deren Mücken verscheuchender Rauch über die Wiesen kräuselte.

Jörg hatte scharf nach Margaret ausgeblickt; er konnte ihrer aber nicht ansichtig werden und wußte doch, daß sie sich bei den Mähenden aufhalte. Unmutig durchquerte er das Tal — da sah er vom Walde her ein helles Gewand herunterleuchten.

Der Bursche wollte sich Gewißheit verschaffen und stieg den leicht abfallenden Hügel hinan. Margaret, die sein Kommen nicht bemerkt zu haben schien, saß unter dem Geäste einer mächtigen Rottanne auf einem Grenzsteine, tändelte mit den Troddeln ihres grünen Filzhutes und machte dabei ein sehr nachdenkliches Gesicht.

Jörg, der von der Seite auf sie zukam, hielt einige Augenblicke an und betrachtete sie mit wachsendem, innigem Empfinden. Von einer Leidenschaft war auch bei ihm nichts zu merken. Wohl aber fühlte er eine große Zuneigung zu ihr und in diesem Augenblicke kam noch etwas wie Mitleid hinzu, als er ihr liebes, jetzt aber trauriges Gesicht erblickte.

„Margaret!“ rief er mit einem weichen, innigen Ton. Sie fuhr aus ihrem Hinstarren auf, blickte erschreckt um sich und schnellte von ihrem Sitze, die Hand auf das pochende Herz pressend, empor.

„Jesses Mar’ und Joseph! Wie man einen nur so erschrecken kann?“ stieß sie ärgerlich heraus.

„Ach was erschrecken!“ lachte Jörg, indem er ganz nahe zu ihr hintrat. „Bin ich denn so, daß man an mir sich schreckt wie am Glauban oder am Vizlibuzli? Grad so ein G’sicht machst d’ dazu. Aber jetzt — laß das geh’n.

Was ist’s denn — warum machst denn so ein herb’s G’sichtl und wend’st dich gar von mir ab?“ frug er etwas unsicher.

Margaret drehte sich rasch nach ihm um. „Dös fragst du noch, du? Daß ich net lach! Wirst gut tun, wenn du zu deine andern schön’ Sachen dir noch das Lügen ang’wöhnst, nachher find’st auf alle Fäll gleich eine schöne Ausred! Bei mir aber — das merk’ dir! Da wirst schlechte G’schäften machen; da tust schon besser, wennst dir gleich um eine —“

„Halt Margaret!“ rief Jörg fest und sicher auf diese leidenschaftlich herausgesprudelte Antwort des Mädchens, so daß dieses unwillkürlich inne hielt. „Halt Margaret! Wo willst du hin mit deiner Anklag und Beschuldigung? Leicht daß d’ ein Wort sagst, was dich reuen könnt dein Lebtag.“

„Und wenn's mich net reut!" kam es mit hartem Klang entgegen.

„Dann wär's sehr traurig für uns zwei; denn es gleicht einer ungerechten Untat, wenn ein's das, was ein ganz Leben lustig g'wachsen ist und blüht hat, unbeseh'n unter die Füß tritt. Ich weiß, daß du das Recht hast, von mir in verschiedene Sachen Aufklärung zu verlangen und die sollst haben, da will ich mich net weigern."

„Ich will aber keine Aufklärung, ich will net!" schrie immer noch sehr zornig die Erboste und stampfte dabei mit dem Fuße.

„Ei, du wirst aber müssen," sagte Jörg nun ganz ruhig.

„Ich werd müssen?" frug sie höhnisch, aber schon weit besänftigter entgegen.

„Ja, du wirst mich reden lassen und dann — dann magst tun, was du für gut find'st. Aber merk dir: die Verantwortung bleibt dir, denn ich fühl mich weder schuldig noch glaub ich, daß mir sonst richtigerweis ein Vorwurf g'macht werden könnt."

„So red, ich will mir net nachsagen lassen, daß ich leichtsinnig g'urteilt hab," entgegnete Margaret, auf die die ruhige und sichere Weise Jörg's ihren Eindruck nicht verfehlt hatte.

Und nun begann dieser wahrheitsgetreu zu erzählen, wie sich alles zugetragen hatte. Er schilderte seine peinlichen Empfindungen und die Angst, die ihn erfaßt hatte, als er ihrer ansichtig geworden war, weil er gefühlt hatte, daß ein Mißverständnis unabweisbar war.

Seine Art zu reden trug dermaßen den Stempel der Wahrheit, daß sich Margaret diesem Eindruck nicht entziehen konnte, sondern zu glauben anfing, daß sie sich eigentlich umsonst geärgert und gegrämt hatte. Wenn sie die Sache mit Jörg allein auszumachen gehabt hätte und keine fremden Mäuler und Augen dazwischen gewesen wären, würde es jetzt schon zu einer vollständigen Versöhnung, was den Hauptfall betraf, gekommen sein. Aber immer noch frug es in ihr: „Was sagen die Leute dazu? Denen kann doch der Jörg das Vorkommnis nicht eben so glaubhaft hinstellen, wie er das bei mir getan hat, und dann bleibt immer etwas an mir hängen, die ich solche Dinge zu leicht nehme, und an ihm, der unzweifelhaft einen groben Verstoß begangen hat."

Margaret sah sich nicht aus, sie fühlte sich von einer Menge widerstreitender Interessen gedrückt und niedergehalten, sozusagen ihrer freien Willensäußerung beraubt.

„Wenn man dich so hört, so möcht' man dir fast Glauben schenken," antwortete sie unsicher und nachdenklich: „Das ist das Eine. Wie kannst dich aber damit 'nausreden, daß du den Seiltänzer in das eigene Haus g'nommen hast?"

Ja, das war schwierig für Jörg. Wenn die kahle Tatsache nicht genügte, daß er sich aus menschlichem Gefühl eines armen Verunglückten vernahm, dann wußte er eigentlich nichts zu seiner Entschuldigung zu sagen.

Das schien diesmal wirklich der Fall zu sein, denn Margaret hing wie alle weiblichen Geschöpfe fest am Brauch und der hergebrachten Sitte. Sie konnte sich nicht vorstellen wie man damit brechen konnte, ohne ein Unrecht zu begehen. Mit weiblichem, sicheren Instinkte, dessen Grundlage eifersüchtige Regungen waren, frug sie bohrend nach dem etwaigen Anteile, den die schöne Italienerin etwa an dem Vorgange gehabt haben konnte. Für den Burschen war dies sehr peinlich, denn das war ja der Punkt, in welchem seine Schwäche stand. Von dem Blick, den ihm damals die Italienerin zugeworfen hatte und dessen Wirkungen in seiner Seele, konnte und mochte er Margaret nichts sagen; sie würde ihn nicht verstanden haben.

Es war aber geschehen, und so vermochte er nichts, als sich mit beredten Worten an das gute Herz des Mädchens zu wenden.

Wenn er damit auch die Hauptsache traf, so kam er doch den Empfindungen des Mädchens nur halb entgegen, denn dieses hatte gelernt, daß eine gute Tat an sich gottgefällig sei; daß es aber nicht das selbe ist, wem sie erwiesen wird. Fahrende Leute und alle, welche mit diesen auf gleicher Stufe der Angesehenheit und des Ehrlichseins stehen, gehören nicht darunter, das war für Margaret eine ausgemachte Sache.

Es beängstigte sie schwer, denn damit war sie vor die Frage gestellt, wie sie sich in Zukunft gegenüber Jörg zu verhalten haben wird. Das kostete ihr einen schweren Kampf, der sich nur durch das wiederbelebte Vertrauen in die Ehrlichkeit und Treue ihres Burschen zu dessen Vorteil entschied.

Mit Gewalt verschloß sie ihre Augen gegen alles, was unzweifelhaft noch kommen würde an Bosheiten und verleumderischen Anklagen. Ein Blick in Jörgs Gesicht, das die Spannung, in der er sich befand, treu wiederspiegelte, erregte ihr Mitleid und mit diesem die nur zeitweilig schlummernde große Zuneigung, die sie für ihn fühlte. Ihr gutes Herz verbot ihr, von ihm die Entfernung des Rab Golli aus dem Neunerschen Hause zu verlangen während ihr die Eifersucht zuraunte, bei nächster sich bietender Gelegenheit der Italienerin die Augen darüber zu öffnen, daß sie nicht gesonnen sei, die Rechte, die sie auf Jörg habe auch nur auf die leiseste Weise antasten zulassen.

Endlich hatte sich Margaret überwunden und reichte dem Burschen ihre Hand hin. „Lass'n wir's gut sein," sagte sie, wobei eine leichte Röte ihr Gesicht überflog. „Ich will dir ja gern glauben, obgleich ich dich in Vielem net begreif. Du siehst, ich bin nachgiebig, obgleich ich net g'wiß weiß, ob ich damit das Richtige erraten hab'. Wollen wir hoffen, daß alles gut vorüber geht."

„Dank dir, liebe Gretl, dank dir," rief der erfreut der Bursche und wollte ihr um den Hals fallen. Das wehrte sie ihm, denn plötzlich war ihr der peinigende Gedanke gekommen, daß Jörg die Italienerin viel lieber küssen würde als sie. Aber es war so, sie konnte nicht anders, trotzdem sie fühlte, daß er sich durch die schroffe Abweisung beleidigt fühlen mußte. Mit schnellen Schritten eilte sie den Hügel hinunter und einem Wiesenwege zu, der gegen Mittenwald führte. Unmutig und ärgerlich folgte ihr der junge Neuner. Er war so zufrieden und glücklich gewesen über den Ausgang des Gespräches und nun, wo er wirklich liebend und dankbar fühlte, wurde er schroff und kalt, bei einer ganz selbstverständlichen und unverfänglichen Zärtlichkeitsbezeigung zurückgewiesen.

Etwas wie Reue stieg in dem Herzen des Mädchens auf. Es war doch etwas gar zu rasch und abstoßend von ihr gewesen, so mit Jörg zu verfahren. Diese Gedanken hatten aber die Wirkung, daß sie das Herankommen des Geliebten erwartete und nun ruhig, von gleichgültigen Dingen plaudernd, neben ihm der Heimat zuschritt.

Es war schon Abend geworden; über den Karwendel schoben sich leichte, graue Dunstfetzen, denen immer dichter werdende folgten, bis zuletzt eine dunkle Wolkenwand sichtbar ward, die sich drohend über die Schrofen und Zacken legte, sich festklammerte hoch oben und graue, sich schlangenartig windende Seitenläufer nach den Hochtälern und Gräben herunterstreckte.

Schräg stachen die Sonnenstrahlen durch die Lücken, welche ihnen das sich bildende Gewitter ließ und bildeten rasch wechselnd streifige, farbenprächtige Beleuchtungen von Wald und Feld. Sie ließen das Schieferdach der Pfarrkirche wie Silber erglänzen, während sich gleich daneben ein dunstiger Schatten bildete, der die Gegend nur mehr undeutlich erkennen ließ.

Kein Vogel sang, keine Grille ließ sich mehr im Felde und an den Rainen hören, nur das widrige Volk der Fliegen, Brehmen[1] und Schnaken war wie toll, erfüllte die Luft in dichten Schwärmen und stürzte sich mit verdoppelter Blutgier aus Menschen und Tiere.

Ärgerlich schlug Margaret nach den Quälgeistern. Aber diese ließen sich nicht so leicht vertreiben, sondern schienen dadurch nur noch erregter zu werden.

„Jesses Mar!“ rief sie aus. „Was nur der Herrgott mit dem Ungeziefer wollen hat? Das wär doch net nötig g’wesen und ist doch g’wiß net dazu g’schaffen, ihm eine besondere Ehr zu machen.“

Jörg mußte bei dieser unmutigen Auflehnung gegen die göttliche Schöpferkraft lächeln.

---

[1]auch der Herausgeber kennt dieses Getier und bekommt dabei den Artenschutz betreffend differenzierte Gedanken...

„Ei! Was meinst, Margaret: Ist es net überall so? Schau auf die Menschen! Wie vielerlei Gattungen[2] hat's da und was für Unterschied sind dazwischen.

Da gibt's schwarze und solche, wie wir sind. Über dem großen Meer drüben, soll's gar rote und gelbe geben wie der Schulmeister sagt. Dann hat's hohe und niedere, Adelige, Bürger und Bauern und noch eine Sorte, die zwischen allen lebt und die wir die ‚Unehrlichen' heißen."

„Du hast ja gut aufpaßt Jörg, auf das, was der Schulmeister erklärt hat!" klang es ihm mit ziemlicher Schärfe entgegen. „Nur hättest net sagen sollen: Die die Unehrlichen heißen, sondern: Die die Unehrlichen sind. Bist halt vielleicht durch deine neuen Freundschaften was weniger heikel worden, was bei mir net der Fall ist. Ich halt mit dem alten Herkommen, ich hab keine Gemeinschaft mit dem unehrlichen Volk. Für mich sind's das Gleiche, was mir die Schnaken und Brehmen sind: ein unleidlich Ungeziefer."

„Aber Margaret, wo kommt denn da die christliche Lieb hin? Es sind doch auch Menschen wie wir!" entgegnete Jörg gereizt aber doch zurückhaltend. Die Änderung seiner Ansichten über diese Sache, war ja auch erst sehr neuen Ursprunges.

Margaret zuckte die Achseln. „Das hat damit und mit der Religion überhaupt nix zu schaffen. Wenn es so wär', so hätten die Pfarrer und der Papst in Rom die jetzigen Bräuch' schon lang abg'schafft und verboten; Aber lassen wir's gehen — darüber

[2] der Text ist in seiner Zeit entstanden, daher ist er auch unverändert abgedruckt. Wissenschaftlich gibt es die Gattung „homo", deren einzige heute lebende Art der Mensch ist. Punkt.

hat halt ein jed's seine eigenen Ansichten. Für mich ist das ehrlose Volk nur so viel auf der Welt, daß ich mich an ihre Narrensprüng und Schaustück ab und zu kurze Zeit freuen kann."

„Und daß viele davon wahrsagen können aus der Hand, aus einem Ei und andere Arten, das willst du auch net glauben! Davon willst du vielleicht nix wissen, daß sie schon oft, ja in tausendmal tausend Fällen, das Richtige vorausg'sagt haben?"

Margaret wurde einen Augenblick nachdenklich, dann warf sie den Kopf hoch und sah Jörg in das Gesicht.

„Es scheint mir, daß du mir eine Falle legen willst! Was hat das mit dem Andern zu schaffen? Du wirst doch net behaupten wollen, daß die Gauklerei auf dem Seil oder dem laufenden Roß, das Kunststückmachen und das Wahrsagen von einerlei Eltern sind? Wenn du den richtigen Glauben hättest, so tät'st du wissen, daß es etwas gibt, das zwischen der Welt und der Ewigkeit liegt. Warum soll's denn keine Menschen geben, die die Kraft und Kunst haben, hinter die Tür zu schauen, vor der die andern Menschen in der Erwartung stehen? Darüber ist doch kein Zweifel, daß dazu eine vererbte und gelernte Kunst gehört? Aber frag die Leut selber, so werden dir alle sagen, daß es nur an ihnen und net an ihrer Kunst liegt, wenn sich ihre Augen täuschen oder sie die ewigen Zeichen net richtig lesen."

„Also daran glaubst du, Margaret?" rief Jörg gespannt.

„Ja natürlich, warum denn net! Das ist alles so gewiß und wahr — Jesses Mar und Joseph!" kreischte Margaret, denn im selben Augenblicke war ein blendender Blitz kurz vor ihnen in einen hohen, an der Isar stehenden Baum gefahren. Ein furchtbarer Donnerschlag folgte und die Luft schien von giftigen Dämpfen erfüllt, so schwer atmeten sie sich.

Das Mädchen hatte, von Furcht gepackt, sich zitternd an Jörg's Arm geklammert. „Heiliger Gott, war das ein Schlag! Und grad, als wenn der Herrgott meine Red beweisen wollt, ist's kommen," stieß sie ängstlich hervor.

Der Bursche nickte nur mit dem Kopfe; die Sache war ihm auch nicht geheuer. Zu längerem Reden blieb keine Zeit, denn mit Brausen schnob der Wind von Südwesten um die Ecke des Karwendel. Seine Stöße wirbelten das Heu auf den Talwiesen hoch in die Luft, so daß es aussah, als ob über diesen ein in Schwaden tanzender Nebel hängen würde. Dann fielen einzelne, schwere Regentropfen und diesen folgten, bei fast unaufhörlichem Blitzen und Donnern, prasselnd niederschlagende Wassergüsse.

Die beiden jungen Leute hatten, Hand in Hand gegen den Sturm ankämpfend, ein schützendes Obdach in einer kleinen neben dem Marktflecken stehenden Feldkapelle gefunden. Da saßen sie beide stumm und wortlos und sahen in das Unwetter hinaus, dessen tiefhängendes Gewölk das Tal in einen graugelben, häufig matt durch die elektrische Entladungen erleuchteten Nebel hüllte. Ihre Gedanken waren sich ähnlich aber sie glichen sich insofern doch nicht, als Jörg die Ehrlosigkeit der Fahrenden minder schroff beurteilte, als dies Margaret tat. Letztere gedachte ihrer eifersüchtigen Regung gegenüber Sonina und hätte gar zu gerne ihren Bräutigam noch des Genaueren gefragt, aber eine gewisse Scheu hielt sie davon zurück, während dieser erwog, wie er etwa die junge Wahrsagerin zwingen könnte, mit dem herauszurücken, was sie ihm kürzlich verweigert hatte zu sagen.

Das Gewitter hatte sich grollend verzogen, aber es regnete weiter und die Schatten der Nacht begannen sich herabzusenken, als beide schon wieder zu Hause waren.

Da gedachte Jörg nach dem Seiltänzer zu sehen, der den Nachmittag über von Klaus Hornnebel gepflegt worden war. Er öffnete leise den Holzriegel der Kammertüre und stutzte überrascht, denn neben dem Bette des Schwerkranken saß statt des Pfeiferkönigs Mita, die Wahrsagerin.

Sie mußte die Schritte vernommen haben, denn ihre Augen waren ruhig und fest auf den Eintretenden gerichtet. Zugleich hob sie warnend eine Hand empor, mit der anderen nach dem unruhig Schlafenden deutend.

Jörg stand unter der offenen Türe und kraute sich in Verlegenheit hinter dem Ohre. Er wollte reden, Einsprache erheben über das unbefugte Eindringen des Mädchens, aber dieses kam ihm zuvor, indem es sich erhob, das Licht nahm, lautlos auf ihn zuschritt und sanft zurückschob, die Türe hinter sich in's Schloß ziehend.

„Du bist verwundert Jörg Neuner, mich hier bei dem Kranken zu sehen, aber wisse, daß ich dessen Braut bin. Wenn mich nicht die stolze Italienerin zurückgescheucht hätte, so würde ich schon längst den Platz eingenommen haben, der mir gebührt."

Der junge Mann hatte Zeit gehabt, sich zu fassen und zu überlegen. Seine Ansicht über das Aufnehmen des Seiltänzers war durch verschiedene Einsprachen, besonders durch die Margaret's sehr erschüttert worden. Er sah, daß er überall gegen Vorurteile und altes Herkommen anzukämpfen hatte, was zwar seinem angeborenen Eigensinn Nahrung gab, die Sache selbst ihm aber nicht annehmbarer machte. Und nun diese neue Verwicklung durch die Wahrsagerin! Er sah es ihr an, es war ihr vollkommener Ernst mit dem Dableiben und der Pflege ihres Geliebten. Aber wie paßte dies in das Neuner'sche Haus? Das ging ja nicht nur gegen die ortsüblichen Begriffe von Zucht und Anstand, sondern war auch schon gegenüber den italienischen Gästen ganz untunlich. Warum mußte Jörg gerade in diesem Augenblick an Sonina denken? Warum hatte er eine besondere Scheu davor, daß diese Kenntnis von der Anwesenheit des fremden Mädchens bekam? Erst in letzter Reihe gedachte er seines, zu eifersüchtigen Regungen so leicht geneigten Mädels. Sein Gesicht wurde finster und sein Gemüt verhärtete sich mit einem Schlage.

„Nein, das geht nicht, das kann nicht sein!“ stieß er fast brutal heraus.

Mita entgegnete nichts, aber zwei Tränen füllten ihre Augen und rannen ihr über die Wangen. Diese Tränen rührten ihn entweder nicht, oder er suchte die sanftere Regung durch vergrößerte Härte zu verdecken.

„Du hast nichts in unserm Hause zu schaffen! Mache, daß du weiterkommst und lasse dich nicht mehr unter uns blicken. Wenn du es wieder wagen solltest, so denke, daß dich der Büttel dafür packen wird. Das gilt für den Tag. Des Nachts sind die Hunde in unserm Hofe los.“

Ein kaltes, überlegenes Lächeln stand auf Mitas Gesicht als sie entgegnete: „Und damit glaubst du deiner Christen- und Menschenpflicht zu genügen? Ei, warum hast du den Rab Golli nicht liegen lassen? Wir hätten schon für ihn gesorgt, wenn du nicht wegen der schönen Augen der Italienerin zum barmherzigen Samariter hättest werden wollen."

„Schweig Dirn'!" rief ihr jetzt im wirklichen Zorne der Bursche entgegen. „Verunreinig' das Fräulein nicht, indem du ihren Namen in deinen Mund nimmst. Es bleibt dabei! Mach' daß du weiter kommst!"

„Ja, ich gehe," sagte Mita ruhig und traurig. „Deine Drohungen aber fürchte ich nicht, so wenig wie deine Hunde. Wenn ich irgend etwas zu fürchten habe, so bist du es. Das hat aber mit dieser Sache nichts gemein."

Jörg war über diese Wendung bestürzt, denn im Grunde seines Herzens war er ein gutmütiger Mensch.

„Was sprichst du für tolles Zeug? Ich will dich fortschaffen, weil du hier nicht am Platz bist. Sonst will ich nichts von dir. Warum sollte ich dir Arges antun? Mädl, lass' solche Reden, sie verfangen nicht bei mir." entgegnete er abwehrend.

Die etwas zusammengesunkene Gestalt Mitas hatte sich aufgerichtet und ihr Blick haftete starr auf seinen vom flackernden Licht der Talgkerze mit rötlichem Schein überstrahlten, erregten Zügen.

„Und doch wird es so sein," sagte sie fest. „Was weißt du davon, was kannst du wissen? Ich habe dir ja nichts gesagt, weil — weil es doch nichts ändern würde."

Jörg erschrak. Das Wesen des Mädchens begann einen tiefen Eindruck auf ihn zu machen, und schon fing er an, seine Härte zu bereuen. Die dunklen Andeutungen, die es machte, erinnerten ihn an deren sonderbares Gebahren, als er sich wahrsagen lassen wollte.

„Ist es etwas, das mit neulich nachts zusammenhängt?" frug er ängstlich. Aber Mita antwortete ihm nicht. Sie blies das

Licht aus; er fühlte, wie sie rasch neben ihm vorbeihuschte; dann vernahm er deren kaum vernehmbare Bewegung auf der Treppe und sie war weg, ihn auf dem stockdunkeln Gang mit seinem Schrecken und seiner Verwunderung allein lassend.

Ein kräftiger Fluch entfuhr den Lippen des Burschen, der sich gerade in der Sache, die ihn am meisten anging und interessierte, genasführt sah. Aber das Eine war doch erreicht, das Mädchen war fort, und hoffentlich wird es nicht den Mut finden, sich ein zweitesmal hier sehen zu lassen.

Zornige Worte vor sich hinmurmelnd, stieg nun Jörg die Treppe hinunter, an deren Fuße ihm Klaus Hornnebel entgegen kam. Er war aber für heute nicht aufgelegt, sich weiter mit ihm zu befassen, und auch dieser, der sonst nicht mit den Worten kargte, schien keinen besonderen Ärger darüber zu verspüren, nicht angesprochen worden zu sein.

12 Das Gericht der Bubenbruderschaft

Im Neunerischen Hause war nun soweit alles in Ordnung. Aber dieses Haus war nur ein kleiner Bestandteil des Marktfleckens, in dem die Leute jetzt genug zu reden wußten über die traurige Verunglückung des als Künstler allgemein beliebten Rab Golli und seine Aufnahme in des Rottmeisters Familie.

Ausnahmen in den Ansichten über diesen Fall gab es eigentlich kaum. Alle waren darüber einig, daß es eine höchst bedenkliche Sache sei, sich mit einem derartigen Menschen zu befassen. Am schroffsten aber urteilten die jungen Burschen, welche der Bubenbruderschaft angehörten.

Mit dieser Bruderschaft hatte es in Mittenwald eine eigene Bewandtnis. Sie war errichtet worden, als man zählte 1480, während einer langen Pestzeit, welche die Bevölkerung des Ortes sehr dezimierte, zu Ehren „der Himmelskönigin Maria, des Evangelisten St. Johannis, auch des Hl. Sebastian und aller Heiligen“, wie dies in einer Urkunde des Pflegers in Werdenfels vom Jahre 1652 bestätigt wurde.

Sie hatte den Zweck, alle (kunizen) schlechten Reden abzuschaffen und Zucht und Ehrbarkeit im allgemeinen zu heben.

Durch die gerichtlichen Bestätigungen erhielt die Bruderschaft das Recht, ihre Mitglieder mit Geld oder durch Naturalleistungen (Wachs) zu strafen, wenn selbe gegen die Statuten gehandelt hatten. Der Vorstand bestand aus einem jährlich zu wählenden Richter, dem ein Rat von sechs Mitgliedern beigegeben war, einem Schreiber und dem Bruderschaftsratsdiener.

Sonntags fanden die Ratsversammlungen statt und zwar nach dem Gottesdienste, auf der Hochstraße nächst der Kirche, wo auch der Bach vorbeifließt, welcher bei verschiedenen der vorzunehmenden Urteilsvollstreckungen eine bedeutende

Rolle spielt.

Einige Vergehen wurden nämlich dadurch gesühnt, daß der Verurteilte gewaschen, d. h. in den Bach gelegt wurde.

Das Bruderschaftsstatut vom Jahre 1652 sagt darüber: „. . . . . oder man spricht ihn in den Bach, muß er sich dareinlegen lassen, hab er ein Gewand an wie er wöll, und läßt ein nit abkaufen. Macht ihm der Amtmann im Bach vor des Richters Haus ein tiefes Geschwell, nimmt ihn der Richter bei dem Kopf und seine Ratsherrn sonst bei dem Leib, legen ihn also in den Bach. Legt man ihn nicht recht hinein, so klagt er Richter und Rat alle an, kommen also Richter und Rat in Bach. Und müssen alle, die ihn in Bach haben legen helfen, mit einem Fuß im Bach stehen, und näßt sich nit, legt man ihn gar darein."

Zu dieser Bruderschaft, die im Markte ein großes Ansehen genoß und von vielen Elementen der Bevölkerung sehr gefürchtet wurde, gehörte auch Jörg Neuner.

Als einer der reichsten Bursche hatte er seinen Anhang von Wohldienern und Schmeichlern, die ihn ob seiner Kraftstückchen geziemend bewunderten und so häufig als möglich veranlaßten, Bier oder Wein zu bezahlen.

Diesen stand eine noch größere Zahl von solchen gegenüber, die ihm um sein Geld, das schöne Erbteil das er einst erhalten würde, usw. neidig waren, jedoch trotzdem nie verschmähten, ebenfalls von seiner bekannten Freigebigkeit ausgedehnten Gebrauch zu machen.

Von denen wurde es mit Vergnügen begrüßt, daß dem bisher makellos Wandelnden nun auch gezeigt werden könnte, daß er nicht besser als die übrigen sei.

Die Gelegenheit gab sich bereits am Sonntage, der den geschilderten Ereignissen folgte.

Nach dem Bruderschaftsstatut sollen auf dem Kirchenchore, zu beiden Seiten der Orgel, an der Brüstung nicht mehr als je 13 der jungen Leute ihren Platz nehmen.

Als Jörg in die Reihe treten wollte, die noch eine Lücke zeigte, drängte sich gleichzeitig mit ihm ein zweiter Bursche, der Bernhard Schöttl, ein schon oft von der Bruderschaft in Strafe genommener, etwas zweifelhafter Mensch, an den sogenannten Brustbaum.

Der Neuner auf sein Recht pochend, daß er der erste daran gewesen war, weshalb der andere sich begnügen müsse, in der zweiten Reihe zu stehen, weigerte sich Raum zu geben.

Zufällig gehörten diejenigen, die in nächster Nähe der beiden sich befanden, zu denen, welche Jörg übel wollten. Mit boshaftem Grinsen behauptete zuerst einer und dann noch verschiedene andere, daß der Schöttl im Rechte sei.

Jörg Neuner geriet darüber in Zorn, hieß sie boshafte Kerle, die absichtlich die Wahrheit entstellten und wich nicht von seinem Platze. Als sich der Schöttl dennoch eindrängen wollte, nahm er diesen, einen ziemlich schmächtigen Burschen, wortlos an den Armen und hob ihn, ohne ihm sonst eine Unbill zuzufügen, hinter sich.

Diese Vorgänge auf der Emporkirche — der Gottesdienst hatte noch nicht begonnen — waren immerhin durch das lautere, erregte Sprechen, von einem in der Kirche ungewohnten Geräusch begleitet.

Alle Köpfe wendeten sich natürlich neugierig nach oben und man stellte mit mehr oder minderer Genugtuung fest, ohne daß man den Sachverhalt genauer kannte, daß es der junge Neuner sei, der die Störung hervorgerufen hatte.

Schöttl blieb zwar in der zweiten Reihe und Jörg behielt den Platz in der ersten, aber unter den übrigen Burschen begann alsbald ein eifriges Wispern und Tuscheln, das von wichtigem Kopfnicken, höhnischem Lächeln und boshaften Blicken begleitet war. Der junge Neuner tat, als nehme er davon nichts wahr. Es ward ihm aber sehr bald klar, daß man damit umging, ihn zur Verantwortung ziehen zu wollen.

Dem sah er mit Ruhe entgegen, denn er fühlte sich im Rechte. Mögen sie die Anklage bei dem Bubenrichter erheben — es wird sich zeigen, daß ihm, dem Jörg Neuner, mehr geglaubt werden wird, als dem schlecht beleumundeten Schöttl.

Der Gottesdienst war unter allgemeiner Unaufmerksamkeit beendet worden.

Alt und Jung drängte aus der Kirche; Männleins und Weibleins hatten sich verschiedenes zu erzählen oder standen auf dem Friedhof herum, während des Paternosters, das sie beteten, neugierig nach dem Kirchenplatze spähend, wo unter der alten Linde der Hornsteiner Hans, der diesjährige Bubenrichter, stand, auf den einige seiner Kameraden heftig einsprachen.

Nun winkte dieser den alten Bruderschaftsratsdiener heran und befahl diesem, die Buben nach seinem Hause zu entbieten.

Die Bruderschaftsgenossen folgten dem Aufrufe und zogen in lebhaft untereinander sprechenden und agierenden Gruppen nach dem Wohnhause des Richters, das im oberen Teile des Marktes an der Hauptstraße gelegen war. An Neugierigen, die sie begleiteten, war kein Mangel. Zwar war diesen der Eintritt in das Haus und die Teilnahme am Bubengericht verboten und versagt, allein nach deren Ansicht war es immerhin schon etwas, in Haufen vor der Türe auf der Straße zu stehen, Vermutungen auszutauschen und sich auf eine etwa von der Bruderschaft ausgehende Strafexekution zu freuen. Der alte Ahornbaum, der unweit des Hauses des Bubenrichters stand, war so voll von kleinen und halbwüchsigen Jungen, als wenn ein Flug Stare auf ihn eingefallen gewesen wäre. Die Sehnsucht aller dieser Knirpse war auf den Tag gerichtet, an welchem sie achtzehn Jahre zählen würden, um der von ihnen heiß bewunderten Bruderschaft anzugehören. Welcher Stolz für den, der bei dem Stiftungsfeste oder bei der Frohnleichnamsprozession eine Fahne oder gar eine der großen Wachskerzen, an denen ein starker Mann zu schleppen hatte, tragen durfte! Dann überhaupt das Geheimnisvolle des Bundes; das Stehen auf der Emporkirche, die sonst von niemand als von einem Bubenbruder betreten wurde; die Nähe der Orgel mit ihren dröhnenden, singenden, und oft leise wie in höchster Andacht flötenden metallenen Pfeifen. Was wird das für ein Genuß werden, dem alten komischen Schulmeister zuzusehen, wie er mit Händen und Füßen zappelnd und greifend oben und unten auf dem Instrument arbeitet, Register zieht oder solche hineinschlägt, bis entweder die ganze Emporkirche von den gewaltigen Tonmassen erzittert oder ein weicher, leiser Gesang ertönt, wie ihn schöner und rührender die Engelein im Himmel auch nicht ausführen können.

Man ist dann überhaupt ein Mann, geachtet und angesehen, und wenn man Glück hat, bringt man es fertig, daß einer, dem man gram oder aufsässig ist, bei passender Gelegenheit in den Bach gelegt wird, zum allgemeinen Gespötte. Wofür hat man denn seine Stimme bei der Wahl des Richters?

Der heutige Fall beanspruchte schon deshalb ein ganz besonderes Interesse, weil allgemein bekannt war, daß Jörg und der Hornsteiner Hans sich wegen der Kriener Margaret, an die sich dieser bei Gelegenheit des vorigen Kirchweihfestes mehr als anständig und gut war, herangemacht hatte, spinnenfeind waren. Der Hans wird die Beulen und Flecken, die ihm dazumal vom jungen Neuner auf den Kopf und den Rücken gezeichnet und gebläut worden waren, nicht vergessen haben, wenngleich er sich bis jetzt, da ihm bewiesen worden war, er sei der Schwächere, ruhig verhalten hatte.

Nachdem die vom Richter gewählten Ratsherrn sozusagen den Grundstock von dessen Partei bildeten, so war der Ausgang eines Klaggerichtes wenig zweifelhaft.

In der großen Unterstube des Hornsteiner-Hauses saßen der Richter, seine Räte, der Schreiber und etwas entfernt auch der Amtsdiener, auf Stühlen vor einem schmalen Tische. Ein kleiner Raum vor ihnen war frei, der übrige Teil der Stube war gedrückt voll von den jungen Leuten. Das dumpfe Gemurmel erstarb, als der Richter dreimal mit der Faust auf den Tisch schlug als Zeichen, daß man beginnen könne.

„Wer einen Handel oder eine Anklag hat, mag fürtreten!“ rief Hans Hornsteiner.

Einige Augenblicke herrschte erwartungsvolle Stille. Dann war dort, wo die Burschen am dichtesten standen, eine Bewegung zu bemerken und der Schöttl Bernhard wurde mehr geschoben, als er dies freiwillig tat, in die vorderste Reihe gedrängt.

Ein Ausdruck der Zufriedenheit glitt über das Gesicht des Bubenrichters. Immerhin war es ihm lieber, daß eine Anklage aus den Reihen der Bruderschaft kam, als wenn er oder seine Räte eine solche erheben mußten.

Schöttl hatte seinen Hut abgezogen, als Zeichen daß er sprechen wolle.

„Du magst fürbringen, was du fürzubringen hast, Bernhard Schöttl," sagte der Hornsteiner.

Jener drehte verlegen seinen Hut in den Händen, räusperte sich und stellte sich dann breitspurig hin.

„Herr Richter," begann er. „Da ich kein recht geläufig Mundstuck habe" — bei diesen Worten zeigte sich eine fast allgemeine, lächelnde Unruhe, denn gerade dieser Bursche war bekannt, ein ganz vorzügliches Maulwerk zu besitzen.

„Ruhe! Achtung vor dem Gericht!" rief der Hornsteiner, der sich selbst kaum des Lächelns enthalten konnte.

„Fahr weiter!" ermunterte er.

„Ich bitt Euch also, Herr Richter, daß mir ein Redner wird, der meine Sach' zuführen weiß."

„Ich erlaub dir, wozu du das Recht hast. Traust du dir deinen Handel selbst zu führen, mag es sein. Wo nicht, so sollst du dir hier einen von denen, die da in der Stube sind, aussuchen und magst ihm außen auf der Flur deinen Handel anzeigen. Ist das geschehen, so kommt beide herein und ich lasse einen guten Gesellen sein Wort vorbringen."

Der Schöttl wußte natürlich schon längst, an wen er sich halten werde.

Und so wendete er sich an den Ulrich Achner, einen Burschen, von dem er wußte, daß er zu jenen gehörte, die dem Jörg

Neuner nicht wohl wollten.

Die Wahl und die Information war wenig mehr als eine Formalität. Es dauerte deshalb auch nur einige Minuten, bis beide wieder in die Stube traten.

Der Achner begann:

„Herr Richter, erlaubt Ihr einem guten Gesellen, sein Wort vorzubringen?“

„Ich erlaube dir, zu was du das Recht hast,“ entgegnete dieser.

Und nun begann der Beistand den Jörg Neuner im Auftrage des Schöttl zu bezichtigen, daß dieser sich in gewalttätiger Weise auf der Emporkirche eingedrängt und zuletzt Schöttl, dem der Platz am Brustbaume gebührte, meuchlings gepackt und in seinem unheiligen Zorne fast an Leib und Leben geschädigt habe. So nicht Einsprache der Umstehenden erhoben worden wäre, würde es zu einem kirchenschänderischen Raufhandel gekommen sein. Was geschah, sei aber hinreichend gewesen, um die ganze versammelte Gemeinde in Angst und Schrecken zu versetzen und ihr die schlechteste Meinung über die Sitten in der Bubenbruderschaft beizubringen.

Alle wurden von einer gewissen Bewegung ergriffen. Die einen, weil sie das Vorgetragene viel zu übertrieben fanden, die andern, weil es so recht nach ihrem böswilligen Sinn war.

Jörg war bleich und rot geworden vor aufsteigendem Zorn. Noch hatte er nicht das Recht, zu entgegnen, das mußte ihm erst der Richter geben. Aber er hatte das Gefühl, als wäre er rings von Feinden umgeben.

„Jörg Neuner,“ rief endlich der Richter, nachdem er sich flüsternd mit seinen Räten benommen hatte — „tritt herfür und sage, ob du getan hast, wie dich der Achner beschuldigt.“

„Nein, es ist nicht wahr," entgegnete in großer Aufregung der Bursche, indem er sich dabei in die erste Reihe drängte. „Es ist eine Lug und eine Verstellung der wahren Tatsach! Ich war im Recht, weil ich zuerst am Brustbaum gewesen bin. Wenn jemand zu klagen ist, dann soll's der Schöttl sein, denn der hat mich angepackt und wegreißen wollen. Heb ich ihn nicht hinter mich, so fangt er das Raufen an im Gotteshaus. Und jetzt, weil's so ist und sich noch einer hat finden lassen, der die Lug vor den Richter und Rat hat bringen helfen, so klag ich, der Jörg Neuner, den Schöttl und seinen Redner, den Achner, auf Lug und Verleumdung, begangen an mir, vor der ganzen versammelten Bruderschaft. Und Ihr, Herr Richter, Ihr werdet meiner Klag Raum geben und net dulden, daß ein unbescholtener Bursch und Bruderschaftsgenoß' das Opfer wird von eim' Menschen wie der Schöttl, bei dem's schon dreimal auf der Spitz g'standen hat, daß man ihn mit Schand und Spott aus der Bruderschaft ausstoßt. Ich mein, sein Maß wär' voll."

Eine Bewegung der Unruhe, des Ärgers ging durch die Versammlung; ein unmutiges Gemurmel entstand, aus dem sich einige laute, zornige Schreie loslösten. „Wir brauchen uns nix vorwerfen zu lass'n; wen wir in der Bruderschaft hab'n wollen, der bleibt und wen wir net hab'n woll'n, dem wird der Weg 'zeigt!" So rief einer. Ein anderer schrie: „Der Hochmutsteufel! Anklag'n will er und wart selb'n auf sein Urteil!" Allgemein erhob sich der Ruf: „Richter und Rat: Das Urteil, das Urteil!"

Auf dem Gesichte des Hans Hornsteiner hatte Blässe und Röte gewechselt. War eine unerhörte Sache in der Bubenbruderschaft, daß einer eine Klage mit einer Gegenbeschuldigung zurückwies. Unschwer war zu merken, daß die allgemeine Stimmung sich gegen den Jörg richtete. Der Bubenrichter war zu wohl bekannt mit den persönlichen Eigenschaften der beiden Parteien, als daß er das für volle Wahrheit hielt, was Schöttl durch den Achner vorbringen ließ. Aber das kümmerte ihn nicht, das war vielleicht seine Privatmeinung. Als Bubenrichter hatte er nur dafür zu sorgen, daß der Beklagte sofort gestand, oder, daß der Beweis erbracht wurde, und dann mußte er das Strafausmaß entweder den Räten oder der versammelten Gemeinde überlassen. Konnte der Beweis nicht erbracht werden, dann erfolgte der Freispruch.

Diesmal ergab sich der Angeklagte nicht wie gewöhnlich in sein Schicksal und spielte, wie es herkömmlicher Brauch war, den Reuevollen. Er hatte sozusagen den Stiel umgedreht und ein Mitglied der Bruderschaft einer Tat bezichtigt, die dessen Ausschluß unweigerlich nach sich ziehen müßte.

Ja, wenn es ein anderer als der Jörg Neuner gewesen wäre, auf den der Hornsteiner einen gar so kräftigen Haß hatte, dann würde dieser der Sache sofort die nötige Wendung gegeben haben. Dabei hätte er aber persönlich einzugreifen gehabt, was seines Amtes nicht war. Um sich mit seinem Gewissen abzufinden, brauchte er nur die Dinge gehen zu lassen, wie sie von selbst gingen, d. h. er fordert den Jörg Neuner auf, sechs Zeugen beizubringen, welche das, was dieser behauptet, bestätigen sollen.

Dem Jörg blieb nichts übrig, als dieser Aufforderung nachzukommen. Aber wen er frug, der hatte nichts Genaueres, auf was es doch hauptsächlich ankam, gesehen. Mit Not fand er drei Burschen, die ihm zu Willen waren und an den Richtertisch vortraten. Kalter Hohn zeigte sich auf den Gesichtern. Der

Richter rief, um sich den Anschein völliger Unparteilichkeit zu geben, in die Versammlung hinein: „Der Beklagte braucht noch drei Zeugen für seine Unschuld! Warum meldet sich keiner?“ Ein wieherndes, allgemeines Auslachen war die Antwort. Die Verhandlung ging weiter. Der Hornsteiner rief noch einmal den Schöttl und seinen Beistand vor und tat, als ob er ihnen in's Gewissen reden wollte.

Nun verzichtete der Kläger auf die Mithilfe des Achner und verteidigte sich mit vieler Redefertigkeit. „Mir will man nicht glauben, mir! Warum, weil ich vordem ein leichtsinniger Bub war. Aber hat man mich net gebüßt davor? Hab ich net zweimal 30 Kreuzer und 4 Pfund Wachs zahlen müssen? Und war es net drum und dran, daß ich aus der ehr- und tugendsamen Bruderschaft ausgestoßen worden bin? Hab ich dagegen gemurrt? Nein, Recht ist mir g'schehen, dreimal und hundertmal Recht. Hat man etwa seit der Zeit nur das Geringste an mir zu tadeln g'habt? Steh einer auf und behaupt's anders, wenn er kann! Da bin ich und net lebendig will ich vom Platz kommen, so 's anders ist. Bei Gott und den Heiligen!“

„Du zahlst 4 Kreuzer, weil du geschworen hast bei Gott und den Heiligen, nach Kapitel 6 vom Bruderschaftsstatut,“ unterbrach der Bubenrichter den schreiend seine Sache Vortragenden. „Gibst dich ein oder willst's net annehmen?“

„Ja, ich gib mich ein und dank für die gnädige Straf,“ entgegnete jetzt ganz zahm und mit scheinheiliger Miene der Schöttl. „Ich verdefendier mich auch vor der ganzen versammelten ehr- und tugendsamen Bruderschaft, daß mich die Hitz hing'rissen hat und ich dessentwegen zu so eim' sträflichen Ausdruck kommen bin. Ich versprech' aufrichtige Besserung.“

Das Kleinbeigeben machte einen sehr guten Eindruck; er hatte damit gezeigt, daß er den nötigen Respekt vor der Versammlung besaß.

„Du kannst fortfahren, wenn du noch was zu melden hast," ermunterte befriedigt der Hornsteiner. Der Schöttl ließ sich das nicht zweimal sagen.

„Herr Richter und ehrsamer Rat, hochwohllöbliche Versammlung: Hat man schon eh' in Mittenwald gehört und vernommen, daß es einem ergeht wie mir? Ich klag, Fug Rechtens den Jörg Neuner an und er stellt mich hin wie einen Loder und Erzlumpen! Und das ein Mensch, der keine Zeugen gegen mich aufbringen kann, dem offen die Bruderschaft den Beistand versagt, trotzdem er in seim' Hochmut darauf pocht. Er will an mir makeln und mich schlecht machen, er, der den Umgang sucht mit ehrlosem Volk — "

„Das ist net wahr! Du lügst doppelt und dreifach!" schrie, seiner nicht mehr mächtig, Jörg zornig dazwischen.

„So, ich lüg! Da könnt ihr's selber hören, was das für ein Mannsbild ist," höhnte Schöttl. „Die freche Stirn hat er, der ganzen Versammlung und mir aus dem G'sicht zu leugnen, daß er mit die Fahrenden sich gemein macht."

„Ja, das ist wahr!" „Der Schöttl hat recht!" „Die Sach muß zur Sprach kommen!" „Eine Schand ist's, daß sich einer aus der Bubenbruderschaft mit ehrlosem Volk gemeinmacht!" usw., schrie es wild und wirr durcheinander. Fast alle fühlten sich schwer dadurch beleidigt, daß Jörg eine ortskundige Tatsache leugnen will. Die genagelten Schuhe trampelten und stampften auf dem Boden, daß die Bretter sich zerfaserten; die grünen Hüte mit dem Spielhahnstoß wurden erregt auf den Köpfen hin und her geschoben; dutzende von Fäusten streckten sich drohend empor; dazu wurde es in der Stube eine solche Hitze und der guten Luft wurde so wenig, daß einige zu taumeln begannen und die Fenster öffnen wollten. Aber da schrie der Bubenrichter abwehrend und drohend:

„Fenster zulassen! Vergeßt ihr, daß draußen die Straß'n voller Leut steht? Ist net notwendig, daß vor'm Urteil der Markt erfahrt, wie's um die Bruderschaft steht, der bis jetzt kein einziger Mensch hat nachsagen können, daß einer drunter ist, für den sie sich schämen muß."

„Aber Ruh jetzt! Ruh!" rief er in das Getümmel der Burschen hinein, die sich um Jörg drängten, ihn mit ihren Fäusten bedrohten und mit blitzenden Augen ansahen. Nur das Bewußtsein, sich in der dem Frieden geweihten Gerichtsstube zu befinden, hielt sie davon ab, über den Wehrlosen herzufallen.

Der junge Neuner hatte die Arme über der Brust gekreuzt und sah mit einem kühlen Lächeln seinen Widersachern entgegen. Nicht einen Augenblick hatte ihn Furcht beschlichen, aber eine unsägliche Verachtung dieses ganzen Treibens war in ihm aufgestiegen. Das war also das Wesen der auch von ihm bis heute hochgeachteten Bruderschaft! Ein einziger gemeiner Kerl brachte es fertig, die Menge zu niederträchtigen Ungeheuerlichkeiten hinzureißen. Er wußte längst, daß ihm der eine oder der andere nicht grün war, aus dieser oder jener Ursache. Viele waren aber auch unter seinen heutigen Feinden, von denen er besser dachte, die ihm Freunde waren von Kindesbeinen an. Ja, manche waren dabei, die Grund gehabt hätten, ihm für manchen bewiesenen Dienst dankbar zu sein.

Die Hauptsache mußte also der Neid und der Abscheu getan haben, daß er sich gegenüber einem der Ausgestoßenen menschlich gezeigt hatte.

Unterdessen waren der Bubenrichter und seine Räte aufgestanden, hatten sich unter die erregten Gruppen gemischt und halb mit Gewalt, halb mit gütlichem Zuspruch, die Ruhe wieder notdürftig hergestellt. Dann begaben sie sich wieder auf ihre Plätze und die Verhandlung konnte weitergehen.

Jörg erbat in ruhiger Weise für sich nochmals das Wort; er hatte eingesehen, daß er dieser Versammlung viel zu viel Ehre erweisen würde, wenn er noch irgend eine Erregung zeigte.

Der Bubenrichter konnte nicht wohl anders und so gestattete er es, nachdem er ihn streng ermahnt hatte, bei der Wahrheit zu bleiben und mit der Bruderschaft keinen Spott zu treiben.

Neuner hatte als Antwort nur einen verachtungsvollen Blick. Dann begann er und erzählte ohne jede Zutat oder Hinweglassung, nur das Erwachen seines mitleidsvollen Gefühles stärker betonend, die Vorgänge. Er gestand, daß er damit aus dem Rahmen der Sitte und Gewohnheit gefallen sei, suchte aber dieses Verhalten durch die Ausübung der Christenpflicht zu erklären. Daß er aber den Umgang mit solchen Leuten suche und sich damit gemein mache, wies er als eine böswillige Lüge und Verleumdung zurück.

„Heh!“ krähte der Schöttl, boshaft triumphierend dazwischen. „Heh! Ist das vielleicht auch net wahr, daß vor drei Tagen, wie's schon Nacht war, das Zigeunermensch, die Mita, die Wahrsagerin, bei dir im Hinterhaus g'wesen ist? Willst vielleicht mich auch der Verleumdung und Lug zeihen, daß gleich d'rauf du selber die Stieg'n runter kommen bist und ihr nachg'schaut hast?“

Auf Jörg wirkte diese erneute Beschuldigung, in der eben so viel Wahres als Falsches enthalten war, in den ersten Augenblicken lähmend. Entsetzt, mit bebenden Lippen blickte er nach dem Unverschämten. Aber dann faßte er sich, gestärkt durch das Gefühl seiner Unschuld und rief entgegen:

„Jawohl ist's wahr, daß die Mita in unserm Haus und sogar bei dem kranken Seiltänzer g'wesen ist. Aber fragt sie selber, ob ich sie net fortg'schafft hab; ob ich ihr net das Haus verboten und gedroht hab, die Hund los zu lassen, wenn sie sich nochmals blicken laßt!“

„Wer's glaubt, wer's glaubt!“ schrie, lachte und heulte es von allen Seiten. Der Tumult wurde womöglich noch größer als das erstemal.

Als wieder Ruhe geschaffen war, stellte der Bubenrichter an die versammelte Gemeine die Anfrage, ob sie das Urteil ihm und seinen Räten überlassen oder ob sie selbst richten wolle. Das war Fug Rechtens und nach dem Bruderschaftsstatut erlaubt. Mit erdrückender Mehrheit unter stürmischen Rufen, entschied man sich dahin, das Urteil in der Gemeine zu fällen.

Jörg mußte, bewacht von einigen Burschen, in einer Nebenkammer warten, bis man damit fertig war. Die Beratung dauerte nur wenig Minuten. Die Beschuldigungen wurden als erwiesen angenommen; die Mehrzahl entschloß sich für die höchste, für die öffentlich zu vollziehende Strafe des „in den Bach legens“. Eine Minderzahl hatte dazu Ausstoßung aus der Bruderschaft beantragt. Dies ging nicht durch, weil man sich fürchtete, den Stolz der angesehenen Verwandtschaft des Beklagten zu sehr zu verletzen.

Jörg wurde wieder in die Stube geführt, aus den höhnisch blickenden Augen konnte er, bevor der Bubenrichter den Mund zur Urteilsverkündigung öffnete, abnehmen, was seiner harrte.

„Sintemalen und alldiweilen die ehrsame Bubenbruderschaft heute versammelt ist zu ordentlichem Gerichte," begann der Hornsteiner, dem man die Befriedigung, die ihn erfüllte, ansehen konnte, — „und der Bernhard Schöttl dabei beklagt hat den Jörg Neuner, Unziemlichkeit getrieben zu haben in der Kirche, wodurch er den Gottesdienst gestört hat und es bald zu einem blutigen Raufhandel gekommen wäre, der durch Gottes Gnade noch erstickt worden ist. Weiter, daß selbiger Jörg Neuner Umgang hat mit ehrlosem, fahrendem Volk und sich net scheut, einen davon aufzunehmen in Haus und Bett, der bresthaft[1] geworden ist in Ausübung seiner unehrlichen Kunst. Auch hat er den Schöttl bezichtigt der Lug und Verleumdung und hat keinen Beweis davor bringen können.

Also hat der Jörg Neuner arg verstoßen gegen unsere Satzung, die Manierlichkeit vorschreibt und Wahrhaftigkeit. Und weil er sich einlassen hat mit ehrlos schmutzigem Volk, so wollen wir ihn wieder rein machen und stellen das Urteil für ‚in den Bach legen'.

Genommen soll er werden, wie er geht und steht, ob er das oder ein anderes Gewand an hat und soll sich netzen lassen, daß kein trockener Faden an ihm bleibt und uns abkaufen kann er die Straf auch net, sondern muß sie leiden am eigenen Leib.

---

[1]kränklich, gebrechlich, verwendet vor allem im Sinne von körperlich behindert.

Hast du das Urteil richtig gehört und verstanden, Jörg Neuner?“ frug der Bubenrichter.

Der Bursche war bis an den Tisch der Richter vorgetreten und hatte die geballte Rechte darauf gestützt. Die Aufregung, die ihn ergriff, als der Hornsteiner zu sprechen begann, war verflogen. Das also war die Gerechtigkeit der versammelten Bruderschaft? Er hätte gellend hinauslachen mögen, über den Hohn, der in dieser Tatsache lag. Aber Jörg zwang sich zur Ruhe; sein Blick war fest auf den Richter geheftet, dem es begann etwas unheimlich zu werden.

„Ja, ich hab verstanden,“ nickte Jörg, „und mir sind die Augen aufgangen über euch und euere Bruderschaft. Bis zum heutigen Tag hab ich's für eine Ehr g'halten dazu zu gehören. Von jetzt ab tät ichs' als eine Schand betrachten, wenn ich noch bei euch bleiben möcht. Ich sag euch ab, ich sag mich los von euch — —“

Als der junge Neuner begann, hatte atemlose Stille in der Stube geherrscht, denn jeder war begierig gewesen, zu hören, was er antworten werde. Bei seiner Absage aber, die von allen als eine tiefe Beleidigung aufgefaßt wurde, erhob sich ein wütender Sturm des Unwillens. Die Burschen drangen auf ihn ein, drohend mit Fäusten und Messern, und wer weiß, was geschehen wäre, würde nicht der Hornsteiner und seine Räte die Geistesgegenwart gehabt haben, den Neuner hinter ihren Tisch zu reißen, um ihn so vor der unmittelbaren Berührung mit der hoch erregten Rotte zu schützen.

Mit einem mächtigen Satz war der Hornsteiner auf den Tisch gesprungen, gebot Ruhe und Friede und schlug mit einem Bergstock, den er rasch ergriffen hatte, rücksichtslos auf die

Andrängenden ein.

„Schamt's Euch! Ruh gebt's! Messer weg!" brüllte er. „Was kann das euch kümmern, was der Mensch da sagt? Seid's froh, daß er sich selber davon macht, nachher bleibt uns das 'Nausschmeißen derspart!"

Der Bergstock und diese Gründe halfen wenigstens soweit, daß die Bubenbrüder von Jörg abließen und die Messer wieder in den Hosentaschen verschwanden.

Der Bubenrichter benützte diese ruhigeren Augenblicke, indem er sich noch einmal an den Neuner wendete:

„Was du nachher tun willst, das ist deine Sach. Für jetzt wirst net so vom Herrgott verlassen sein, daß d' dich gegen uns und das Urt'l weiter auflehnst. In den Bach mußt, und wenn wir dich mit Strick binden oder gar in Fetzen 'neinlegen müßten."

„Und jetzt, Bubenbrüder, jetzt still und manierlich," wendete er sich zu diesen. „Alles so, wie's die hergebrachte Ordnung will. Der Amtsdiener geht voraus; dann komm' ich; hinter meiner geh'n die Rät und dazwischen der Delinquent. Alle andern geh'n paarweis hinterdrein und machen am Bach die Abstellung daß die neugierigen Leut' net so auf uns 'reindrucken."

So geschah es auch. Jörg setzte, obgleich er vor Aufregung und Wut bebte und ihm die Zähne wie im Schüttelfroste zusammenschlugen, keinen Widerstand entgegen. Er wußte, daß man die Drohung des Richters wahr gemacht hätte.

Draußen auf der Straße standen und drückten sich die Menschen zu Hunderten. Aus allen Fenstern streckten sich neugierige und boshafte Gesichter. Kleine Buben und Knechte hatten die Dächer der in der Nähe der Exekutionsstelle liegenden Häuser erklettert. Natürlich war es bereits allgemein bekannt, daß die stürmische Sitzung der Verurteilung eines der reichsten und angesehensten Burschen galt.

Die Verhandlung hatte lange gedauert; es ging schon an die Mittagszeit, ein Fall, der auf dem Lande sehr ernsthaft genommen wird. Endlich öffnete sich die Türe des Bubenrichterhauses für den heraustretenden Zug.

Das Geschrei, Geschwätz und Gemurmel erstarb mit einem Schlage. Aller Augen waren auf Jörg Neuner gerichtet, der zwar bleich wie eine Wand, aber hochaufgerichtet zwischen den Räten schritt und seinen Blick kühl und verachtungsvoll über die Gaffer gleiten ließ.

Der Weg an den Bach war sehr kurz. Das kleine Wässerlein war durch einige querüber gestellte Bretter von dem Bruderschaftsdiener, unter freiwilliger Dienstleistung aller umstehenden Gassenbuben geschwellt worden, so daß ein dareingelegter Mensch vollkommen unter Wasser gebracht werden konnte. Einige der bösen Buben hatten es sogar, unter großem Hallo der Menge, am eigenen Leibe ausprobiert, was bei dem warmen Sommertag keine besondere Heldentat war.

Die Bubenbruderschaft war am Bache angekommen und hatte den absperrenden Kreis gebildet. Drei Räte stellten sich links, drei rechts des Baches auf. Der Bubenrichter stand neben dem Verurteilten, legte ihm die rechte Hand, zum Zeichen, daß er dem Gerichte verfallen sei, auf die Schulter und verkündete noch einmal, mit weitschallender Stimme, das gefällte Urteil.

Beifälliges Gemurmel und einzelne zustimmende Rufe aus dem Zuschauerkreise belohnten seinen Vortrag. Man hielt das Urteil für vollständig gerechtfertigt; nicht einmal in den Augen der Weiber und Dirnen war etwas von Mitleid zu lesen. Sie alle freuten sich unbändig auf den interessanten und auch seltenen Vorgang.

Jörg wurde in die Mitte des Baches gestellt. Die Räte packten ihn an den Füßen, um den Leib und an der Schulter. Der Richter, dem die Aufgabe zufiel, den zu Bestrafenden vor dem Ertrinken zu bewahren, ergriff ihn am Kopfe. Dann hoben ihn alle etwas in die Höhe und legten ihn der Länge nach in den Bach. Wieherndes Beifallsgelächter erscholl; alle richteten ihre Aufmerksamkeit scharf darauf, daß, wie das Statut es vorschreibt, an dem in den Bach Gelegten ja kein „trockener Faden" bleibt und Richter und Räte mit einem Fuße im Wasser standen.

Die Strafe war richtig vollstreckt worden, und es fand sich leider kein Anlaß, den Richter oder einen aus dem Rate einzunetzen, was das allgemeine Vergnügen zweifellos vergrößert hätte.

In derselben Weise, wie Jörg in den Bach gelegt worden war, wurde er wieder auf seine Beine gestellt.

Da stand er, die nassen Haare über die Stirne hereinhängend, das triefende Gewand am Leibe klebend. Er erhob den Blick und dieser fiel auf — Sonina, die mit ihrer Zofe innerhalb des Kreises der Bubenbrüder stand, welche der zufällig des Wegs Gekommenen entweder aus Bosheit gegen Jörg oder Achtung ihres bevorzugten Standes, die sonst für alle übrigen geschlossene Reihe geöffnet hatten.

Wilde Scham, ein wütender Zorn erfaßte ihn, denn die beiden Italienerinnen lachten Tränen über das ihnen im höchsten Grade spaßhaft vorgekommene Verfahren und die jämmerlich anzusehende Figur des Burschen in seinen nassen Kleidern.

Zähneknirschend, mit einem dumpfen Aufschrei der Wut sprang Jörg auf die Straße. Niemand durfte ihn nach hingenommener Bestrafung mehr aufhalten. Aber die Leute konnten doch nicht schnell genug vor ihm zurückweichen, als er sich mächtig durch die Menschenmauer drängte, um nur von diesem Platze fortzukommen.

Der ganze Strafprozeß der Bubenbruderschaft hatte ihn viel weniger beleidigt und gekränkt, als das silberhelle, wie ihm dünkte, schadenfrohe und boshafte Lachen des Mädchens. Das war tief gegangen; das hatte ihm das Herz zerrissen.

Wie ein Trunkener taumelte der Bursche über den Flur in die Unterstube. Dann sah er tanzende Funken vor den Augen, der ganze Raum wirbelte sich um ihn im Kreise — er stürzte, schwer aufschlagend, besinnungslos zu Boden.

Ein frischer, gesunder Gebirgler kann solche Schwäche-Anwandlungen haben, er ist aber zu kräftig angelegt, um ihnen lange Herrschaft über sich zu gestatten. Bei Jörg war das gleicherweise der Fall. Es dauerte keine halbe Minute, so kam er wieder zu sich und hatte vollständig das Bewußtsein der Gegenwart erlangt. Er sah sich verstört um und auf seinen Zügen lag es wie ängstliches Lauschen, ob ihn bis hieher dieses entsetzliche Hohnlachen Soninas verfolgt.

Er erhob sich und schüttelte sich unter kalten Schauern. Endlich raffte er sich zu dem Gedanken auf, daß er die nassen Kleider wechseln müsse. Mit schwerfälligen Schritten, den Kopf tief gesenkt, verließ er das elterliche Wohnhaus, um seine im Hintergebäude befindliche Kammer aufzusuchen. Jörg stieg die steile Treppe hinauf und kam an der Kammer vorüber, in der Rab Golli, dessen er gar nicht mehr gedacht hatte, lag.

Er wunderte sich auch nicht, als sich dort die Türe öffnete, daß das von tiefer Trauer erfüllte Gesicht Klaus Hornnebels erschien und neben diesem Mita sichtbar wurde.

Auch daran dachte er nicht, daß er dem Mädchen strengstens das Wiederkommen verboten hatte. Eher hatte er die Empfindung, als ob es ganz recht wäre, daß sie sich hier befindet.

Jörg blieb einen Augenblick stehen, sah auf die Gruppe und in die Kammer hinein. Aber er schien nicht zum Bewußtsein dessen zu kommen, was seine Augen erblickten. Der Ausdruck seines sonst so offenen, guten Gesichtes war starr geworden.

Er überhörte auch das schmerzliche Aufschluchzen Mitas und litt es, daß diese, nachdem sie den alten Pfeiferkönig zur Seite gedrängt hatte, seine Rechte ergriff und mit heißen Küssen bedeckte.

Während dieser leidenschaftlich dankbaren Liebkosung mußte jedoch dem Mädchen ein schreckender Gedanke gekommen sein, denn es sprang auf, eilte durch die Türe und zog Klaus Hornnebel mit sich.

Wie verwundert betrachtete Jörg seine Hand, auf der sich Spuren von Tränen zeigten. Dann schüttelte er den Kopf, als wenn er sagen wolltet „Was hat das alles zu bedeuten?" und schritt dann langsam den Gang hinunter, seiner Kammer zu.

13 In nächtlicher Stunde

Im Hause des Rottmeisters herrschte eine schwüle Stimmung. Jörg sprach über das Vorgekommene kein Wort; seine Mutter konnte ihn nur unter Weinen ansehen. Der alte Neuner ging mit ernstem Gesichte in Haus und Hof herum, vergaß aber dabei nie den kranken Seiltänzer und schien es gar nicht zu bemerken, daß sich neben Hornnebel auch die Wahrsagerin als Pflegende eingestellt hatte.

Der Ärger, das Gefühl für das Unrecht und die öffentliche Schande, die dem Sohne angetan worden waren, lastete schwer auf den beiden alten Leuten. Es fehlte natürlich nicht an solchen, die ihnen zutrugen, wie man allerorten das Urteil des Bubengerichtes für vollkommen gerechtfertigt hielt und nicht begreifen konnte, warum Jörg die Strafe nicht gutwillig hingenommen hatte.

Dem Ersten suchte der Rottmeister durch Darstellung des wahren Sachverhaltes eine andere und bessere Meinung beizubringen, als ein Zweiter kam, entgegnete er gar nichts, aber er bekam einen roten Kopf und die Zornader auf der Stirne schwoll ihm gefährlich an. Wie sich nun aber noch ein Dritter einstellte, der das gleiche Lied sang, da riß dem Alten die Geduld. Er ließ zwar den Mann ruhig ausreden, warf ihn aber dann mit gewaltigem Schwunge und jugendlicher Kraft aus der Türe.

Da sagten die Leute untereinander, der alte Neuner sei ein grober Kerl, den der Teufel, den er im Haus halte, verblendet haben müsse. Aber sie ließen ihn von Stund an, wenigstens persönlich, in Ruhe.

Von Jörg, dem das Gerede hauptsächlich galt, war um diese Zeit wenig zu sehen. Er ging oft schon vor Tag auf den Berg zur

Holzarbeit und kam meist erst des nachts wieder nach Hause. Das war sehr auffallend für Sonina. Nach ihrer Ansicht war ja das Bachlegen nur ein derber Spaß, über den man sich wohl für den Augenblick ärgern konnte, der aber des Nachtragens nicht wert war. Daß sich Jörg damals in der Kirche nichts hatte gefallen lassen, das gefiel ihr, wenngleich sie den Ort nicht angemessen fand, um einen Streit auszutragen.

Der Jörg, wie er aus dem Bach aufgehoben worden war, hatte in seinen nassen Kleidern und bei dem wütenden Gesicht, das er dazu schnitt, nach ihrer Ansicht so komisch ausgesehen, daß sie aus vollem Herzen hatte lachen müssen. Auch jetzt, wenn sie nur daran denkt, kann sie sich eines Lustigkeitsanfalles nicht erwehren. Bei nächster Gelegenheit will sie es ihm selbst sagen und ihm zureden, daß es ganz und gar nicht am Platze ist, sich von solchen Dingen die gute Laune verderben zu lassen.

Aber Sonina wurde des Burschen nicht ansichtig. Zuerst kam es ihr vor, als wenn dies zufällig sich fügte, dann fing sie an, eine überlegte Absicht zu vermuten. Um sich darüber zu vergewissern, suchte sie in Erfahrung zu bringen, wann Jörg vom Berge heimkehre. Da erfuhr sie, daß dies meist zu einer Nachtstunde der Fall sei, in welcher sie sich schon in das obere Stockwerk zurückgezogen hatte oder bereits im Bette lag.

Als sie ihre Verwunderung darüber aussprach, griff die alte Neunerin nach der Schürze, um sich die Tränen zu trocknen. Der Rottmeister zuckte die Achseln, entgegnete nichts und stellte sich an das Fenster, auf dessen kleinen Scheiben er mit den Fingern trommelte.

Das begann sie zu verdrießen. Mit welchem Rechte war der Bursche, den sie stets freundlich behandelt hatte, so ausweichend, man könnte sagen ungezogen gegen sie?

Von Tag zu Tag wuchs ihr Ärger und ihre innere Unruhe. Es kam ihr zum ersten Male vor, daß ein Mann, und sei es auch nur ein geringer, sich unhöflich gegen sie betrug. Sonina dachte an Margaret und sogar an die Wahrsagerin. Sollte eine von diesen dazu beigetragen haben? Sie wies bei schärferem Nachdenken diesen von Eifersucht nicht freien Gedanken zurück.

Niemand konnte ihr Aufklärung geben, diese mußte von ihm selbst kommen. Ihr verletzter Stolz, ihre Eitelkeit lechzte nach dieser Aufklärung und der Reue des Burschen.

Wenige Tage noch und sie hatte sich entschieden und den Entschluß gefaßt, Jörg bei seinem nächtlichen Heimkommen zu stellen und selbst zu befragen.

Nachts zwischen neun und zehn Uhr war die Zeit, in der sie ihn erwarten konnte. Der Sommertag war trüb, fast kühl, wie das im Hochgebirge des öfteren vorkommt. Des Abends wehte es ziemlich scharf von Osten, und somit war es für die an wärmere Lüfte gewöhnte Italienerin keine besonders angenehme Sache, vielleicht eine Stunde auf der steinernen Hausbank zu sitzen.

Wenn es in ihr ruhig und ausgeglichen gewesen wäre! Aber das war nicht der Fall. Ihr Stolz sträubte sich stark dagegen, dem Gebahren des Bauernsohnes so viel Wichtigkeit beizulegen, daß sie in Mittenwald etwas tat, zu dem sie in Venedig nicht die größte Gewalt hätte zwingen können. Nebenher lief aber verletzte Eitelkeit und die peinigende Ungeduld, Grund und Ursache dieses ausfallenden Benehmens klar zu erkennen.

Sonina saß schon eine halbe Stunde auf der Bank vor dem Hause; noch hatte sie nichts gehört als das Sausen des Windes in den Baumkronen; das Anschlagen der Hunde; ab und zu den Laut einer menschlichen Stimme aus weiter Entfernung, oder dumpfes Stampfen und Kettenklirren in den Ställen. Sie schauerte vor Kälte trotz des Mantels, den sie umgeschlagen hatte, blickte ungeduldig um sich und verlor nach und nach ganz den Mut zu dem seltsamen Abenteuer. Eben hatte sie sich erhoben, um in das Haus zurückzukehren, als der Schall schwerer, langsamer Schritte ertönte. Das bereitete Sonina ein plötzliches Herzklopfen, wofür sie sich belächelte und ausschalt. Aber sie, die Tochter des venezianischen Nobile und er, der Bauernsohn von Mittenwald! Was war da zu bangen?

Der Nahende war Jörg; er kam aber nicht auf die Haustüre zu, sondern trat an die kleine Hoftüre heran. Daß sich jemand auf der Bank vor dem Hause befand, schien er nicht bemerkt zu haben.

Das war die erste Enttäuschung für Sonina, denn gewöhnlich war der Haussohn noch in die Küche eingetreten, um dort ein für ihn bereit gestelltes Nachtmahl einzunehmen. Heute unterließ er es und begab sich sofort über den Hof in das Hinterhaus, wo er schlief.

Nun konnte sie dem Burschen nicht wohl nachgehen, der bereits das Hoftürchen geöffnet hatte, um einzutreten. Sonina machte deshalb einige Schritte rasch vorwärts und rief halblaut: „Jörg! Jörg!“ Er hielt verwundert an und blickte nach der Richtung des Rufes. Aber wie jemand, der etwas nicht hören will, ließ er den Kopf sinken und eilte in raschen Schritten über den Hof.

Noch einmal schallte es hinter ihm: „Jörg! Jörg! Ich bin es, Sonina!“ Das schien seine Eile zu beschleunigen; gleich darauf war er auch im Hinterhause verschwunden.

Mit einem Erstaunen das einem Schrecken glich, sah die Italienerin ihm nach. Was war das? Der Bursche hatte sie gehört und mußte ihre Stimme erkannt haben. Ihr das, eine solche Beleidigung anzutun! Beeilt hatte er sich, als ob er eine Aussätzige fliehen wollte!

Ein zischender, wütender Ton kam über die Lippen Soninas; ihre kleinen Fäuste ballten und öffneten sich, als ob sie etwas zerdrücken möchten; die Augen brannten sie, als sie dem Verschwundenen nachsah.

„Hah! Bauer, jetzt will ich dich meine Macht fühlen lassen," murmelte das Mädchen mit zornbebender Stimme. „Jetzt sollst du mir auf die Knie. Wenn dann in dir das Feuer lichterloh brennt, dann schleudere ich dich dahin, wohin du gehörst: in den Kot. Das schwöre ich bei dem Ewigen!" Dabei trat ihr Fuß stampfend auf dem Boden auf und ihre Rechte hatte sich schwörend gegen den Himmel erhoben.

In ihrer Stube angekommen, nahm sie sich nicht Zeit, sich auszukleiden, sondern warf sich müde und zerschlagen wie nach einer großen Anstrengung auf das Bett. Sonina wollte schlafen, die Beleidigung vergessen, aber sie fand keine Ruhe. Wild und aufgeregt tobte das Blut in ihren Adern. Mitternacht war längst vorüber und noch kam kein Schlaf in ihre Augen.

Der Wind mußte von Osten nach Süden umgesprungen sein, denn es wehte warm durch das geöffnete Fenster und bald wurde die Schwüle in der Stube für das Mädchen, das sich ruhelos auf seinem Lager wälzte, geradezu unerträglich. Schwer atmend setzte sich Sonina auf und strich sich das feuchte Haar aus der Stirne. Aber auch das half nichts, sie meinte ersticken zu müssen. Dann sprang sie vom Bette, öffnete die Türe und begab sich mit leisen, unhörbaren Schritten auf die Laube[1] der Rückseite des Wohnhauses, um frische Luft zu schöpfen.

Auch das schien ihr keine besondere Linderung zu verschaffen. Der Südwind blies in kurzen, abgesetzten Stößen durch das Tal; die hochziehenden Wolken jagten an dem schon fast voll gewordenen Mond, der im bleichen Lichte strahlte, vorüber, glänzten auf und zogen als schwarze Fetzen oder Ballen gegen das Flachland hinein. Durch das zerrissene Gewölk blitzten manchmal schimmernde Sterne, um rasch wieder hinter den eilenden Dunstgebilden zu verschwinden.

Hoch in den Lüften begann es stürmisch zu sausen und von den Bergen tönte das Rauschen des Waldes, der sich unter den Windstößen bog.

Gewitterschwüle! Wie banges Angstgefühl lag es über dem Tale, in dessen Wohnstätten die Lichter erloschen waren. Nur in der Kammer des Seiltänzers brannte noch eine flackernde, kleine Lampe.

Sonina beugte sich über die Brustwand der Laube und bot ihre heiße Stirne dem Winde entgegen. Sie sah nach den Bergen, den Gestirnen und über die tiefschwarz vom Nachthimmel sich abhebenden Dächer des Marktes. Alles kam ihr fremd, verändert vor und sie hatte Mühe, sich richtig zu orientieren.

Es ist sehr schwer, ja in der Einsamkeit für viele oft unmöglich, sich aus sich selbst zu flüchten.

Plötzlich wurde ihre Aufmerksamkeit von einem dunkeln Schatten in Anspruch genommen, den sie glaubte sich in der

---

[1] Altane

Nähe des kleinen Hoftores bewegen zu sehen. Ohne eine besondere Furcht zu empfinden, blickte sie schärfer darauf hin. Ja, das war eine menschliche Gestalt, die lautlos die Türe öffnete, rasch in den schwarzen Schatten glitt, welche die Scheune und die Stallgebäude warfen und längs deren Wänden aus das Rückgebäude zustrebte.

Die Italienerin geriet in eine hochgradige Erregung. Wer war das? Wahrscheinlich jemand, der zum Hause gehörte, denn die sonst sehr wachsamen Hofhunde blieben ruhig in ihren Hütten liegen und schienen sich um den fremden Eindringling nicht kümmern zu wollen.

War es ein Mann, ein Weib?

Sonina strengte ihre Augen an — eine solche Unterscheidung zu machen, war bei der herrschenden Dunkelheit ganz unmöglich.

Plötzlich trat der Mond aus den Wolken und fiel dessen Licht hell auf den Zwischenraum von Türe und Hausecke und zwar im gleichen Augenblick, als die Person diese Strecke passierte.

Ein leichter, kaum verhaltener Aufschrei der Überraschung und noch eines anderen Gefühles entfuhr den Lippen Soninas. Aber der Ton erstarb und verklang im Windgebrause, das eben wieder stärker eingesetzt hatte.

Ja, es war kein Zweifel; deutlich hatte sie erkannt, daß eine weibliche Gestalt in die Türe des Hinterhauses geschlüpft war.

Die Italienerin kannte die Gewohnheiten des Hauses genügend, um zu wissen, daß im Hinterhause keine der Mägde ihre Schlafstelle habe. Dort befand sich zurzeit nur Jörg, der Seiltänzer und einige Knechte. Um Rab Golli hatte sie sich in den letzten Tagen kaum mehr gekümmert. Nur flüchtig hatte sie die Neunerin gefragt, wie es drüben ginge und diese hatte ihr geantwortet, daß es sich bei dem „Zigeuner" wieder mache. Es war Zufall gewesen, daß sie nie etwas von der häufigen Anwesenheit des Pfeiferkönigs und der Wahrsagerin bemerkt hatte.

In Sonina stand sogleich die Überzeugung fest, daß die Zigeunerin unter dem Vorwande, Rab Golli pflegen zu wollen, zu dem Burschen schlich. Die abenteuerlichsten Ideen stiegen in ihr auf, wie dieses heimliche Beisammensein am gründlichsten gestört werden könnte. Am liebsten hätte sie Feuer auf das Haus geworfen.

Und dazu sagte sie sich: „Was geht mich der Bauer an? Ich hasse den rohen Burschen. Mag er tun und treiben was er will. Aber nein, das soll er nicht!" dachte sie im gleichen Augenblicke „Ich will ihn lehren, mich, die Sonina zu verachten!"

So hatte die Italienerin in ihrer leidenschaftlichen Erregung gedacht. Da löste sich, zu ihrer grenzenlosen Verwunderung wieder ein dunkler Schatten, aber diesmal von der Türe des Hinterhaufes los und verschwand auf dem gleichen Wege, den der erste gekommen war.

Die Wolken verdeckten in dieser Minute vollständig den bereits tief stehenden Mond und so lag der Hof und dessen Zaun im schwarzen Schatten. Es war deshalb für die Beobachterin vollständig unmöglich festzustellen, ob das sich Entfernende dem männlichen oder dem weiblichen Geschlechte angehört.

Nun gerieten die Gedanken des Mädchens erst recht in Verwirrung. Schon die Ungewißheit, ob es ein Mann oder ein Weib gewesen war, und in diesem Falle: welches Weib? drückte peinigend auf Sonina. Sie war nahe dem Entschluß, den sonderbaren

Vorgang morgigen Tages dem alten Neuner zu berichten. Dann aber dachte sie: „Was gehen mich die Heimlichkeiten dieses Hinterhauses an? Ist immerhin noch möglich, daß der Besuch einem der Knechte galt. Wie würde es sich für mich geziemen, mich in solche Angelegenheiten zu mischen? Sie mögen vor den eigenen Türen kehren, diese deutschen Bauern."

Die erste blindleidenschaftliche Aufregung war also bereits auf das Maß praktischer Erwägungen eingedämmt. Noch längere Zeit blieb sie auf ihrem Posten, allein sie machte keine anderen Beobachtungen, als daß der Wind sich mehr und mehr legte, im Südwesten sich tiefschwarze Wolkenmassen über den Horizont heraufschoben und es leicht zu regnen begann. Das eintönige Fallen der Wassertropfen schien die allgemeine Ruhe, die nun über dem Tale lag, nur noch bemerkbarer zu machen. Die Spannung hatte nachgelassen in der Natur und in dem jungen Geschöpfe mit dem heißen Herzen. Es begann sich eine erschlaffende Müdigkeit über Sonina zu senken und sie suchte langsamen Schrittes ihre Stube auf, um sofort in einen unruhigen Schlaf zu verfallen. Die Bilder der vergangenen Tage verschwammen untereinander zu verworrenen Vorkommnissen, in denen merkwürdigerweise die Hauptperson der Gegenwart, der junge Neuner, nicht besonders hervortrat. Wohl aber handelte es sich stets um Rab Golli, den Seiltänzer. Den sah sie vom Gerüste stürzen, fing ihn auf und bettete ihn weich an ihren Busen, ganz so, wie es Mita getan hatte. Dann aber glaubte sie sein schönes, blasses Gesicht mit den feuerigen Schwarzaugen zu sehen, das sich über sie beugte. Sie vermochte nicht zu entfliehen, ja sich nur zu rühren und mußte die glühenden Küsse dulden, die er auf ihre nicht widerstrebenden Lippen drückte.

Die Sonne stand schon hoch, als Sonina erwachte. In Scham errötend, rief sie sich die Träume der Nacht in das Gedächtnis zurück. Sie mußte lächeln. In welchem Banne befand sie sich? Wie klein wurde sie in dieser bäuerlichen Umgebung, so daß sie von zärtlichen Abenteuern mit Bauernsöhnen und Zigeunern träumte! Sie schüttelte unmutig den Kopf und begann ihrem Lager zu entsteigen.

14 Der Rottmeister und der Floßmeister

Es war nicht die Sache mit dem Seiltänzer und das Bachlegen des Jörg Neuners, welche allein die Gemüter der Mittenwalder bewegten und beunruhigten. Dinge von sehr materiellem Interesse wurden eifrig besprochen, erhitzten die Köpfe und brachten leidenschaftliche Ergüsse zum Vorschein, wie es in der Gewohnheit des leicht erregbaren Völkchens lag.

Der alte Floßmeister Kriener war eines Abends zum Rottmeister Neuner gekommen, hatte sich eine Zeitlang wortlos an den Tisch gesetzt und seine beiden Daumen spielend umeinander gedreht. Daraus konnte der Rottmeister mit Sicherheit entnehmen, daß der Besuch etwas Wichtiges zu sagen hatte, denn sonst hätte er längst wie gewöhnlich, über Wind und Wetter, Wasserstand in der Isar und dem Zustande der Rottstraßen zu sprechen angefangen. „Hm, Hm," machte der Rottmeister und trommelte leicht mit den Fingern der Rechten auf dem Tische.

Endlich räusperte sich der alte Kriener und nahm sich, wie es schien, einen gewaltsamen Anlauf.

„Warm machts, warm!"

„Ja, ja. Warm machts."

„Viel Leut san im Ort!"

„Ja, recht viel Leut."

„Hast allweil ein guten G'sund?"

„Ja; dank der Nachfrag, es tuts. Und bei Euch?"

„Es tuts, es tuts. Mei' Alte hat halt gar so stark das Gliederreißen und mich zwickts in der großen Zehen. Bei mir kommt's vom Stehn im eiskalten Isarwasser. Ja, so ein Flößer hat's net zum besten! Aber was red ich: Die Rottfuhrleut stecken in dene Zeiten auch nix auf."

„Aha!“ dachte sich der alte Neuner, „da will der Fuchs hinaus!“ Er tat ihm aber nicht den Gefallen, auf diese Schlußbemerkung einzugehen, sondern erkundigte sich eingehend nach dem Gliederreißen der Krienerin und dem Podagra seines Freundes.

Der wurde fast ungeduldig wegen der großen Teilnahme, die Neuner an den Familienschmerzen zeigte, aber das wäre gegen Bauernetiquette gewesen und so mußte er wohl oder übel des Genaueren beschreiben, wie und wo es seine Gattin riß und wie stark und wie lang es ihn in der großen Zehe zwickte.

Beide Männer waren volle Typen ihres Standes, ihrer Beschäftigung. Der Rottmeister gelassen, wohlüberlegt und fast wortkarg, konservativ bis zur letzten Faser. Man meinte ihn immer zu sehen, gravitätisch neben dem hochbeladenen Frachtwagen und dem schweren Viergespann hergehend, die Peitsche aufrecht in der schwingenden Rechten tragend, wie er ab und zu einen strafenden oder ermunternden Hieb austeilt oder einen wichtigmachenden Knall hervorbringt, der entweder das Echo der Berge weckt oder den Leuten, schon ehe sie ihn sehen, anzeigt, welcher bedeutende Mann jetzt kommen wird, mit dem schellentragenden, kummetgeschmückten Viererzug.

Die langen Wege auf der Landstraße geben viel Zeit, ruhig Gedanken zu fassen und zu ordnen, denn das treue, gutbehandelte und wohlgenährte Gespann tut seine Schuldigkeit fast von selbst. Das Geschäft blüht nur, wenn Ruhe und Ordnung im Lande herrscht, der Rottfuhrmann hält sich deswegen an die alte Gewohnheit. Da ist es mit den Flößern auf einem wilden, stets sein Bett verändernden Bergstrom, wie die Isar, anders. Die stündliche Gefahr, die unumgänglich nötige, stete Aufmerksamkeit auf Fahrwasser und Fahrzeug wirkt von selbst auf diese Menschen beunruhigend und hält deren Nerven in steter Spannung. Das macht sie fähig, ihre Tatkraft in Handlungen, die der Augenblick fordert, zu stählen. Sie leben in oft wechselnder Umgebung; die rasch gleitenden Wellen tragen sie zu Tale; Veränderlich wie der Untergrund ihrer Flüsse wird auch ihr Sinn, und die Unternehmungslust bildet nach und nach einen Bruchteil ihres ganzen Wesens.

Der Kriener hielt den Augenblick für gekommen, an dem er mit seinem Vorhaben herausrücken konnte. „Weißt", sagte er: „Weißt, die Zeit'n sind halt all's zu schlecht. Es ist kein Verdienst mehr beim G'schäft; die Lebsucht ist zu teuer."

„No, no," meinte den Kopf schüttelnd der Rottmeister: „No, no, wenn einer seiner Sach nachgeht, braucht er immer noch net zu verhungern."

„Verhungern!" brauste der andere auf. „Braucht's es denn, daß man's an's Verhungern kommen laßt? Dafür hat man ein Maul und Arm und Füß, daß man sich noch rührt, eh's soweit kommt. Da dran ist's aber jetzt; deswegen muß was g'schehen und zwar bald, so lang sich noch die Kaufherrn aus Italien und aus Deutschland in Mittenwald aufhalten. Gered't muß werd'n und zwar scharf, sonst schlaunt's net[1]. Die Händ vor die Aug'n halt'n und ein g'horsamen Diener machen, dös langt net. Was allenfalls einer sagt, der Geld im Kasten hat und Feld und Wald grad g'nug, dös gilt net für die armen Teuf'l, die nix haben als ihr notiges Durchkommen." Der Floßmeister war aufgesprungen und ging erregt in der Stube auf und nieder. Dann blieb er plötzlich vor dem alten Neuner stehen, der ihn

[1] sonst bewegt sich nichts, schlaunen: von statten gehen, eilen

ruhig, aber mit sehr ernsten Blicken betrachtete. „So ist's, sag ich dir, und da beißt die Maus kein Fad'n ab. Was sagst denn du dazu?"

Nun stand auch der Rottmeister auf und stützte sich mit beiden Fäusten auf den schweren, blank gebohnten Eichentisch. „Hast du vielleicht mich g'meint, wie du von denen gered't hast, die die Augen zudrucken und den g'horsamen Diener machen?"

Es zeigte sich etwas wie Verlegenheit aus dem wetterzerrissenen Gesichte des Floßmeisters, der fühlte, daß er in seinem Eifer wohl etwas zu weit gegangen war und deswegen eine abwehrende Bewegung machte.

„Sei's wie's will," fuhr der Rottmeister fort, „ich will dir Red und Antwort steh'n und du sollst mir net nachsagen, daß ich hinterm Berg halt. Wo du 'naus willst, ist leicht zum sehen. Du und die zu dir halten und meinetwegen auch eine Anzahl von die Rottfuhrleut' haben net mehr und net weniger vor, als daß die Floß- und die Rottgebühr erhöht werden soll."

„Ja, ja, dös woll'n wir und damit hat's auch seine Richtigkeit," schrie lebhaft der Kriener.

„Dös ist noch lang net ausg'macht, daß es seine Richtigkeit hat," warf der Rottmeister ein.

„So! Warum etwa net? Traust uns vielleicht net die Schneid zu, daß wir die Welschen und die Nürnberger und Augsburger Pfeffersäck richtig dazwischen nehmen!"

Neuner zuckte die Achseln. „Dös ist 'was, wo's grad weniger auf die Schneid, als auf das gute Recht ankommt."

„Das gute Recht!" lachte der Kriener höhnisch. „Wir sagen, es kost' soundso viel und damit ist's aus. Wem's net paßt, der kann sich seine War auf dem Buckl selber über die Grenz trag'n."

„Halb so scharf, alter Freund!" suchte der Rottmeister zu beruhigen. „Versteh' mich net falsch. Ich wär der Erst', der den Vorteil wahrnehmen tät, wenn die richtige Zeit dafür da wär. Aber jetzt? Nein. Wenn wir uns ins eigene Fleisch schneiden woll'n, schlagen wir auf und machen die Kaufleut kopfscheu."

„A bah!" stieß wegwerfend und zornig der Kriener heraus. „Laß mich ruhig reden und wenn ich fertig bin, magst mich Lugen strafen," verwies der Neuner. „Dir wie mir ist net unbekannt, daß es ab und zu nötig worden ist, die Gebühren für die Flößerei, den Rottlohn und das Niederlaggeld zu erhöhen."

„Alte G'schichten! Alte G'schichten! Unsere Vorvorderen haben in ihrer Zeit getan, was sie für gut und recht g'halten haben und wir tuns in unserer," warf der Floßmeister heftig ein.

„Dös war so und wird so bleiben," fuhr der Neuner ruhig weiter. „Anno 1490 ist's zum erstenmal probiert worden. Dann weiter um 1533. Anno 1574 ist's zum andernmal kommen; um 1597 haben wir uns mit den Partenkirchnern und Garmischern zusammentan und es ist durchg'setzt worden; als man g'schrieben hat 1606, ist der Rottlohn erhöht und das Niederlaggeld verdoppelt worden und selbigesmal hab'n wir die Rott- und Floßordnung eing'schworen und Seiner fürstbischöflichen Gnaden in Freising, unser Landesherr, hat die Satzung bestätigt."

Der Floßmeister wollte etwas erwidern, doch der Alte fuhr ihm in die Rede.

„Ich weiß, was du sagen willst, aber hör' mich jetzt zu End: Ist der Krieg vergessen, der ganze dreißig Jahr, ein End zum andern, das Land durchtobt hat? Da haben sie uns den Brotkorb hoch g'hängt, aber doch net so hoch wie draußen im Reich, so daß wir noch zu rechter Zeit haben 'neinlangen können, um den Hunger vom Haus zu halten.

Dös war die erste Lehr', die uns der Herrgott geben hat, weil unsere Bäum' ang'fangen haben, in den Himmel zu wachsen.

Und jetzt kommt das Zweit': Wer Augen im Kopf hat, der kann net blind dafür sein, was der Bischof in Augsburg im Schild führt."

„Ach was, der Pfaff'!" schrie Kriener und trat ungeduldig und verlegen von einem Fuß auf den anderen; denn so ganz konnte er sich den ruhigen Erwägungen des Freundes nicht verschließen. Aber Nachgeben bedeutete das ganz und gar nicht; es war ihm nur unbequem, bei diesem auf einen so gut ausgedachten Widerstand zu stoßen.

„Der Pfaff'! Nun der Pfaff kann's fertig bringen, daß die Güter über seine Stadt Füssen nach Reutte im Tirol und von dort über den Fernstein und Finsterminz gehen."

„Dös bringt er net fertig! Der bessere und nähere Weg ist der unserige und teuerer wirds für dort, auch wenn wir hier noch d'raufschlagen."

„So, meinst du! Ich will den Teufel net an die Wand malen, aber unmöglich ist's net, daß er die Fracht so verbilligt, daß die Kaufleut dort ihren Profit sehen. Und der Profit ist ihr Herrgott, dös solltest doch schon lang wiss'n."

„Dös g'schieht net, dös kann er net!"

„Und wenn er's doch tut, wenn's ihm d'rauf ankommt, für den Anfang lieber weniger Silber- und Goldgulden im Beutl klappern zu hör'n, als daß 's ganz leer d'rin ist! Die hohen Herrn brauch'n Geld, und warum soll'n sie 's net von der Rottstraß aufheben, wenn's offen daliegt! Ist denn schon ganz vergessen, daß die Venediger 1606 gedroht hab'n, daß der Markt wieder nach Bozen kommt, wo er eh' war, wenn wir wieder ein Verlangen stellen? Könnt alle Tag von ihnen hören, daß ihnen der Weg nach Mittenwald zu weit wird. Und dös sagt net einer, dös sagen alle. Es braucht nur ein' Anstoß, so ist das Unglück für uns fertig. Denn daß es ein Unglück für den Ort ist, wenn man uns den Markt nimmt, darüber brauch ich net weiter ein Wort zu verlier'n."

Auf die Stirne des Rottmeisters legte sich tiefer Ernst, seine Stimme hatte bei den letzten Worten gezittert. Vorausschauend sah er für Mittenwald eine böse Zeit anbrechen. Man befand sich in einem behäbigen Wohlstand; einen wirklich Armen gab es nicht. Die Rottfuhr und die Flößerei hatte viel blankes Geld in den Ort gebracht und die meisten verlernten dabei die eigentliche Arbeit. Außerdem hatten sich eine Anzahl von Gewerben gebildet, die ihr gutes Fortkommen durch die vielen Fremden fanden. Der Zwischenhandel, den meist die verachteten Juden betrieben, stand in bester Entwicklung. Was soll mit all diesen Menschen werden, wenn ihnen der Markt, der Nährboden ihres Daseins, genommen wird?

Diese Gedanken stürmten mächtig auf den alten Mann ein und festigten sein Pflichtgefühl, das ihm gebot, sich mit aller Macht dagegen zu stemmen, daß etwas geschieht, was seiner Heimat zum Unglück gereichen kann.

Sein Blick fiel dabei auf den Floßmeister, der mit trotzig zusammengekniffenen Lippen, mit zu Boden gesenkten Blicken, den Kopf halb zur Seite gewendet, bei verschränkten Armen am Tische lehnte. In dessen Mienen sprach sich die Energie des Eigensinnes aus; man sah es ihm an, daß er einen Gedanken, den er einmal durchzuführen beschlossen hatte, mit allen ihm zu Gebote stehenden Kräften durchdrücken wird, gleichgültig für alles, das rechts und links davon zusammenbrechen könnte. Ja, so kannte Neuner seinen Freund Kriener, der in kurzer Zeit ihm so nahe verwandt werden würde. Es war nicht das erstemal, daß sich die Kriener und die Neuner verschwägerten. Gehörten sie doch beide zu den angesehensten Geschlechtern des Marktes, waren Schöffen, saßen im Rate, trieben gut gehende Geschäfte oder standen an den Spitzen der Innungen und Zünfte. Das bringt zu Ansehen; so ein Mann bekommt ganz von selbst einen Anhang, der ohne weiteres Bedenken und Nachdenken dessen Leitung folgt und seinen Einflüssen willig zugänglich ist. Wenn sich also der Floßmeister die Erhöhung der Floß- und Rottgebühren in den Kopf gesetzt hatte, so war dies schon in ihren Anfängen eine gefährliche Sache. Seine lebhafte, mitteilsame Art erlaubt ihm nicht, mit einem vollendeten Projekte herauszukommen. Nein, so wie er ist, bringt er schon den ersten, noch unausgearbeiteten Gedanken unter die Leute, erregt ganz ohne es zu wollen Unruhe und erweckt Hoffnungen, die sich möglicherweise nicht in die Wirklichkeit übertragen lassen. Darüber wollte sich der alte Neuner klar werden, denn die Zurückgezogenheit, in der er lebte, wenn er sich nicht auf der Rott befand, war nicht günstig, um ihm über solche Dinge einen Überblick gewinnen zu lassen. Er ging ans das Ziel los und frug:

„Ist das, was du mir sagst, bislang nur in deinem Kopf g'wachsen, als deine eigenen Gedanken oder hast es schon unter die Leut' bracht?"

Der Floßmeister wendet sich ihm rasch zu; diese Frage war ihm unangenehm. Die Augen des Fragenden ruhten so fest und scharf auf ihm, daß er an keine Winkelzüge denken konnte. Was brauchte er sich auch zu scheuen? Ebensogut als von ihm, hätte der Anstoß zu den beabsichtigten Änderungen auch von Neuner ausgehen können.

„Dös ist doch natürlich!" rief er trotzig. „Geht die Sach mich alleinig an, oder trifft's net ein jeden? Da gibt's doch keine Heimlichkeiten! Alle sind's meiner Ansicht, alle. Dene Pfeffersäck soll's zeigt werden, wo der Bartl den Most holt. Warum soll'n wir nebenaushest'n müssen, wenn sie sich die Taschen mit Silber und Gold anstopfen? Wir wollen auch was davon haben; das g'hört uns von Gott und Rechts wegen."

„Du sagst: Alle sind deiner Ansicht. Da meinst du natürlich deine Innungsbrüder, die Flößer," frug der Rottmeister, nicht ohne daß seine Stimme eine gewisse Unruhe erkennen ließ.

„Nein, auch die Rottleut", entgegnete schroff und abweisend, als wenn er dem anderen dadurch verbieten wollte, eine genauere Nachfrage zu halten, der alte Kriener.

Eine lange, bange Pause entstand, in der nichts zu vernehmen war, als der tickende, knarrende Gang der hölzernen Uhr, welche als oft angestauntes Kunstwerk der Rottmeister von einem Händler, der bis aus dem Schwarzwald gekommen war, um teueres Geld erstanden hatte.

Heute zum ersten Male war ihm dieses eintönige Ticktack des Werkes peinlich. Es erinnerte ihn daran, daß die schönsten Stunden für den Heimatort, menschlichem Ermessen nach, bereits abgelaufen waren und die Zeit, die sich künftig dort auf dem rohbemalten Zifferblatt in ihren Minuten und Stunden ablesen lassen wird, keine gute sein wird. Der Anfang war bereits gemacht. Die Antwort des Floßmeisters hatte ihm gezeigt, daß die von diesem eingeleitete Bewegung bereits eine gefährliche Ausdehnung gewonnen hatte. Allen war es gesagt worden, alle wurden befragt, nur an ihn war man nicht gekommen, in begründeter Befürchtung oder Gewißheit, daß er nun und nimmer beistimmen würde.

Ein bitteres Lächeln überflog die gefurchten Züge des alten Mannes. Das ist der Dank dafür, daß er, seit mehr als zwanzig Jahren an die Spitze der Innung gestellt, mit Hand und Herz für die Interessen eines jeden einzelnen eingetreten ist. Hinter seinem Rücken war verhandelt worden! Er hatte also das Vertrauen der Mitbürger verloren; sie hatten ihm zu erkennen gegeben, daß sie ihn für einen Mann hielten, der ihrem Besten widerstrebt.

Einen Augenblick rang der Rottmeister mit dem Entschlusse, die Innung zusammenzurufen und offen zu erklären, daß er fürder nicht mehr an ihrer Spitze stehen könne. Dann besann er sich darauf, daß es vorläufig seine Pflicht sei zu bleiben und mit allen Kräften dahin zu wirken, daß das unglückselige Vorhaben entweder vermieden oder doch in eine Form gebracht würde, die nicht das Äußerste geradezu herausforderte.

Die gesunde Vernunft und die praktische Überlegung, welche er bei den meisten seiner Innungsgenossen voraussetzte, konnte doch nicht schon so getrübt sein, daß sie das Nächstliegende vollständig übersehen! Brachte er es zuwege, daß die Rottfuhrleute vorläufig auf weitere Schritte in dieser Angelegenheit verzichteten, so war das Spiel gewonnen. Die

Flößer allein konnten den Handel nicht ausmachen.

Er wendete sich deshalb mit finsterer Entschlossenheit dem Floßmeister zu, sah diesem fest in die Augen und sagte, alle Worte voll betonend:

„Veit Kriener! Wir sind miteinander alt und grau geworden und haben unser Leben in Ehren ausgetragen. Dein Sinn steht nach der Änderung, die uns Gewinn bringen soll und du behauptest, daß alle Männer beider Innungen das gleiche wollen und denken.

Ich glaub an das Gegenteil; wir müssen froh sein, wenn wir uns das Alte nicht mutwillig aus der Hand nehmen lassen. Vielleicht kommt später einmal — doch ich sag: vielleicht! — eine passendere Zeit und Gelegenheit und dann sollt ihr mich auch dazu haben können.

Jetzt aber — jetzt würd ich's fast für unehrlich halten, wollt ich, entgegen meiner Überzeugung, mit euch gehen. Ih leid's net, daß sehenden Augs das Fuhrwerk in Sumpf fahrt."

Der Floßmeister zwang sich zu einer bösen Lache. „Du kannst reden wie der Pfarrer auf der Kanzel! Aber leicht glaubt man ihm mehr wie dir. Du willst am Alten halten? G'hört da vielleicht auch dazu, daß du leid'st, daß dein ehrsams Haus zum Unterschlupf für fahrend, ehrlos Volk hergeben hast? Heh? Antwort, Rottmeister!"

Diese unerwartete, beleidigende Wendung brachte nun auch das Blut des Hans Neuner in Wallung. Seine Faust fiel schwer auf dem Tische aus und er rief:

„Hast es abg'sehen, mich zu beleidigen? In meine vier Pfähl bin ich der Herr, da laß' ich mir von niemanden was einreden. Schand g'nug für euch, daß ihr einem die Christenpflicht noch zum Vorwurf macht.“

„Bei wem ist die Schand?“ schrie der Kriener erbost. „Bei wem? Bei dir, bei deim’ Sohn, auf deim’ Haus. Du wirst schauen, wo das ’naus will! Dein Hochmut kommt auch vor’m Fall. Wenn du glaubst, es sei wie eh’, so bist irr! Früher, ja, da sind dir die Rottfuhrleut nachg’laufen, wie dem Schäfer die Hammel. Jetzt aber, jetzt geht’s aus eim’ andern Ton.“

„So lang ich Rottmeister bin –“

Der Veit Kriener lachte höhnisch. „So lang du’s noch bist! Wie lang wird dös noch sein? Höchstens bis zum nächsten Innungstag, denn Rottmeister kann nur ein — ein unbescholtener —“

Der Floßmeister hatte den Bogen zu straff gespannt; daß er den Neuner ärgern wollte, war richtig. Aber den Wutausbruch, der jetzt bei diesem erfolgte, den hatte er weder gewollt noch erwartet.

Der Rottmeister war nämlich mit einem Satz hinter dem Tische vorgesprungen, dabei einen unartikulierten Wutschrei ausstoßend. Mit beiden Händen packte er den Kriener an der Brust und schüttelte ihn so derb, daß diesem der Atem auszugehen drohte.

„Fort, fort! Kein Wort mehr, wenn dir dein Leben lieb ist,“ schrie er mit wutheiserer Stimme und drängte den aus Überraschung und Schreck Sprachlosen durch die Türe auf den Flur und von dort ins Freie.

Das war so rasch und mit solcher Kraft geschehen, daß der Kriener erst zur Besinnung kam, als ihm sein Gegner knallend die Haustüre vor der Nase zugeschlagen hatte. Dann aber kam eine wüste Schimpfflut aus seinem Munde. Mit geballten Fäusten drohte er nach dem Hause und schwor die fürchterlichsten Eide, daß er weder von dem Rottmeister, noch dessen Sohn, irgend mehr etwas wissen wolle. Für ehrlos gewordene Menschen seien die Krienerischen viel zu gut.

Der Rottmeister war in die Stube zurückgekehrt und ging mit schweren, dröhnenden Schritten auf und nieder. Seine Pulse flogen in wilder Erregung und der Schweiß stand ihm aus der Stirne. Ihn, ihn hinauszudrängen aus einer Stelle, die er seit mehr als zwanzig Jahren ehrenvoll bekleidete, sich das vorzustellen, das sich in das Gesicht sagen zu lassen, war zu viel.

Er knirschte mit den Zähnen und ballte die Fäuste.

Dann schlug er eine grelle Lache auf, weil ihm einfiel, welch ein ängstliches, erbärmlich anzusehendes Gesicht der Floßmeister gemacht hatte, als er ihn so kräftig durchschüttelte und über den Flur zur Haustüre gezerrt hatte.

Das beruhigte ihn etwas; er hatte ihnen gezeigt, daß in dem alten Neuner noch eine tüchtige Portion Kraft steckt.

Die Schritte, die die Stube durchmaßen, wurden weniger dröhnend. Es überfiel ihn eine, über den ganzen Körper sich ausbreitende Müdigkeit und er sank schwer in den alten, ledergepolsterten Stuhl.

Währenddem war es Abend geworden und die Schatten der Dämmerung senkten sich weich auf das Tal.

Der Westen überzog sich mit goldigem Tone, der von den purpurnen oder feuerig aufzuckenden Wolken über die Berggipfel hinfloß und weiter herunter den aus den Schluchten und Tälern aufsteigenden Dunst durchleuchtete.

Die Schatten in der Stube wurden tiefer und nur durch die kleinen Scheiben der Fenster fielen zuckende, helle Strahlen, die auf dem Fußboden rasch sich verändernde Flecken bildeten, auf welche der alte Mann mit finsteren Blicken starrte und deren Wandlungen betrachtete.

Die Erschlaffung, die ihn überkommen hatte, nahm auch seinem Zorn die Schärfe und damit wurde er fähiger, den Gedanken, die sich ihm aufdrängten, auf den Grund zu sehen. Je länger er nachdachte und je lebhafter er sich Personen und Umstände vorstellte, desto mehr kam er zur Überzeugung, daß das, was Kriener in seiner Wut ihm in das Gesicht schleuderte, nicht bloß der Ausdruck plötzlicher Erregung, sondern eine fast gewisse Sache war.

Der Zorn, der den alten Neuner erfüllt hatte, schlug nach und nach in eine tiefe Trauer um. Sein Schaffen für die Allgemeinheit war also ein vergebliches, sein ehrenhafter Lebenswandel kein Schild gewesen, der vor Verkennung und Kränkung schützt.

Die Tage des Marktes neigten sich ihrem Ende zu; bis dahin mußte die Angelegenheit auf eine oder die andere Art ihre Erledigung gefunden haben. Man kann ihn als Innungsmeister nicht umgehen. Dann wird er offen seine Meinung sagen, ohne Scheu, ohne Furcht. Was wird aber mit Margaret und Jörg werden? Der erboste Kriener zieht unbekümmert, ob sich die beiden lieben oder nicht, seine Einwilligung zurück. Wenn die Väter Todfeinde sind — darüber können die Kinder nicht hinwegkommen. Das wäre ja unnatürlich!

Der Alte richtete sich auf und auf seiner Stirne bildete sich eine tiefe Trotzfalte

Mag kommen was da will, er wird dem Schicksal als Mann gegenübertreten. Wer nicht auf seine Stimme hört, nun, der mag es lassen. Leider besitzt er keine Gewalt, ihnen das Gute aufzudrängen.

Die bangste Sorge bereitete ihm die Frage: Wie wird Jörg die Sache aufnehmen? Wird er dem Vater nicht zürnen oder fluchen, daß er ihm den Weg zu seinem Glück verlegt hat?

Nach langem Nachdenken entschloß sich der Rottmeister es abzuwarten.

Als er sich diesen Entschluß abgekämpft hatte, wurde er auch wieder ruhiger.

15 Sonina und Rab Golli

Auch im oberen Stockwerke des Neunerhauses war es im Laufe desselben Nachmittags außergewöhnlich lebhaft zugegangen. Sor Sporini hatte den Brief eines Venezianer Geschäftsfreundes erhalten, der ihm mitteilte, daß dessen Sohn in allernächster Zeit bei einer Reise die Route über Mittenwald nehme und hoffe, daß ihm Signor Sporini gestatten möge, den Heimweg in dessen Gemeinschaft zurückzulegen.

Das war für den alten Sporini eine bedeutende Sache, denn der Nobile, Signor Pucci, einer der bedeutendsten Großkaufleute Venedigs, ein Mann, dessen kostbar beladene Schiffe auf allen Meeren schwammen, sucht damit eine intimere Annäherung seines Sohnes, des 25 jährigen Signor Rudolfo an die schöne Signorina Sonina, herbeizuführen.

Die Angelegenheit war von seiten der beiden alten Herrn längst eingeleitet und besprochen worden. Auf der fast vierzehn Tage währenden Heimreise würden die jungen Leute Gelegenheit finden, sich näher kennen zu lernen.

Sporini teilte in freudiger Aufregung den Brief seiner Tochter mit, war aber höchlichst erstaunt, als diese ihm sofort erklärte, von dem jungen Pucci, der ein nach jeder Richtung verabscheuenswerter Mensch sei, nichts wissen zu wollen. Er möge reisen mit wem es ihm beliebe, nur wolle er fern von ihr bleiben.

Der alte Venezianer glaubte kaum seinen Ohren trauen zu dürfen. Was war in das Mädchen gefahren? Einen Pucci weist man nicht mit nichtssagenden Gründen ab. Außerdem war es auch für Sonina eine abgemachte Sache von früher her.

Er selbst gehörte zwar auch einer alten Familie an, die Pucci hatten aber ein unzweifelhaft glänzenderes Herkommen, hatten der meerumgürteten Venezia schon einige berühmte Dogen gegeben und führten deshalb mit Stolz die Kappa[1] im Wappen.

Und, wann war es erhört unter den guten Familien Venezias, daß sich ein Mädchen gegen eine väterliche Heiratsbestimmung gesträubt hätte? Das sind Launen, nichts als gänzlich unbegründete Launen, die nicht weiter zu beachten sind.

Signor Sporini hielt gegenüber Sonina nicht mit seiner Meinung hinter dem Berge, aber erreichte nur, daß sich diese noch abweisender und eigensinniger gebärdete.

Nun wurde ihm die Sache aber doch bedenklich. Er wollte seiner Tochter auch einmal den strengen Vater zeigen und verschwor sich, daß sein Wille geschehen müsse, oder! — er würde sie in ein Kloster stecken.

Sonina antwortete ihm mit einem nervösen Hohnlachen, das ihn ganz aus der Fassung brachte. Dann trat sie fest vor den kränklichen, alten Mann hin, dem die Aufregung den ganzen Leib erbeben machte und rief ihm zu:

„Ich bin dir eine gehorsame Tochter gewesen bis heute. Du verlangst, daß ich diesen geckenhaften, salbenduftenden, wie ein Weib in Spitzen eingewickelten Signor Rudolfo, den intimen Freund aller liederlichen Dirnen, die sich in Venedig herumtreiben, heiraten soll. Diesem Raufbold, diesem Wüstling willst du deine Tochter in die Arme werfen, nur damit Geld bei Geld, eine Kaufmannsfirma bei der andern bleibt! Vater, sehenden Auges willst du das an mir tun?“

---

[1]Der Doge als Herrscher Venedigs trug die Corno Ducale (Dogenmütze), Geschlechter die Dogen stellten, führten das Symbol oft im Wappen.

„Das sind Flausen, das sind überspannte Anschauungen!" warf heftig der alte Italiener ein. „Willst du dem Rudolfo etwa vorwerfen, daß er, ebenso wie seine Alters- und Standesgenossen, sein Leben genießt? Was kümmert das dich! Wenn er heiratet, wird er vernünftig werden. Reize mich nicht, Mädchen! Bei den heiligen Frauen auf Murano[2], wohin ich dich sofort führen werde, wenn wir nach Venedig zurückkommen und du dich bis dahin nicht anders besonnen hast, wirst du Zeit finden, vernünftig zu werden!"

„Das wirst du nicht tun, Vater! Denn ich schwöre dir bei der heiligen Jungfrau Maria della salute[3], daß ich eher in das Meer springe, als daß ich mich hinter die Klostermauern von Murano sperren lasse."

In zitternder Aufregung hatte das Sonina hervorgebracht. Der Alte tobte, beschuldigte sie des groben Undankes, machte sie verantwortlich dafür, wenn aus der Feindschaft, die in einem solchen Falle zwischen den Pucci und Sonini entstehen müsse, Schaden und Unglück über das Haus käme. Schließlich warf er ihr vor, daß sie sicher ihm etwas verschweige; daß sie gewiß schon eigenmächtig eine Wahl getroffen habe, die er weder billigen könne noch billigen wolle.

Sonina war auf das tiefste gekränkt. Sic hatte zwar bisher, in ihrem koketten Sinn, oberflächlichen Gefallen an so manchem glänzenden Kavalier ihrer Kreise gefunden, keiner aber

[2] Heute ist Murano vor allem für die Glasherstellung bekannt, beherbergte früher aber auch ein Kloster, welches vor allem von Frauen aus adligen Häusern bewohnt wurde.

[3] Maria della Salute ist eine Votivkirche Vendigs und 1630 im Angesicht der Pest geplant und 1687 geweiht wurde.

konnte sich einer Bevorzugung rühmen. Sie wußte auch, daß der Vater imstande war, die Drohung, sie ins Kloster zu stecken, wahr zu machen, hatte er das doch bereits der leiblichen Schwester angetan, die bei ihrer Verheiratung einen eigenen Willen zeigen wollte. Das eheliche Leben des alten Sporini war kein ungetrübtes gewesen. Dessen früh verstorbenes, schönes, etwas genußsüchtige Weib, mochte viel von ihm und er von ihr zu leiden gehabt haben. Die einsam zurückgebliebene kleine Sonina wuchs heran als Liebling des Vaters, den er zuzeiten ebenso verzog und mit Gunst und Glanz überschüttete, als auch oft ungerecht und hart behandelte. Auf solchem Boden wächst die wahre Liebe nicht.

Was kümmerten sie die Handelsverbindungen zwischen den Sporini und Pucci, denen sie geopfert werden sollte. Selbst ein Enterben hatte Sonina nicht zu fürchten, da ihr die Mutter ein bedeutendes Vermögen hinterlassen hatte, das ihr der Vater nicht entziehen konnte. Sie hatte den festen Entschluß gefaßt, sich niemals einen Zwang antun zu lassen und lieber zu sterben, als sich mit dem ihr verhaßten jungen Pucci zu vermählen.

Es war eine fiebernde Unruhe über sie gekommen, die ihr ganzes Gemütsleben in eine neue, bisher fremde Spannung versetzte. Dadurch, daß sie nun die Reise fürchtete, gewann die Gegenwart und mit dieser der Aufenthalt in Mittenwald, einen neuen Reiz für sie. Die Gesundheitsverhältnisse des alten Sporini hatten sich zwar gebessert, allein er war genötigt, die Stube zu hüten. Der ungenügende Raum, der ihm zur Verfügung stand, brachte es mit sich, daß er mit seiner Tochter in häufige Berührung kommen mußte, was seine und deren Laune nicht verbesserte. Sonina hielt sich deshalb oft im Freien auf. In dem

Baumgarten hinter dem Neunerschen Anwesen verbrachte sie viele Stunden, indem sie dort auf der venezianischen Mandoline spielte oder an einer künstlichen Stickerei mit Perlen und Goldfäden arbeitete.

Es war einige Tage nach ihrer stürmischen Aussprache mit dem Vater, als Sonina wieder die ländliche Laube im Baumgarten aufsuchte. Die sie begleitende Zofe, deren Geschwätz sie langweilte, schickte sie wieder in das Haus zurück. Der feinen Arbeit und der Mandoline konnte sie heute keinen Geschmack abgewinnen. In träumender Müdigkeit sah sie dem tanzenden Volke der Mücken zu, oder ihre Augen verfolgten das Gaukeln eines Schmetterlings, der naschend von einer Blüte zur anderen flog. Diese Bewegungslosigkeit, der sie sich hingab, verführte einen der bunten Falter, sich auf ihre weiße Hand zu setzen, die über die Lehne des Stuhles herabhing. Mit gesteigerter Aufmerksamkeit verfolgte sie alle Lebensäußerungen des schönen Insektes, das die feinen Fühlhörner tastend nach allen Seiten streckte, sich den Saugrüssel zierlich mit den vorderen Füßen putzte, die schimmernden Flügel zuerst ganz ausbreitete, dann wiederholt aus- und zuklappte, um sie schließlich ganz geschlossen zu halten.

Dabei überhörte sie, daß sich ungleiche Schritte der Laube nahten. Zu Soninas Verwunderung fiel auf ihre Hand, die ganz von der Sonne beschienen war, ein dunkler Schatten.

Die Italienerin sah rasch zur Seite. Da blieb ihr Blick auf der Gestalt des Seiltänzers haften, der in dem Eingang der Laube stand.

Auch dieser schien über die unvermutete Begegnung Überraschung zu empfinden, denn er schwieg und starrte mit erstaunten Augen das schöne Mädchen an.

Rab Golli gehörte jedoch nicht zu denen, die sich verblüffen lassen, sondern legte die Linke — die Rechte hielt einen Stock, auf den er sich stützte — auf die Brust, neigte das edelgeformte Haupt und sagte mit halblauter, weicher Stimme: „Verzeiht mir, edle Signorina. Wenn ich gewußt hätte, daß Ihr Euch hier befindet, hätte ich nicht gewagt, Euch durch meinen unwürdigen Anblick zu stören."

Er verneigte sich ein zweitesmal, dann wollte er eine — vielleicht zu rasche Wendung machen — knickte aber fast zusammen und stieß dabei einen unterdrückten Schmerzensschrei aus.

Sonina fuhr erschreckt empor.

„Was ist Euch, Rab Golli?" rief sie und machte eine Bewegung, als ob sie dem Manne zu Hilfe eilen wollte.

Dieser wendete ihr sein bleich gewordenes Gesicht zu, versuchte zu lächeln und entgegnete mit matter Stimme, der man das mühsam unterdrückte Schmerzgefühl anhörte: „Nichts, gnädige Signorina. Nichts. Ich habe mir nur vielleicht etwas zu viel zugetraut. Es ist eben heute das erstemal, daß ich —"

Wieder schien es mit übermächtigen Schmerzen über ihn zu kommen. Er würde zweifellos aus Schwäche zu Boden gestürzt sein, wenn ihm nicht die Italienerin beigesprungen wäre und ihn nach der Bank in der Laube mehr geschleppt als geleitet hätte.

Da saß er, hochatmend, mit Schweißperlen auf der Stirne, seinen Blick mit dankbarem Ausdruck auf das schöne Mädchen heftend.

„Dank edle Signorina!“ stammelte Rab Golli, sich verneigend, wobei ihm eine heiße Blutwelle in das von den Leidenstagen vergeistigte Gesicht schoß.

Auch Sonina konnte sich einer augenblicklichen Verlegenheit nicht erwehren, denn der Mann vor ihr war und sprach so ganz anders, als man gewohnt war, fahrende Leute zu sehen und zu hören.

Die einfache, schwarze spanische Tracht, die er angelegt hatte, das breite Barett mit der aufgesteckten Adlerfeder, das aus seinem mit schwarzen Haaren bedeckten Kopfe saß, gab ihm ein vornehmes Aussehen.

Sonina wollte sich erheben und ihm die Laube überlassen. Dann kam ihr aber der Gedanke, daß ihn dies beleidigen oder unzart an seine niedere Stellung erinnern möchte, und sie unterließ es.

Um etwas zu reden, frug sie um die Gründe, die den bösen Unfall herbeigeführt hatten.

Er sah sie erschreckt an, wechselte die Farbe und geriet in sichtliche Unruhe. Dann neigte er den Kopf, schlug den Blick zur Erde und antwortete unsicher: „Das kann leicht so kommen, edle Signorina. Hoch da oben muß man alle seine Gedanken auf das lenken, was man treibt. Einen Augenblick der Unterlassung und — und es ist geschehen.“

„Das will heißen,“ forschte Sonina weiter, deren Neugierde die zurückhaltende Art des Mannes reizte, „daß Ihr dazumal diese Regel außer Acht gelassen habt. Offen gesagt: das wundert mich, da Ihr doch die Gefahr genau kanntet.“

Rab Golli gab keine Antwort, sondern zog krause Linien mit seiner Stockspitze in den Sand.

Nun verließ sie das Thema unter der Annahme, daß es seinen Künstlerstolz kränke, einen gemachten Fehler berührt zu sehen.

„Euch ist wohl viel abgegangen in den Tagen Eurer Krankheit?“ frug sie.

Der Seiltänzer schüttelte leicht den Kopf. „Mit nichten, edle Signorina. Treue Herzen und besorgt helfende Hände haben mir nichts abgehen lassen. Als ich erst das Fieber und das Phantasieren hinter mir und die größten Schmerzen mich verlassen hatten, besserte sich meine Gesundheit unvermutet rasch. Heute wagte ich mich ins Freie, würde es aber hart gebüßt haben, wenn Ihr Euch meiner nicht so gütig angenommen hättet.“

Sonina nickte mit dem Kopfe. Sie hatte das unbestimmte Gefühl, als ob der Mann ihr nicht alles gesagt hätte. Klaus Hornnebel war der eigentliche Pfleger gewesen. Warum mußte ihr in diesem Augenblick der Gedanke an den nächtlichen Besuch durch den Kopf schießen?

„Hat Euch nur der Pfeiferkönig gepflegt? Habt Ihr kein weibliches Wesen um Euch gehabt, die Euch in den Stunden der Fiebernot beistand?“ fragte sie lauernd.

Der Seiltänzer verneinte mit dem Hinweise, daß er acht Tage vollständig bewußtlos war und sich aus dieser Zeit nicht das Geringste erinnern könne. Als er wieder Herr seiner Sinne geworden, war die Besserung seiner zerschlagenen Glieder bereits soweit vorgeschritten, daß er einer eigentlichen Pflege kaum mehr bedurfte und die weitere Heilung nur von der Ruhe abhing, der er sich hingeben durfte.

„Das ist sonderbar!“ sagte interessiert und mit einem ungläubigen Ausdrucke im Gesichte die Italienerin, die sich mit der gewordenen Antwort nicht begnügte und fortfuhr:

„Das ist sonderbar! Ich meinte doch vor vier — nein, sechs Tagen — in den frühesten Morgenstunden ein weibliches Geschöpf gesehen zu haben, das sich durch das kleine Hoftor nach dem Hinterhause begab. Was mochte die wohl hier zu suchen haben, wenn sie nicht zu Euch kam?"

Der Seiltänzer schaute verwundert auf. „Was sagt Ihr, edle Signorina? Vor sechs Tagen sagt Ihr! Vor sechs Tagen lag ich noch bewußtlos auf dem Lager. Erst seit fünf Tagen kenne ich meine Umgebung wieder und in diesen fünf Tagen ist niemand zu mir gekommen," fügte er traurig hinzu.

Die Frage Soninas hatte einen schmerzlichen Ideengang in seinem Kopfe ausgelöst. Jene eifersüchtige Regung, die zum Grunde seines Unfalles wurde, hatte ihn, seitdem seine Gedanken wieder klar liefen, unausgesetzt gequält.

Er hatte Mita wirklich nicht gesehen; diese hatte sich nur um ihn befunden, so lange er bewußtlos gelegen hatte. Bei den ersten Anzeichen, daß sich das ändern würde, zog sich das Mädchen zurück. Klaus Hornnebel ließ nie eine Bemerkung fallen. Trotz der nagenden Eifersucht wäre es sein sehnlichster Wunsch gewesen, das Mädchen wieder zu sehen und er fing an, es ihr schwer zu verdenken, daß dies bis heute noch nicht der Fall gewesen war. Gerade diese Unruhe hatte ihn vorzeitig aus dem Krankenbette getrieben. Er wollte gesund werden, mit Gewalt gesund, um endlich klar zu sehen.

Und nun warf die Italienerin, die allem so ferne stand, mit einem Male einen mächtigen Zweifel in seine Seele! Wäre es nicht doch möglich, daß sich Mita, so lange er bewußtlos lag, zu ihm geschlichen hätte? War das ein Zeichen der Reue, ihrer Schuld, oder bedeutete es, daß sie sich vollständig unschuldig fühlte und um ihn zu schonen, den Augenblick der notwendigen Auseinandersetzung noch nicht für gekommen hielt?

Die Art, wie Rab Golli eine Verbindung mit der Wahrsagerin abwies, schien glaubwürdig. Sonina war aber dadurch doch nicht vollkommen zufriedengestellt, da sich die Überzeugung in ihr kräftigte, daß der nächtliche Besuch nun doch dem Jörg Neuner gegolten hatte. Sie unterließ es, weitere, darauf bezügliche Fragen zu stellen, erkundigte sich aber mit steigendem Interesse nach dem Herkommen und der Jugend des fahrenden Mannes. Er erzählte getreulich, was ihm von Klaus Hornnebel überliefert und seine späteren Erlebnisse, die von sehr wechselvoller Art waren.

Von seinen Beziehungen zu Mita schwieg er. Er hatte die Empfindung, als wenn es in diesen Augenblicken nicht am Platze sei, von dieser zu reden.

Die Italienerin hörte ihm aufmerksam zu. Manchmal, wenn er besonders lebhaft in seinem Vortrage wurde, blitzten ihn ihre schwarzen Augen so heiß und feuerig an, daß er die seinen einen Augenblick zur Seite wendete und in eine leichte Verwirrung geriet.

Bei der Erzählung seiner Auffindung auf dem Grabe der toten Mutter fand das Gegenteil statt. Da sah er eine Träne in ihren Augen blinken und langsam über die Wangen herabrollen. Sie schämte sich auch nicht dieser Rührung und lächelte ihm weich und ermunternd zu, in seinen Darstellungen fortzufahren.

Es war nun schon ziemlich spät gegen Mittag geworden und Sonina schickte sich an, die Laube zu verlassen. Sie erhob sich, das gleiche tat auch Rab Golli.

Unschwer war zu erkennen, daß ihm diese Bewegung und die paar Schritte, die er zur Seite trat, um dem Mädchen den vollen Raum zu geben, sehr viel Schmerzen bereiten mußte, denn er erbleichte und seine Lippen fingen an zu vibrieren.

Da war es wieder das Mitleid, das Sonina gegenüber dieser Unbehilflichkeit und Schwäche des jungen Mannes, allen ihren sonstigen Stolz vergessen ließ. Sie trat ihm lächelnd näher und sagte mit einer bezaubernden Liebenswürdigkeit, die ihrem ganzen Wesen einen unwiderstehlichen Reiz verlieh:

„Stützt Euch ungescheut auf meinen Arm, Rab Golli. Es sind nur wenig Schritte bis dort nach der Türe. Ich will Euch mit Freuden etwas dabei helfen. Wenn Ihr auch den Willen habt, gesund und kräftig zu sein: Ihr seid aber noch etwas zu früh von Euerem Leidenslager ausgestanden. Kommt also!“

Mit weitaufgerissenen Augen, staunend wie über etwas ganz Undenkbares, starrte Rab Golli sie an. Er glaubte nicht recht gehört zu haben. Ihm, dem Ausgestoßenen, dem fahrenden Manne, bot diese vornehme junge Dame ihren Arm zur Stütze!

Er fühlte es heiß und kalt in sich aussteigen, wie Schauer. „Nein, Signorina,“ stieß er stockend und dann leidenschaftlich werdend heraus. „Nein, verunehrt Euch nicht durch mich! Bedenkt: Ich gehöre zu den unehrlichen Leuten! Wie würden die Menschen Euere Großmut, der ich nicht würdig bin, deuten?

Dank, innigen Dank dafür, daß Ihr mich Euerer holden Rede nicht unwert gehalten habt. Ihr wißt nicht, was das heißt für einen Mann, der — allerdings mit knirschenden Zähnen — gewohnt ist, sich unter die Verachteten werfen zu lassen. Wie ein Labsal kühlenden Trunkes war es für mich, in der Feuerqual meines niederen Daseins! Laßt mich dieser Stunde mit hingebendem Dank zeit meines Lebens gedenken —"

Sonina lachte mit silberheller Stimme fröhlich auf.

„Was Ihr aus dieser rein menschlichen Regung und der unbedeutenden Kleinigkeit meiner schwachen Hilfe für Wesens macht, Rab Golli! Man merkt, daß Ihr die Schwäche des Fiebers noch nicht vollständig überwunden habt. Was kümmert es mich, was diese deutschen Bauern sagen! Wenn es nach denen gegangen wäre, lägt Ihr jetzt in dem verwahrlosten Siechenhause. Wir Italiener teilen überhaupt nicht das schroffe Vorurteil der Deutschen gegen die Angehörigen Eueres Standes. Bei uns gibt es gute und schlechte Künstler, genau wie hier. Wir rechnen sie aber nicht in ihrer Masse zum Auswurfe der Menschheit. Möglich, daß viel von solchem zwischenher läuft. Diese behandeln wir dann auch nach ihrem Unwerte. Aber wir lassen auch löbliche Ausnahmen gelten. Wenn wir das zugeben, so vergeben wir in nichts unserer Würde. Sonina Sporini weiß genau, was sie sich schuldig ist. Und nun kommt, ohne weitere Umstände zu machen und laßt Euch von mir, die heute die Stärkere ist, geleiten."

Sie streckte ihre Hand nach dem jetzt mit verklärtem Gesichte vor ihr Stehenden aus.

Rab Gollis Lippen entrang sich ein jubelnder Ausruf des innigsten Entzückens. Er ergriff die dargebotene Hand und drückte heiße Dankesküsse darauf.

Sonina war einen Augenblick von dieser plötzlichen Gefühlsaufwallung erschreckt; dann entzog sie ihm ihre Rechte mit sanfter Gewalt und wiederholte: „Kommt, Rab Golli! Kommt!"

Nun zögerte dieser keinen Augenblick mehr, die dargebotene Hilfe zu benützen.

Wortlos gingen beide durch den Garten. Er, schwer und mühsam schreitend, aber den Kopf stolz haltend und mit einem Abglanz höchsten Glückes auf dem schönen Gesichte. Sie dagegen mit gesenktem Haupte und mit dem, in ihrem Antlitze sonst so seltenen Ausdruck von Milde.

So führte Sonina den kranken Mann bis zur Türe des Hinterhauses, aus dem soeben Klaus Hornnebel, suchende Blicke um sich werfend, trat.

Bei dem Anblick, den ihm die beiden boten, preßte er sein ungemessenes Erstaunen in den Ruf: „Signorina, edle Signorina! Was tut Ihr?"

Sonina lachte kurz und etwas verlegen auf; ließ den Arm des noch immer sprachlosen Rab Golli sinken; nickte diesem und dem Alten freundlich zu und lief dann mehr als sie ging über den Hof zu der hinteren Haustüre, in der sie verschwand, ohne sich noch einmal umzusehen.

Beide hatten ihr mit heißen Augen nachgeschaut. Rab Golli mit einem Dankbarkeitsgefühl ohne gleichen; der Pfeiferkönig mit einem Erstaunen, das von Bedenklichkeit nicht frei war.

„Das ist entweder der Anfang einer neuen Zeit," murmelte er vor sich hin, „oder es sieht aus, wie ein kommendes Unglück."

Weil aber Klaus Hornnebel ein tatkräftiger Mann war, packte er den noch immer wie in einer Verzückung dastehenden Rab Golli energisch unter dem Arme und führte ihn, scheltend über den zu frühen Ausgang, über die Stiege nach der Kammer.

16 Schliche und Ränke

Im gleichen Augenblicke, als Sonina mit dem fahrenden Mann durch den Garten schritt, war Jörg, der vom Walde her möglichst ungesehen in das Haus kommen wollte, im Begriffe, den Weg durch diesen zu nehmen.

Wie angewurzelt blieb er stehen und sah starr nach den sich langsam Entfernenden.

Er brauchte ziemlich Zeit, bis er sich vollständig klar war über das, was soeben vor ihm geschah. Für sich selbst hatte er sich besonnen, dem Seiltänzer hilfreiche Hand zu leisten. Er fand das schließlich natürlich.

Daß aber diese vornehme junge Dame sich soweit herabgab, fand er unbegreiflich. Sein Mißtrauen erwachte und der Verdacht stieg in ihm auf, daß hier etwas Unrechtmäßiges, etwas außer der allgemeinen Ordnung der Dinge Liegendes mit im Spiele sein müsse.

Wie schwer sich der Seiltänzer auf seine schöne Begleiterin stützte! Und wie sich diese offenbar bemühte, ihm eine recht kräftige Hilfe zu sein!

Dieser Mensch, der vielleicht die so edle Gutmütigkeit des Mädchens und den günstigen Augenblick in der frechsten Weise ausnützt!

Jörg fühlte einen siedenden Zorn; er hätte hinspringen mögen, um den Burschen von ihrer Seite zu reißen. Da fiel ihm noch zu rechter Zeit ein, daß es ihn ganz und gar nichts angehe, was die Italienerin tat oder unterließ und er bezwang sich, die Zähne in verhaltener Wut knirschend aufeinanderbeißend.

Ein giftiger Haß gegen Rab Golli stieg in ihm aus. Der Seiltänzer mußte fort, aus dem Hause, aus ihrer Nähe, dann wird das edle Mädchen nicht mehr in die Lage kommen, sich für ihn zu erniedrigen.

Voll dieses Gedankens, trat Jörg in die untere Stube des Wohnzimmers, woselbst sich soeben sein Vater befand.

Ungesäumt rückte er mit dem Wunsche heraus, daß dem Seiltänzer bedeutet werden möchte, er solle sich wieder zu den Seinen verfügen.

Der Rottmeister blickte seinen Sohn, der die Aufregung, die ihn erfaßt hatte, nicht verbergen konnte, verwundert an. „Warum pressiert's denn jetzt auf einmal so?" frug er. Das war zwar die natürlichste Frage gegenüber der bis jetzt bewiesenen, aufopfernden Gastfreundschaft. Für Jörg aber war sie nicht leicht zu beantworten, da er zugleich die Italienerin hätte beschuldigen müssen, gegenüber dem fahrenden Mann eine unwürdige Vertraulichkeit gezeigt zu haben.

Er geriet in eine peinliche Verwirrung und entgegnete, daß man mehr als genug getan habe; daß Rab Golli hinreichend gesund sei, um zu den Seinigen zurückzukehren; daß dessen Anwesenheit im Hause überhaupt allgemein mißliebig gesehen würde und man gut daran täte, diese Angelegenheit so schnell als möglich aus der Welt zu schaffen.

„Ja warum hast ihn denn nachher ins Haus 'bracht, wenn du dich so fürchtest vor dem, was die Leut' sagen? Kommt mir g'rad so vor, als ob ich mei'm Frachtwagen das schwere Gepäck von ei'm armen Teuf'l, der vor'm Berg steht, aus Gutherzigkeit auslad', und aus Rücksicht für meine Ross' auf der halben Höh' wieder vor die Füß' werf'," entgegnete etwas unmutig der Rottmeister. „So was tut doch kein ordentlicher Fuhrmann!" schloß er kopfschüttelnd

Jörg wollte von diesen humanen Gründen nichts wissen. Zuletzt behauptete er, daß die Anwesenheit des Seiltänzers und derjenigen, die mit diesem verkehrten, höchst unangenehm für die italienischen Gäste sei.

Da lachte der alte Neuner und behauptete, daß Jörg Gespenster sehe, denn weder Sor Sporini noch dessen Tochter würden durch den kranken Mann im geringsten belästigt. Überhaupt tue er in seinem Hause, was ihm gefalle. Wenn von Belästigung gesprochen würde, so freue er sich weit mehr über die baldige Abreise der Italiener, trotz des guten Stück Geldes, das sie ihm bezahlten, als wenn der Seiltänzer die Kammer im Hinterhaus verlassen wird.

Hartnäckig und eisenkopfig wie sein Vater, versuchte es Jörg nochmals mit den bereits vorgebrachten und neu dazu gefundenen Gründen. Nun schlug aber der Alte dröhnend mit der Faust auf den Tisch, verbat sich jede weitere Einrede und behauptete, daß er sich zehnmal eher nachsagen lasse, er hätte an dem fahrenden Manne zu viel, als zu wenig getan. „Der Rab Golli bleibt da, wo er ist und zwar so lang's ihn freut und er selber glaubt ein' Nutzen davon zu haben. Und wenn dir dös net paßt, mein lieber Bub, nachher kannst ja für die Zeit, wo er noch im Haus ist, auf die Alm zieh'n und Butter und Kas machen," entschied er endlich und stand zum Zeichen, daß er mit der Unterredung und mit dieser Sache fertig sei, von seinem Sitze aus. Grollend über die Jugend von heute, die es mit der Gastfreundschaft und der christlichen Nächstenliebe zu leicht nimmt, ging er in die eigene Schlafkammer.

Jörg blieb in unangenehm zorniger Stimmung zurück. Er empfand die Niederlage sehr schwer, denn es war sonst nicht die Art seines Vaters, ihn schroff abzuweisen. Aber dieser hatte die Gewalt im Hause und dagegen war nicht anzukämpfen. Trotz lag auf seinem Gesichte, als er sich später mit den Eltern zu Tische setzte. Die Neunerin schaute zwar fragend und verwundert auf die beiden Männer, sie getraute sich aber nicht, nach der Ursache zu forschen. Der Alte dagegen war nicht unzufrieden, weil er sich bewußt war, recht gehandelt zu haben. Aber etwas anderes war ihm nicht gleichgültig. Niemals hatte er eine Anspielung darauf gemacht, daß Jörg sich in der Kirche so verhalten hatte, daß ihn die Bruderschaft überhaupt dafür zur Verantwortung ziehen und in den Bach legen konnte. Er konnte sich des Gedankens doch nicht entschlagen, daß immerhin an Jörgs Verhalten etwas zu tadeln gewesen sein mußte. Ohne allen Grund, mit leidenschaftlicher Ungerechtigkeit zu verurteilen, das vermochte er sich nicht zu denken, weil das seiner Zeit vollständig unmöglich gewesen wäre.

Jörg hatte noch keine Gelegenheit gehabt, seit dem Auftritte, den die beiden Alten miteinander gehabt hatten, sich Margaret zu nähern. Auch diese Ungewißheit empfand er, besonders in seinem jetzigen Trotzzustande, sehr schmerzlich, aber Aufklärung wollte er um jeden Preis haben. Als es Abend wurde, machte er sich auf den Weg nach dem Krienerhause, nicht ohne daß ihm das Herz etwas ängstlich schlug. Was sollte werden, wenn das Mädchen zu den Eltern hielt? Das war sehr wahrscheinlich, denn Margaret war eine gute Tochter und keineswegs zu Abenteuerlichkeiten geneigt. Als er sich dem Hause näherte, sah er alle drei auf der Steinbank vor diesem sitzen. Seine erste Empfindung war, rasch umzukehren, denn um einen erregten Auftritt mit dem heißköpfigen alten Kriener und seinem mundfertigen Weibe war es ihm keineswegs zu tun. Er hatte gehofft, sein Mädchen allein anzutreffen. Aber dann schämte er sich zurückzuweichen und trat grüßend näher. Zu seiner größten Verwunderung zeigte sich aber weder auf dem Gesichte Margarets die erwartete peinliche Verlegenheit, noch sahen ihn die beiden Alten böse an. Im Gegenteil, sie nickten freundlich, und der Floßmeister machte ihm scherzhafte Vorwürfe, daß er sich so lange nicht hatte sehen lassen. Jörg war einige Augenblicke sehr verlegen. Die freundlichen Gesichter um ihn verfehlten aber ihre Wirkung nicht und gaben ihm bald die nötige Sicherheit. Er setzte sich neben Margaret; nicht lange, so war ein lebhaftes Gespräch über die Vorgänge im Marktflecken im Gange. Mit einem schlau lächelnden Gesichte fing der alte Kriener an zu erzählen, wie er von dem Rottmeister behandelt worden war. Er tat dies zwar ohne jeden beleidigenden Ausfall, stellte aber den Vorgang so hin, als wenn der Rottmeister in seiner guten Meinung zu weit gegangen wäre und ihn dadurch überflüssig gereizt hätte.

Als der Kriener so begann, wollte Jörg die Partei seines Vaters nehmen. Da fühlte er aber den beschwichtigenden Händedruck Margarets, die seine Rechte heimlich gefaßt hatte. Er beruhigte sich und hörte ruhig zu, wie der Floßmeister des langen und breiten sein Projekt erörterte, die Floß- und Frachtgebühren zu erhöhen. Über die Bedenken seines alten Freundes lachte der Kriener und hieß ihn einen zu ehrlich, ängstlichen Menschen. Es gäbe für die Venezianer gar keine Möglichkeit, den Markt, der fast zweihundert Jahre in Mittenwald abgehalten worden war, so mit einem Male irgendwo andershin zu verlegen; das ganze kaufmännische Wesen sei darauf zugeschnitten.

Der Floßmeister sprach so eingehend und überzeugend über diese Sache, daß Jörg seinen Ausführungen immer mehr Aufmerksamkeit und Glauben zu schenken begann. Er hatte vorher noch keine besonders feste Meinung darüber gefaßt; wäre es nicht zur heutigen Auseinandersetzung gekommen, würde er sich den Ansichten seines Vaters untergeordnet haben, ohne besonders viel nachzudenken, ob diese zu Recht beständen oder nicht.

Nach dem Auftritt am Mittag aber war ein trotziger Groll in ihm entstanden, der ihn ungemein empfänglich für die Einflüsterungen seines künftigen Schwiegervaters machte.

Hätte Jörg die blitzschnellen, schlauen Seitenblicke, die der Floßmeister ab und zu auf ihn warf, gesehen, würde er vorsichtiger geworden sein. An derartiges dachte er in seiner Naivität und Ehrlichkeit nicht. Der alte Floßmeister war ein schlauer, verschlagener Kumpan, der recht wohl wußte, was er tat. Indem er sich gegen Jörg freundlich zeigte, war sein Haß, den er auf den Rottmeister geworfen hatte, keineswegs ein minderer geworden. Der junge Mann sollte ihm zur Waffe und zum Werkzeug werden, mit dem er seine Pläne bedeutend fördern konnte. Die Lage war keineswegs so, daß die ganze Innung der Rottleute auf seiner Seite stand. Es gab deren noch verschiedene, die zur Stunde in Zweifel waren, zu wem sie halten sollten. Mußte es auf diese nicht einen großen Eindruck machen, wenn er ihnen sagen konntet „Was wollt ihr denn? Seht, selbst der eigene Sohn des Rottmeisters hält nicht zu seinem Vater, weil er überzeugt ist, daß dessen Ansichten falsch sind!“

Wie wird der Alte sich wundern, aber nur machtlos schimpfen können, wenn er sehen und hören muß, daß der Jörg mit fliegenden Fahnen ins feindliche Lager übergegangen ist! So, wie der Floßmeister den Neuner kennt, wird ihm das ein wirklicher, zerschmetternder Schlag sein. Wenn diesen etwas dazu bringen kann, rasch aus seiner Stellung zu verschwinden, um sich zu Hause hinter seinem Ärger und seiner Blamage zu verkriechen, so wird es das sein. Die Sache mit der Verheiratung hat keine Eile.

Der Floßmeister will dem Jörg Neuner nicht die Türe weisen, nicht weil er befürchtet, seiner Tochter und diesem mit dem Neinsagen weh zu tun, sondern hauptsächlich deswegen, weil eben der Jörg der weitaus reichste Bursche im Marktflecken ist und die Anwesen nach Lage von Feld und Wald gar so schön zusammenpassen.

Er hat gut Komödie gespielt, als er damals heimkam und heilige Eide schwor, daß weder er noch seine Familie mit der „Neunerbande", wie er die Rottmeisters hieß, jemals mehr etwas zu tun haben wolle.

Da hatte die Margaret geweint und mit ausgehobenen Händen gebeten, ihr doch den Jörg zu lassen.

Schließlich hat er getan, als wenn er sich erweichen lassen würde und ihr gesagt, daß er nur unter der Bedingung nicht auf der sofortigen Trennung bestehe, wenn der Jörg zu ihm und nicht zu seinem Vater halte.

So leicht, als das in Wirklichkeit gegangen war, hatte Margaret es sich nicht vorgestellt. Als sich Jörg verabschiedete, wandelten beide noch eine Zeitlang in der dunklen Gasse auf und ab. Da war sie so lieb und gut und anschmiegend zu ihm, daß auch er voll überzeugt war, ein Verlust dieses Mädchens sei das größte Unglück, das ihn in seinem Leben treffen könne. Heute war es gut, daß der Mond erst später aufging. Der hätte sich baß gewundert, wie willig die Dirne ihrem Burschen die frischen Lippen zu heißen Küssen überließ —.

Im Walde war die Arbeit ausgegangen, deswegen hielt sich der Jörg jetzt länger als früher im Hause auf. Mehr als das Allernotwendigste wurde nicht gesprochen zwischen den Eltern und deren Sohn. Und wenn einmal, dann waren es hingeworfene, unwirsche Worte. Den Seiltänzer besuchte Jörg nicht mehr. Auch die Italienerin bekam er nur selten von der Entfernung zu Gesicht. Geschah es, so stieg ihm das Blut in die Wangen und er glaubte, einen gründlichen Haß gegen sie zu empfinden. Das schloß nicht aus, daß, wenn er sich ungesehen glaubte, er der leichten, graziösen Gestalt mit bewundernden Augen nachsah.

Es lag über ihm wie eine dumpfe Angst vor etwas Schwerem, das er nicht zu nennen wußte. „Wenn's nur erst wieder ruhig wäre im Orte! Wenn nur das fremde Volk schon fort wäre!" dachte er manchmal.

Dann kam ihm häufig der Gedanke: „Was bleibt? Nichts, als das ewige Einerlei — —"

Die nächsten Tage traf ihn die Rott und zwar mußte er dieses Mal mit einigen hochbepackten Wagen über Partenkirchen, Murnau, bis nach dem Städtchen Weilheim, wo er seine Fracht zu übergeben hatte.

Damit kam er um eine Beobachtung, die sein Interesse nach verschiedener Richtung erregt hätte.

Die Begegnung, die Sonina mit Rab Golli gehabt hatte, entwickelte in dieser die Neugierde, diesen eigentümlichen Mann näher kennen zu lernen. Daß er einer niederen Menschenklasse angehörte, fühlte sie nicht, wenn sie ihn ansah oder mit ihm sprach. Rab Golli hatte sich durch Beobachtung und Nachahmung zwanglos eine feine Art des Benehmens angeeignet, da ihm seine weit über den Stand hinausreichende Geistesbildung einen Widerwillen gegen das Gewöhnliche und Gemeine von selbst aufdrängte. Kurzes Zögern bereitete ihr der Gedanke, ob sie sich nichts vergeben würde, wenn sie zu derselben Zeit, wie am vergangenen Tage, wieder den Platz in der Laube einnähme.

Die drängende Neugierde überwand alle Bedenken. Sie betrat den Garten, die Laube war leer. Rab Golli saß, auf seinen Stock gestützt, in einiger Entfernung davon unter einem schattenspendenden Fruchtbaum, mit gesenktem Kopfe. So leise sich auch Sonina auf dem Grasboden weiter bewegte — er drehte sich rasch herum, stand auf, verneigte sich lange und tief wie vor einer Königin, dabei die Hand auf das pochende Herz legend.

Ein Lächeln der Befriedigung glitt über das Antlitz des Mädchens. Auch dieser leichte Triumph schien der Eitelkeit Soninas zu schmeicheln.

Sie trat näher und fing ein Gespräch mit ihm darüber an, wie er sich jetzt befinde und ob er hoffen könne, sein Geschäft bald wieder aufzunehmen.

Die Antworten Rab Gollis kamen zuerst nur stockend heraus. Bald aber hatte er die anfängliche Verlegenheit überwunden und sah ihr frei und offen ins Gesicht.

Dann veranlaßte sie ihn, sich in ihre Nähe zu setzen. Der junge Mann folgte mit größter Aufmerksamkeit den lebhaften Schilderungen, die sie von ihrer Vaterstadt entwarf und glaubte, erst wenige Minuten seien verflossen, als das Mädchen sich nach mehr als einer Stunde wieder entfernte.

Auch er hatte ihr von seinem harten, aber an Abwechslung so reichen Leben erzählt und auch sie bedauerte es, als sie wieder in das Haus zurückkehren mußte.

Am folgenden Tag war es, als ob es sich von selbst verstände, daß sich beide an dem einsamen Orte trafen. Ihre Mitteilungen nahmen einen persönlichen Charakter an. Sonina lachte darüber, wenn sie bedachte, daß sie sich schon heute auf das morgige Beisammensein mit einem fahrenden Manne freue und entschuldigte es mit der geradezu peinigenden Langeweile, die sie ausstehen müsse; dazu gesellte sich ein Ereignis, das für sie von ganz besonderer Bedeutung war.

17 Signor Pucci

Eines Abends kam der junge Signor Pucci von Augsburg her, wo er sich zuletzt bei Geschäftsfreunden seines Vaters aufgehalten hatte, mit großem Gefolge eingeritten.

Die Nachricht darüber fand natürlich sehr rasch ihren Weg in das Neunersche Haus. Signor Sporini unterließ nicht, seiner Tochter ernstlich zuzusprechen, sich bei der demnächstigen Begegnung mit dem jungen Manne vernünftig zu zeigen. Diesmal geriet Sonina nicht in Zorn, sie hörte sogar ganz ruhig an, was ihr der Vater eindringlich vorhielt.

Dieser glaubte bereits, daß sie sich willig zeigen würde und den Widerstand aufgegeben habe. Ganz glücklich darüber öffnete er eine kleine Lade und ließ ein blitzendes Geschmeide aus großen Perlen und wasserhellen Diamanten vor ihren Augen funkeln. „Das sollst du haben zum Danke, liebe Tochter, daß du dich meinen Wünschen fügst," sagte er mit freundlichem Schmunzeln und wollte die Kostbarkeit um ihren weißen Hals legen. Da war es jedoch mit ihrer erkünstelten Ruhe vorüber. Zornig schnellte sie bei der Berührung von ihrem Sitze auf, riß das Halsband aus den Händen ihres darob sehr erschrockenen Vaters und warf es in eine Ecke.

„Damit glaubst du mich belohnen und kaufen zu wollen!" rief sie mit lauter, harter Stimme. „Bin ich ein Stück Ware, das dem Geschäftsvorteil geopfert werden soll? Hast du bereits vergessen, was ich geschworen habe, wenn du mich zwingen willst, diesen mir verhaßten Menschen zu heiraten?"

Bleich und im höchsten Grade erregt, mit gefährlich funkelnden Augen wollte sich Sonina entfernen. Aber mit einem raschen Griffe hatte ihr Vater sie so fest am Arme gepackt, daß sie einen Schmerzensschrei ausstieß. „Halt," keuchte er, mit einer von Aufregung und Wut heiseren Stimme, „Halt, so haben wir zwei nicht gewettet. Weißt du was du tust? Nicht nur, daß du ungehorsam bist und mir Trotz bieten willst, was unerhört und einer Tochter aus deinem Stande ganz unwürdig ist — nein, du wirst mich auch zugrunderichten und mein geschäftlicher Ruin ist mein Tod."

Sonina lachte grell hinaus. „Ruin! Dich ruinieren, den reichen Sor Sporini ruinieren? Erzähle das jemand anderem, der es dir glaubt und nicht mir."

„Und wenn es doch so wäre" stieß er nun zitternd und gepreßt heraus. „Wenn wir die Pucci uns zu Feinden machen, so rächen sie sich an mir. Sie sind die stärksten am Platze; sie können die Preise steigen und fallen lassen, wie es ihnen gut dünkt. Was kommt es denen auf ein paarmal hunderttausend Dukaten an? Sechs Schiffe werden erwartet, vier der Pucci und zwei von mir, die von Westindien mit Gewürzen, Seidenstoffen und einer reichen Fracht von Edelsteinen und Kunstwaren unterwegs sind. Sie finden bei ihrer Ankunft in Venezia so gedrückte Preise, daß ich einfach meine Zahlungen einstellen muß. Ich kann das nicht aushalten!"

Jammernd brach der Mann auf einem Stuhle zusammen. Sonina schien dafür kein Gefühl zu haben, sie wendete sich kalt zu ihm: „Vater, du hättest früher bedenken sollen, mit wem du dich eingelassen hast. Es bestärkt mich aber nur in meinem Vorsatze, mit diesen Menschen nichts zu tun haben zu wollen. Nur um Geld handelt es sich, was ich als ein großes Glück betrachte. Meine Mutter hat mir ein Vermögen hinterlassen — nimm es, und kaufe dich und mich dadurch frei!"

„Das ist Wahnsinn!“ rief der gequälte Mann. „Ich werde die schönen, glänzenden Dukaten diesen Unersättlichen in die Zähne werfen? Wer weiß, ob sie sich überhaupt damit zufrieden geben würden!“

Sonina zuckte die Achseln. „Dafür bist du Kaufmann; du wirst das Geschäft zu machen wissen.“

„Wenn du unerbittlich bist, wenn alle Gründe der Vernunft nichts helfen, so flehe ich dich nur um eines an,“ bat der Alte mit aufgehobenen Händen, „Zwinge mich nicht, daß ich morgen den jungen Mann schroff abweisen muß. Gib mir Zeit! Lasse mich wenigstens das ‚Nein‘ in eine Form bringen, daß es nicht gleich zur tödlichen Beleidigung wird.“

Seine Tochter runzelte die Stirne.

„Es sei,“ sagte sie nachdrücklich und fest. „Signor Pucci mag morgen kommen. Ich will versuchen, ihn ohne Beleidigung so zu behandeln, daß er vielleicht freiwillig auf meine so heiß begehrte Person verzichtet.“

Das war ein Hoffnungsstrahl für den alten Sporini. Mit Tränen in den Augen wollte er nach der Hand seiner schönen Tochter greifen, aber sie entzog sie ihm und verschwand rasch durch die Türe.

Für die zwölfte Stunde hatte sich der junge Venezianer zu einem Besuche angesagt und durch seinen Reisemarschall einen freundlichen Empfang erbitten lassen.

Es läuteten die Glocken der Pfarrkirche die Mittagszeit ein, da bog der glänzende Reiterzug, den Mittenwaldern ein herrliches Schauspiel bietend, um die Ecke der Hauptstraße und zog langsam und vornehm gegen das Neuner-Haus heran.

Signor Sporini befand sich schon den ganzen Morgen in der größten Aufregung, die sich steigerte, als er wahrnahm, daß seine Tochter eine siegesgewisse Miene zeigte, aber keine Anstalten traf, den Besuchenden besonders feierlich zu empfangen. Sonina lächelte kühl und abwehrend. Sie verlangte, daß der Vater sie mit seinen Bedenken verschone, gegenüber dem jungen Signore stets auf ihre Anregungen eingehe und sich überhaupt durch nichts verblüffen lasse, was er auch hören und sehen möge. Seufzend ließ der Signore die Dinge ihren Gang gehen, da er sich ohnmächtig fühlte, sie nach seinem Willen zu führen.

Signor Pucci hatte sich vorgenommen, den Leuten etwas zu zeigen! Zwei kostbar gekleidete Diener auf guten Kleppern ritten ihm voraus, angetan mit schwerseidenen, goldbefransten Schärpen. Das Wappen der Pucci, über dem sich die Dogen-Kappa zeigte, war in Gold und mit lebhaften Farben auf der Brustseite ihrer blausamtenen Wämser eingestickt.

Nach ihnen kam auf einem stolzen, schwarzen andalusischen Hengst, der mutig seinen feurig blickenden Kopf hob und schüttelte, scourbettierte und ab und zu zu einer Langarde ansetzte, Signor Pucci. Weiße und blaue Straußenfedern wallten von dem, mit einer blitzenden Diamantagrasse geschmückten, hohen venezianischen Hut. Signor Pucci trug ein goldgesticktes Gewand aus hellkarmesinrotem Seidensamte und weißem Atlas[1]. Leicht aus dem Rücken hing der mit kunstvoller Goldkette befestigte, mit Blaufuchs umbordete kurze Tuchmantel, von der Farbe des Wamses. Die Beine staken in herabgeschlagenen, gelben Stulpstiefeln aus dem teuersten orientalischen

[1] schweres Seidengewebe, Satin.

Korduan[2].

Die Diamanten kamen aus dem sagenumwobenen Indien; die Straußfedern aus der heißen afrikanischen Wüste; die Haare, aus dem der Filz des schwarzen Hutes gemacht war, stammten aus dem Pelze des südamerikanischen Springhasen, der Chinchilla, der Samt war in den großherrlichen Fabriken zu Konstantinopel verfertigt, der Atlas in Brussa, das Manteltuch in Flandern, der Korduan wurde aus Kleinasien bezogen, der Blaufuchs aus den Regionen des Eismeers und zuletzt das Roß und dessen Geschirr aus Spanien.

Wer über solche Hilfsmittel verfügt, von dem könnte man glauben, er würde ungeteilte Bewunderung erregen. Signor Pucci erreichte auch mit einer einzigen Ausnahme seinen Zweck und das war diejenige, welcher diese glänzenden Veranstaltungen galten. So ernst für Sonina die Sache sich auch gestaltete, ihre Neugierde und Spottsucht vermochte sie nicht zurückzudrängen. Schnell eilte sie nach dem oberen Stockwerk und verbarg sich hinter einem kleinen, mit Butzenscheiben verglasten Fenster.

„Der Putz eines Papagei, die Würde eines Affen!“ sagte sie halblaut, mit verächtlichem Tone zu ihrer Zofe. „Sieh her, Michela, wie er sich aufbläht in Stolz und Selbstbewußtsein!“

„Aber Signor Rudolfo Pucci ist doch sehr reich und gehört einer der vornehmsten Familien an,“ wagte die Zofe, welcher der ganze Auszug ungemein gut gefiel, schüchtern einzuwenden.

„Gewiß!“ entgegnete Sonina spöttisch. „Und er erweist mir auch die große Gnade, mich als kostbarstes Stück seinem Be-

---

[2] aus Cordoba stammendes feines Ziegenleder

sitztum anfügen zu wollen."

„Das ist doch ein großes Glück!" meinte Michela vollkommen überzeugt.

„Und ob es ein Glück ist?" lachte die Signorina. „Schau ihn nur an, den edlen Ritter, den Beschützer aller Unschuld vom Lande, wenn er sich in Mestre befindet; den Helden des Piazza San Marco, der alle kennt, die sich dort schamhaft in Schleier hüllen; den edlen Zecher, der nie mehr trinkt, als in ihn hineingeht; den treuen Freund aller liederlichen Gesellen vom hohen Adel und aus dem reichen Kaufmannsstande; den glänzenden Mäcen aller venezianischen Bravi, die hinter dem Dome ihre Stelldichein haben und auf Aufträge warten. Schau ihn an, welch göttlicher Friede auf seinem sonst gewiß sehr ausdruckslosen Gesichte liegt!"

„Signorina!" rief die Zofe verwundert. „Was ficht Euch an? Wenn man Euch zuhört, könnte man fast auf den Gedanken kommen, daß Ihr von dem Kavalier nichts wissen wollt! Soeben hat er einen rührend heißen Blick heraufgeworfen, als ob er wüßte, daß Ihr hier hinter dem Fenster steht."

„So, hat er das?" sagte Sonina, die etwas zurückgetreten war. „Das ist ja entzückend liebenswürdig von ihm! Was ich soeben sagte, war nur Scherz. Die Wahrheit ist, daß ich mich sehne, von ihm heimgeführt zu werden."

Die Signorina betonte dies nicht ohne Grund, denn sie war überzeugt, daß über kurz oder lang die Zofe bestochen und nach ihren Äußerungen ausgeforscht werden würde.

Mittlerweile hatte Signor Sporini den Gast am Fuße der Haustreppe empfangen und nach der Stube geleitet. Draußen auf der Straße drückten sich die Neugierigen nach Hunderten um das Gefolge, das in vornehm steifer Haltung zu Roß geblieben war.

Nach einer Reihe gegenseitiger Komplimente und Begrüßungen, während welcher der alte Herr seine Sorgen und Beklemmungen stark empfand, erkundigte sich Pucci nach der Signorina und bat, ihr seinen Respekt bezeigen zu dürfen. Er habe für sie aus dem kunstreichen Nürnberg ein kleines Geschenk mitgebracht und würde sich glücklich fühlen, wenn die Signorina die unbedeutende Gabe nicht verschmähe.

Signor Sporini bekam eine merkliche Atemnot, so daß ihn der Kavalier besorgt frug, ob ihm vielleicht etwas fehle. Er redete sich auf die Hitze und die niederen Stuben hinaus und gab Auftrag, seine Tochter von der Anwesenheit und dem Wunsche des Signor Pucci in Kenntnis zu setzen.

Es würde unrichtig sein, anzunehmen, daß in diesen Augenblicken das Selbstbewußtsein des jungen Mannes ebenso groß als vor etwa einer Viertelstunde war. Sonina Sporini war in ihren Kreisen nicht sowohl wegen ihrer Schönheit, als auch wegen ihres Witzes und der großen Schlagfertigkeit bekannt, die sie gegenüber den jungen Kavalieren anzuwenden wußte. Wie wird sie sich gegen ihn benehmen?

Das Fräulein ließ nicht zu lange auf sich warten, trat ein, grüßte etwas sehr zurückhaltend und ohne das Gesicht zu einem freundlichen Lächeln zu verziehen, dann bot sie dem sich tief Verneigenden zwei Fingerspitzen ihrer Rechten, die sie sofort hastig zurückzog.

Jetzt erst blickte der junge Nobili auf, aber nur, um nachdrücklichst zu erstaunen.

Er hatte genügend Grund dazu, denn die Dame die vor ihm stand, glich nur in sehr wenigem der, die er in Venezia gekannt hatte.

Es gehört unter die besonderen Künste des weiblichen Geschlechtes sich putzen zu können, um die Reize des Körpers in das beste Licht zu stellen. Wer dazu keine Anlagen hat, erreicht natürlich das Gegenteil.

Das konnte man Sonina gewiß nicht nachsagen. Zu dieser Stunde erschien sie jedoch in einem Anzuge und Putze, der ihre schöne Persönlichkeit gründlich entstellte. Dabei war alles was sie trug, von seltenen und kostbaren Stoffen, so daß der Einwand, es sei ihr Kleid wegen zu großer Einfachheit des vornehmen Besuchers unwürdig, nicht gemacht werden konnte.

Auch auf ihres Vaters Gesicht war die größte Verwunderung und Überraschung zu lesen. Er würde eine erstaunte Bemerkung nicht haben unterdrücken können, wenn ihn nicht im entscheidenden Momente ein Ruhe gebietender Blick seiner Tochter getroffen hätte.

Sonina sagte mit einem elegischen Gesichtsausdrucke, daß sie sich unendlich freue, Signor Pucci in Mittenwald zu sehen. Es sei hier wunderschön, viel schöner und unterhaltender als in Venezia.

Dies glaubte der Kavalier bescheiden anzweifeln zu dürfen. Er könne es bis jetzt nicht finden, sondern freue sich ungemein auf die reizenden Stunden der gemeinsamen Heimreise und auf baldige Ankunft in dem unvergleichlichen Venedig, in dem er dann hoffe, daß für sie beide eine neue, wunderschöne Zeit beginnen werde.

Die Signorina antwortete auf diese sehr unzweideutige Bemerkung mit einem matten Lächeln. Nun hielt es der Kavalier an der Zeit, sein Willkommgeschenk zu überreichen. Sein Haushofmeister trat ein und überreichte ihm auf einem goldenen Teller ein rundes, schön verziertes Saffianetui[3], dem er eine wundervoll gearbeitete, mit Perlen und Edelsteinen besetzte Halskette, wie solche damals die hohen Frauen des Adels und der Geschlechter trugen, entnahm.

Nachdem sich der Diener wieder entfernt hatte, hielt Pucci eine von Umständlichkeit und Artigkeit strotzende Rede, der Sonina anscheinend gelangweilt zuhörte. Bei dem Anblick des Kleinodes glänzten ihres Vaters Augen begierig, um dann ängstlich und erwartungsvoll zwischen diesem und seiner Tochter hin und her zu irren.

Plötzlich schien sie die Geduld verloren zu haben ihm zuzuhören, denn sie langte einfach nach der Kette und ließ sie unbesehen in der Tasche ihres Kleides verschwinden. „Schön“, sagte sie. „Schön, Signor Pucci, daß Ihr an mich gedacht habt. Leider kann ich Euch nicht etwas Ähnliches dagegen schenken. Was denkt Ihr aber von dem Wetter? Glaubt Ihr, daß es noch länger so schön bleiben wird? Seht diesen Spitzenkragen kaufte ich in der Merceria!“

Als dem Kavalier das reiche Geschenk so ohne alles weitere aus der Hand genommen worden war und er sehen mußte, wie es unbetrachtet in der Kleidtasche verschwand, konnte er sich eines unterdrückten Ausrufes des Erstaunens nicht erwehren. Mit erschreckt blickenden Augen, bei weit aufgerissenem

[3]aus dem aus Marokko stammenden weichen Saffianleder

Munde, verfolgte er die Bewegungen des Mädchens. Aus dem, was sie sagte, wurde er so wenig klug, als aus dem, was sie eben getan hatte. Der Zwang der Umgangsformen und der Wunsch, sich nicht unangenehm zu zeigen, unterdrückte jedoch jede Bemerkung von seiner Seite. Pucci versuchte eine gute Miene zu machen und lächelte, als ob ihm soeben der größte Gefallen erwiesen worden wäre. Signor Sporini hatte, als er Sonina so dreist allen Gesetzen der Artigkeit spottend zugreifen sah, eine Bewegung des Entsetzens gemacht, sich aber rechtzeitig auf seine Instruktion besonnen und brach nun in einen Schwall von Lobeserhebungen über die Artigkeit und Freigebigkeit aus.

Der junge Mann suchte abzulehnen und wendete sich wieder an das Mädchen. Dieses schien seine Fragen ganz zu überhören und starrte wie geistesabwesend ins Leere.

Sehr verwundert wiederholte Pucci noch einige Male das gleiche, wobei er sich mit fragendem Blick an Sporini wandte. Dieser wußte nichts anderes zu tun, als bei möglichst geheimnisvollem Gesichtsausdrucke die Achseln zu zucken.

Plötzlich schien Sonina wieder zu sich zu kommen und strich sich, wie aus einem Traum erwachend, mit der Hand über die Stirne. „Verzeiht Signor," sagte sie matt. „Es überkommt mich oft so eigentümlich, dann verliere ich auf kurze Zeit die Empfindung der Gegenwart."

„Was ist das, was überkommt Euch, schöne Signorina?" frug jetzt wirklich erschreckt der Kavalier.

„Ihr müßt schon Geduld mit mir haben. Das ist etwas, das ich sicher von meiner armen Mutter erbte, die in jungen Jahren — Ihr wißt es schon —" hier machte Sonina eine bezeichnende Gebärde nach der Stirne. „Früher kannte ich solche Schwächen nicht; jetzt kommen sie öfter und dauern länger. Der berühmte Medikus Farani in Milano behauptet, es sei möglich, daß sich bei vollkommener Ruhe und totaler Zurückgezogenheit vom geräuschvollen Leben diese Zustände wieder bessern. Und nun gehabt Euch wohl. Kommt bald wieder, kommt schon morgen, denn ich höre Euch so gerne zu, wenn Ihr mir von den Städten des rauhen Deutschlands und den Sitten ihrer so wenig zivilisierten Bewohner erzählt. Ist es doch nirgends schöner, als an unserer blauen Adria und in dem stolzen Venezia! Ich hoffe, wir werden uns dort noch oft und viel und gerne sehen."

Mit einem leichten, liebenswürdigen Lächeln und dem artigsten Neigen des feinen Köpfchens glitt Sonina aus der Stube, die beiden bestürmt von den widerstrebendsten Gefühlen zurücklassend. Sporini wußte nun freilich genau, wo seine Tochter hinauswollte, aber er war doch höchst erstaunt über die Gewandtheit, mit der sie schauspielerte. Auf diese Weise wollte sie also herbeiführen, daß der junge Nobili freiwillig auf ihre Hand verzichtete. Geschah dies, so war ein gewaltsamer Bruch des sonst freundschaftlichen Verhältnisses vermieden.

Die zwei Männer standen sich nun allein gegenüber, der eine mit fragendem Entsetzen in den Blicken, der andere mit ernsten Stirnfalten, aber einem nur mühsam unterdrückten zufriedenen Lächeln um den faltigen Mund.

„Um aller Heiligen willen! Signor Sporini, erklärt mir diese merkwürdigen Veränderungen. Was muß ich davon denken?" rief aufgeregt der junge Kavalier. „Sie verliert das Bewußtsein der Gegenwart und wie es scheint auch die Begriffe darüber, was wertvoll oder gering ist. Tausend holländische Dukaten habe ich für die Halskette bezahlt und sie schiebt das Ding unbesehen in die Kleidtasche, als wenn es an eine Schnur gereihte Haselnüsse wären! Ei, die Signorina ist krank, offenbar sehr krank. Soll das wirklich ein Erbe Euerer seligen Gattin sein?“

Sporini wußte zwar nichts davon, daß seine Gattin geistesgestört gewesen wäre. Nachdem es aber fast zwanzig Jahre war, daß sie verblich, und nach so langer Zeit die wirkliche Todesursache sicher schon in Vergessenheit geraten war, fand er keinen Grund, den Behauptungen seiner Tochter zu widersprechen.

„Davon wußten wir doch gar nichts! Warum wurde dies verheimlicht?“ drängte ärgerlich Signor Rudolfo.

„Was wollt Ihr?“ sagte achselzuckend der Alte. „Soll man vielleicht Derartiges auf dem Piazzo San Marco verkünden lassen? Und, wer hat ahnen können, daß solche Zustände sich auch bei dem Kinde zeigen? Übrigens habe ich“ — log Sporini weiter — „einen berühmten deutschen Arzt nach diesen Krankheitsumständen befragt und dieser Mann lachte mich weidlich aus. Bei zartkonstruierten, weiblichen Geschöpfen komme solches häufig vor, wenn veränderte Lebensweise und Umgebung darauf Einwirkung bekämen. Das sei auch der Fall bei Sonina; wenn sie wieder zu Hause und in der Ruhe ist, werden die Zufälle von selbst verschwinden. Übrigens ist es auch keine ausgemachte Sache, daß meine verstorbene Frau wirklich am Gehirne litt.“

„Aber Ihr sagtet es doch vorhin und Euere Tochter behauptete es auch!“

„Ach was, Signor! Ihr kennt unsere Ärzte. Wie leicht sind diese Menschen geneigt, ihre Unwissenheit hinter einem, allen geläufigen Begriff zu verstecken. Es kann wahr sein, es kann nicht wahr sein — ich wenigstens glaube nicht daran.“

Auf diese Weise wollte Sporini seiner Tochter und sich den Rückzug sichern. Er erreichte damit auch, daß der junge Mann seine Wünsche nicht auf einmal über Bord warf, was diesem später von seinem Vater als leichtsinnige Oberflächlichkeit hätte angerechnet werden können.

Der junge Pucci entfernte sich, sehr nachdenklich geworden. Das ist ja eine unangenehme Sache, wenn dieses Mädchen jetzt auf einmal untrügliche Spuren von Geistesschwäche zeigt! Schon dessen ganzes Aussehen deutet darauf hin, daß etwas bei ihr nicht in Ordnung ist. Sie, bis jetzt das Muster der Eleganz und guten Geschmackes, war mit einer Geschmacklosigkeit gekleidet, die ihresgleichen suchte, obgleich auch wieder nicht zu verkennen war, daß Sonina sich redlich Mühe gegeben hatte, den Besucher durch die Pracht und den Wert des Anzuges zu ehren.

Wer konnte wissen wie das fortging; ob sich diese krankhaften Erscheinungen nicht ungemessen steigerten?

Eine geisteskranke Frau! Bah! Das würde ihm abgehen, sich eine solche Last aufzubürden. Wenn er es aber dennoch tun würde? Kann man dem armen Geschöpfe nicht eine ruhige Ecke in dem weitläufigen Palazzo Pucci anweisen, so gibt es andere stille Orte, zum Beispiel vornehme Frauenklöster, die gegen reichen Entgelt der Kranken ihre Pforten öffnen. Unbehindert wie vorher, könnte er das gewohnte lustige Leben fortführen; ja, gegen eine, etwa von seinem Vater verlangte Trennung, würde er Widerstand leisten.

Bis Signor Rudolfo an seiner Herberge „zum goldenen Hirschen" ankam, hatte er durch solche Erwägungen die anfänglichen Bedenken gegen eine Heirat mit einem etwas geistesgestörten Mädchen fast gänzlich überwunden. Einen Widerstand hatte er nicht wahrgenommen und die Enttäuschung bezüglich des Geschenkes mußte er eben verschmerzen. Ist oder wird Sonina wirklich schwachsinnig, dachte der Ehrenmann, so vergißt sie zweifellos gänzlich auf das Geschmeide. Es ist dann immer noch Zeit und Gelegenheit, es wieder in eigene Hand zu nehmen und es dort zu verwenden, wo es sich besser lohnt. Der junge Signor lächelte überlegen und selbstzufrieden. Nachdem er einmal das viele Geld ausgegeben hatte, wollte er auch seinen Spaß davon haben.

Nicht unzufrieden mit dem Verlaufe des heutigen Besuches, der ihm ganz neue Aussichten gezeigt hatte, ritt Pucci in seiner Herberge ein. Hier hatte er sogleich eine Unterredung mit dem Haushofmeister, einem sehr geriebenen Halunken, der bei allen seinen Streichen, Schwänken und Liebesaffären den willigen Vertrauten und Helfer machte. Giuseppe war um Geld für alles zu haben, und so übernahm er auch recht gerne den Auftrag, die Zofe Soninas nach den Gesundheitsverhältnissen und Ansichten ihrer Herrin auszuforschen.

Die Signorina aber müßte keine vornehme Venezianerin gewesen und mit der Art und Weise, wie man dort die verschiedensten lauteren und unlauteren Hilfsmittel gebraucht, vertraut gewesen sein, wenn sie das nicht mit Sicherheit hätte kommen sehen.

Sie rief ihre Michela zu sich und sagte ihr: „Du wirst sicher gerne einige Ducati mit leichter Mühe verdienen wollen?"

Michela bejahte lebhaft, da sie arm, ihrer Herrin sehr ergeben war und jetzt schon eine Ahnung hatte, daß man in irgendeinem Intrigenspiel ihrer Hilfe bedurfte.

„Wenn du genau ausführst, was ich dir auftrage, wirst du auf deine Rechnung kommen," erwiderte Sonina.

Daran erfolgte eine lange Instruktion, die von Michela zwar mit verschiedenen Ausrufungen des Erstaunens unterbrochen, dann aber rasch begriffen wurde.

Am Abend hatte die Zofe frei bekommen, um mit einigen Freundinnen sich das Treiben auf dem großen Platze anzusehen.

Von dort zurückgekehrt, mußte sie ihre Herrin auskleiden und tat dies, indem sie dabei ein sehr pfiffiges Gesicht machte.

„Was hat er dir gegeben für deine guten Auskünfte?" frug Sonina verständnisvoll.

„Drei Ducati," antwortete munter das Mädchen. „Ja, drei Ducati, Signorina. Einer davon ist aber beschnitten."

„Kann ich mich darauf verlassen, daß du ihm nur das sagtest, was ich dir auftrug?"

„Bei der Seligkeit meiner Mutter!" rief Michela, die Hand aufs Herz legend und vor Sonina auf die Knie sinkend. „Nichts anderes habe ich gesagt. Den Giuseppe, der ein ganz unausstehlich eingebildeter Affe ist, den habe ich angelogen, daß er blau hätte werden können. Wenn er seinem feinen Signore nur die Hälfte davon erzählt, dann langt es."

„So sollst du — wie ich dir es versprach — das Doppelte von dem haben, was dir für deinen Verrat geboten wurde. Hier! — Nimm sechs gute, unbeschnittene Ducati!"

So sehr Michela über ihre überreiche Goldernte erfreut war, ebenso war ihr das Wort „Verrat" in die Krone gestiegen.

Sie bedankte sich zuerst fast überschwänglich, dann aber zog sie ein Mäulchen und bemerkte, die Signorina hätte sich auf ihre Treue verlassen können, auch wenn sie ihr nur einen einzigen Dukaten versprochen hätte.

Als der junge Pucci den Bericht seines Haushofmeisters vernahm, wurde sein Entschluß wieder etwas wankend. Es war doch eine sehr bedenkliche Sache, mit dieser ohne Zweifel verrückten Dame. Eine gewisse Zeit müßte er sich es doch anstandshalber gefallen lassen, bis er, so oder so, an eine Trennung denken konnte.

Schon der nächste Tag sollte ihm eine noch größere Überraschung bringen.

Seinem Versprechen gemäß, fand er sich an diesem wieder im Neunerschen Hause ein, um der Signorina seine Aufwartung zu machen.

Diesmal war er allein und nicht in ganzer Kleiderpracht gekommen. Gehoben durch den gestrigen Putz, hatte Signor Pucci eine leidliche Figur gemacht, wozu auch die hoffnungsfreudige Spannung, die bei ihm zum Ausdruck kam und der eitle Stolz, den er als Hauptperson des reichen Aufzuges empfand, das ihrige dazu beigetragen hatten.

Die heutige Unsicherheit aber drückte ihn nieder und machte ihn ebenso uninteressant als unscheinbar.

Signor Pucci wurde von Sporini empfangen, der ihm mitteilte, seine Tochter befinde sich, wie täglich bei schönem Wetter, in der Laube im Garten und würde sich freuen, dort den Herrn begrüßen zu können.

Sie schritten beide über den Hof, wobei sich Pucci einiger spöttischer Bemerkungen darüber nicht enthalten konnte, daß die Signorina, der in Venedig kaum irgendein Garten schön genug war, so viel Gefallen an dieser unscheinbaren Veranstaltung haben könne. Signor Sporini zuckte die Achseln und meinte, daß nach der Heimkunft alle diese romantischen Ideen von selbst verschwinden würden.

Zur größten Überraschung des jungen Italieners war aber die Signorina nicht allein. Neben ihr, auf einem niederen Schemel, saß der Seiltänzer, der eine spanische Laute in den Armen hielt und offenbar in seinem Spiele unterbrochen worden war. Der Italiener verfärbte sich in Staunen und Ärger. Das war doch in Venedig nicht Sitte, ein junges Mädchen mit einem jungen Manne so allein zu lassen und besonders dann, wenn jener einem fast verachteten, niederen Stande angehörte! Auch Signor Sporini schien das Gefühl für diese Unschicklichkeit verloren zu haben, denn er grüßte seine Tochter freundlich und ohne Verwunderung und nickte Rab Golli wohlwollend zu.

Pucci hatte zwar den Seiltänzer noch nie gesehen; war ihm aber schon so viel von dem eigentümlichen Hausgenossen der Neunerischen erzählt worden, daß er keinen Augenblick zweifelte, diesen in dem schönen, jungen, gut, fast vornehm gekleideten Mann, der, wie ihm dünkte, finster und mit einem Hassesblick ihn betrachtete, ohne den Nacken zu beugen, gegenüber zu haben.

Was kümmerte ihn aber der Landstreicher! Verächtlich schritt er vorüber und beugte sich höflich und zierlich über die weiße Hand Soninas, um sie zu küssen.

„Ihr habt die Gnade gehabt, teure Signorina," lispelte er mit leicht bemerkbarem Unmute — „Ihr habt die Gnade gehabt, mich im Garten zu empfangen. Für gewöhnlich — so hoffe ich! — wird hier die Luft wohl rein sein. Gegenwärtig finde ich das nicht und begreife ebensowenig, wie ein so vornehmes und fein geartetes Geschöpf, wie Ihr es seid, sie atmen mag.“

Dabei streifte ein wütender Seitenblick Rab Golli, der sich erhoben hatte und mit einem kühlen, strengen Lächeln sich auf seine Laute stützte.

Sonina lachte hell auf. „O Signor Pucci! Verzeiht mir diesen Heiterkeitsausbruch, denn seht, ich bin einmal nicht so fein an Seele und Körper, als Ihr zu denken scheint. Mir ist die unverfälschte Natur weitaus lieber, als das mühsam Verkünstelte. Ich weiß, wo Ihr hinauswollt: der Stich gilt hier dem Rab Golli, dem Seiltänzer, Gaukler und fahrenden Mann.“

Dieser wollte sich, bleich vor innerem Zorne, den er nur mühsam unterdrückte, nachdem er der Signorina eine tiefe Verbeugung gemacht hatte, entfernen. Aber sie rief ihm zu: „Nein, geht nicht, bleibt hier bei mir! Der Garten hat Raum für uns und unsere Besucher.“

Rab Golli wendete sich, blieb aber in der Entfernung stehen. Der ganzen berückenden Gewalt, die für ihn in dieser Stimme lag, hatte es bedurft, um zu diesem Entschluß zu kommen. Sein heißes Herz pochte ihm wild an die Rippen und er mußte an sich halten, um sich nicht auf den ebenso geckenhaften als unverschämten Signore zu stürzen. Diesen Menschen sich als Gemahl der Sonina zu denken, ging ihm gegen die Natur, gegen jede Möglichkeit. War es dieses Mißverhältnis, war es blinde, lodernde Eifersucht, die seinen Verstand zu umnebeln begann — er schwor bei sich, es zu verhindern, und wenn er diesen Menschen mit eigenen Händen erdrosseln müßte.

Auch das heutige Benehmen des Mädchens war ihm rätselhaft. Sie, die bisher sich damit begnügte, sich von ihm erzählen oder Lieder und Balladen mit der Laute begleiten zu lassen; die nie die Grenze überschritt, welche seine niedere Stellung ihr vorzeichnete und trotz der Freundlichkeit, mit der sie ihn behandelte, stets von sich entfernt hielt, wie wenn er ein unpersönlicher Gegenstand gewesen wäre — sie sprach von ihm dem Nobile gegenüber, als wenn er fast ihresgleichen sei. Ja es klang daraus, als wenn sie ihn achtete, schätzte.

Wie ein plötzlicher Rausch stieg es dem Fahrenden zu Kopf. Ein gebildeter Mann sei er, sagte sie, dessen Herkunft zwar im Dunkeln läge, der aber sicher eines Tages die Stellung einnehmen würde, die ihm gebühre. Wer weiß, ob er dann nicht weit über jenen steht, die ihn jetzt mit verachtungsvollen Blicken betrachten. Wenn er zurzeit noch das Gewerbe eines fahrenden Mannes treibe, so schände ihn dies ungleich weniger, als wenn ein reicher Kaufmann oder Handelsherr seine schlechte Ware zu guten Preisen verkauft und damit die Käufer betrügt.

Signor Pucci wurde blau und rot aus Wut und grün und gelb vor Ärger, als Sonina nicht aufhörte, die Vorzüge ihres Freundes und Schützlinges vor ihm zu betonen.

Blitzartig begriff Rab Golli, was das Mädchen wollte. Das begann ihn noch mehr zu verwirren, als es ihn erfreute. Nur das Eine fühlte er heraus, daß sie sich gegenüber dem Nobile, mit seiner Person als einem Schilde decken wolle. Vorher hatte der Fahrende seine Augen nicht von dem Mädchen gewendet, jetzt sah er auch nach dem jungen Signore und bemerkte an diesem die Wirkungen ihrer Rede. Ein triumphierendes Lächeln verklärte sein schönes Gesicht, das von Sonina bemerkt, unwillkürlich deren Pulse höher schlagen machte.

Nur mühsam und indem er sich unausgesetzt vorsagte, daß die Dame nicht ernst zu nehmen sei, weil es ihr unzweifelhaft im Kopfe fehlen müsse, bezwang Signor Pucci seinen Ärger über die Behandlung, die ihm hier wurde, und über das, was diese ihm zu hören gab. Sein eigentlicher Zorn richtete sich viel weniger auf Sonina, deren Zustand und Verhalten seines Vaters und seine eigenen Pläne umzustürzen drohte, als gegen Rab Golli, den fahrenden, frechen Gesellen, der vor ihm mit höhnischer Miene stand, als ob er hier Hahn im Korbe wäre.

Als er sich mit dem alten Sporini entfernt hatte, der das Gebahren seiner Tochter als viel zu weitgehend erachtete und sich bemühte, mit wenig Erfolg die Aufregung des jungen Mannes zu dämpfen, standen sich die Venezianerin und der Fahrende allein gegenüber.

Mit der Veränderung der Lage und Umgebung schienen Sonina ihre geistigen und körperlichen Kräfte verlassen zu wollen, denn sie sank auf die Bank nieder, ließ das Köpfchen hängen und starrte mit wesenlosen Blicken vor sich hin.

Rab Golli zögerte einen Augenblick, dann wollte er mit einem halb unterdrückten Aufjauchzen auf sie zueilen. Da schnellte sie mit gewohnter Kraft auf, zornig und verächtlich kräuselte sich ihre Stirne, und wortlos, aber mit gebieterischer Handbewegung, wies sie den jungen Mann von sich.

Wie gebannt blieb Rab Golli einen Augenblick hoch aufatmend vor ihr stehen, dann wendete er sich und zerschellte mit gewaltigem Schlage seine Laute zu hunderten von Splittern an einem Baum.

Sonina schrak zusammen und fuhr mit der Hand nach dem Herzen; ihre Lippen versuchten sich zu einem Rufe zu öffnen — — sie brachte keinen Ton heraus, aber ihre Augen hingen heiß an der schlanken Gestalt des Ehrlosen, des fahrenden Mannes, der dort stolz und zürnend unter den Bäumen verschwand.

18 Wie sich die Gilden vertragen

Der Floßmeister Kriener war unterdessen nicht müßig gewesen. In geduldiger Maulwurfsarbeit hatte er versucht, seine Ideen zum Gemeingut der beiden Gilden zu machen. Er glaubte seine Sache schon gewonnen zu haben, der Tag, an dem man mit der Forderung an die fremden Kaufleute treten wollte, kam näher, aber da zeigte sich, daß die Bedenken der Leute wuchsen und sogar verschiedene ganz abfielen, indem sie behaupteten, man spiele ein zu gewagtes Spiel.

Kriener kämpfte heftig mit neuen Gründen gegen die Unschlüssigen und Abgefallenen, behauptete, für die Richtigkeit seiner Darstellungen müsse sprechen, daß ihm die weitaus größte Mehrzahl folge, worunter auch der Sohn des Rottmeisters sei. Man könne ihm Glauben schenken, wenn er sage, daß die Bewegung auf der ganzen italienisch-deutschen Rottstraße, sowie bei den Flößern auf dem Inn und der Salzach, freudige Anerkennung hervorgerufen habe und allseits Nachfolge finden werde. Stünden sie alle wie ein Mann, dann sollen sich die fremden Kaufleute nur rühren, wenn sie können. Das Gesetz, nach dem diese sich in Zukunft zu richten haben werden, wird in Mittenwald gemacht.

Ja, es sei noch viel mehr geschehen! Freilich habe man es nicht jedem auf die Nase binden können. Aber zu wundern brauche sich niemand, wenn nächster Tage Abgesandte bis von Italien her und aus dem Inntale eintreffen würden, welche die Zustimmung und den Anschluß ihrer Gilden an die neue Mittenwalder Abmachung hier zur Aussprache bringen sollen.

Solche Dinge waren nicht in den Wind gesprochen. Nach diesen Eröffnungen fand wieder ein größerer Meinungsumschlag zugunsten des Krienerischen Projektes statt. Aber der

Rottmeister Neuner schüttelte trotzdem ablehnend und bedenklich den Kopf und behauptete, ein Spatz in der Hand sei ihm lieber, als hundert auf dem Dache. An ein allgemeines Zusammengehen auf so langer Strecke glaube er nicht eher, als bis er alles schwarz auf weiß und durch Handschlag und Schwur abgemacht sehe.

Man stand bereits am Vorabend des Tages, an welchem die gemeinsame Versammlung der Floß- und Rottleute stattfinden sollte, aber es waren erst zwei, der von Kriener sehnlichst erwarteten Abgesandten der Gilden eingetroffen: ein Flößer aus dem Tale der Salzach und ein Rottfahrer von der Strecke kurz nach Bozen.

Der alte Floßmeister befand sich, als die Nacht schon längst angebrochen war, in einer fieberhaften Unruhe. Unausgesetzt rannte er selbst an die Ortsausgänge gegen Partenkirchen und gegen die Scharnitz zu, um möglichst rasch Kunde von den sich Nahenden zu erhalten. Außer einigen Bauernwagen und Fußgängern zeigte sich keine Bewegung auf der Rottstraße. Dem Manne aus der Bozner Gegend machte er die größten Grobheiten, weil dieser behauptete, gehört zu haben, daß die Bürger von Bozen dem Venezianer Senat das Anerbieten gemacht haben sollen, bei Rückverlegung des jährlichen großen Marktes in ihre Stadt ganz von den Stappelgebühren absehen und sich mit dem begnügen zu wollen, was durch den großen Menschenzulauf überhaupt im Orte bleiben muß.

Auf ein Haar hätte der fremde Rottfuhrmann dieses Benehmen ernstlich übel genommen und Kriener mußte viel gute Worte geben, bis sich dieser entschloß, die Versammlung abzuwarten und nicht bei Nacht und Nebel sofort wieder abzureisen. So ganz ernst mit dem Anschluß an die Mittenwalder schien es ihm überhaupt nicht zu sein.

Nur ein einziger kam noch und den schickten die Scharnitzer mit dem Auftrage, zum Guten zu sprechen und von einer Erhöhung der Fracht- und Stappelsätze abzusehen.

Unter solchen Umständen hätte jeder, nur nicht der Floßmeister nachgegeben oder wäre doch wenigstens etwas vorsichtig geworden. Bei dem hatte es nur die Wirkung, daß er die kurze Zeit, die ihm noch blieb, mit neuen, leidenschaftlichen Agitationen ausfüllte und in angemessenen Ausdrücken auf die Schwachköpfe schalt, welche nicht einmal die Schneid hätten, den eigenen Vorteil wahrzunehmen.

Der Versammlungstag der beiden Innungen, ein Sonntag, war angebrochen und feierlich von den Glocken der Pfarrkirche eingeläutet worden. Der Festgottesdienst vereinigte die Flößer- und Rottleute, welche dabei den Segen des Priesters empfingen.

In der ersten Nachmittagsstunde sammelten sie sich mit ihren Fahnen, den Innungszeichen, den Laden und Rollen, die ihre Satzungen enthielten, vor der Kirche und zogen nach dem Bergvorsprung auf dem Burgberge, auf welchem heute die Schießstätte steht.

Dieser Vorsprung beherrscht das Tal und befindet sich unmittelbar gegenüber der Stelle, wo einst zur Römerzeit die Straße den Fluß überschritt.

In uralten Tagen stand dort wohl ein Wartturm und hinter demselben ein kleines Kastell, in dem die Mannschaften untergebracht waren, welchen der Brücken- und Straßenschutz oblag.

Nur wenige, noch aus dem Boden hervorragende Mauertrümmer bezeichneten im siebzehnten Jahrhundert diese Kulturstätten.

Im langen, wohlgeordneten Zuge erstiegen die Gilden den Hügel und gelangten auf das vom Walde nur an der Bergseite umschlossene Plateau.

Hier besorgte die Bubenbruderschaft, mit derben Stöcken bewehrt, die Absperrung oder Einhegung des Versammlungsplatzes.

Für die Rott- und Floßmeister, nebst den mit ihnen an der Spitze der Gilde Stehenden, waren Sitzbänke hergerichtet; die beiden Schreiber, denen es oblag, die Beschlüsse niederzuschreiben, hatten einen kleinen Tisch vor sich; die Flößer und Rottleute lagerten sich in einem weiten Halbkreise, in getrennten Haufen, um ihre Meister.

Heiß brannte die Sommersonne auf die Köpfe der Männer, aber sie schienen dies nicht zu spüren, so sehr standen alle im Banne einer großen Erregung. Auch von der wunderschönen Umgebung bemerkten sie wohl nichts. Mächtig, im obersten Teile schroff und zerrissen, steigt gegenüber der Karwendel steil auf; im Hintergrunde überragt die majestätische Zugspitze alle anderen Berghäupter; ihre Schroffen und Schneefelder scheinen sich in die Wolken verlieren zu wollen. Gegen die Scharnitz zu zeigt sich Berg hinter Berg, Spitze hinter Spitze, zwischen denen sich im Tale die weiße Straße durchwindet. Zur Linken schweift der Blick über den grünen Grund, in welchem sich, eiligen Laufes aus der tiefen Klamm vorstürzend, die wilde Leutasch mit der durch ein mannigfach zerrissenes Bett fließenden grünaugigen Isar vereint.

Halb versteckt hinter und zwischen Fruchtbäumen liegen die vom Alter, Wind und Wetter schön gebräunten Holzhäuser des Marktfleckens; einzelne neuere Gebäude zeigen Kalkverputz und hellere Farben.

Abgeschlossen wird in nördlicher Richtung das Tal durch Hügel und niedere Vorberge, durch die sich die Isar ihr Strombett gebohrt hat, dessen weiße Kies- und Sandflächen sich scharf von dem umgebenden Grün der Wiesen und des Auwaldes abheben.

Über allem zittert die heiße Luft und in der Ferne scheint es auf den Berghängen wie der Hauch eines dünnen Rauches zu liegen. Die Männer auf dem Burgberge hatten für all dies sehr wenig Augen und Gefühl. Ihre Blicke waren mit größter Aufmerksamkeit auf den alten Kriener gerichtet, der auf einem Steine stand und mit seiner weithin vernehmbaren hohen Stimme lebhaft auf die Versammlung einsprach.

Mit ernsten Mienen hörten die Männer zu, und nur selten wurde die Ruhe durch einen lauten, klatschenden Klaps unterbrochen, wenn einer nach einer blutgierigen Fliege oder Breme schlug.

„Was kann das uns kümmern, ob die andern mittun?" schrie der Floßmeister. „Wär' ihnen wohl vergunnt gewesen, wenn sie auch an dem Vorteil hätten teilnehmen wollen, den wir für uns erstreiten. Das ist Unsinn, was die Augsburger, Nürnberger und die italienischen Kaufleut behaupten, daß ihre War' keine höhere Fracht vertragt! Sind denn grad wir dazu da, daß wir ihnen die Dukaten und Goldgulden in die Taschen jagen? Wenn die Fracht teurer wird, so scheint auf den ersten Blick, daß auch ihr Profit kleiner wird. Das ist aber net wahr! Denn schon im ersten Augenblick werden sie aufschlagen mit ihren Preisen. Und wer zahlt die? Draußen im Reich', wildfremdes Volk, das uns ganz und gar nix angeht. Oder schadet es vielleicht, wenn so ein reicher Prasser zwei oder drei Heller mehr für die Maß vom italienischen Wein ausgeben muß? Sammet und Seide führen sie aus Italien zu uns. Tragen die arme oder reiche Leut'? So geht's mit den Gold- und Silberwaren; mit dem feinen Leder; mit den künstlichen Glassachen; mit den Schleiern und Spitzen; mit dem Bildwerk aus Holz und Marmelstein — mit allem und allem! Ist vielleicht nur eine Kleinigkeit dabei, die der arme Mann brauchen und zahlen kann? Nix, gar nix. Nur für die Reichen sind die Sachen. Die sollen nur ihre Geldbeutel aufmachen und brav zahlen. Und wir, die wir die Waren mit unsern Rössern und unserm G'schirr ins Land fahren — sollen denn wir aus dummer Bescheidenheit zurückstehen und net zulangen, wo es doch so leicht ist, etwas zu kriegen! Haben wir's vielleicht im Überfluß und brauchen nix weiter. Heh?"

Ein wildes Beifallsgeschrei brach los; mit sehr wenig Ausnahmen beteiligten sich Flößer wie Rottleute daran. Zufrieden mit seinem bisherigen Erfolg, nickte der Floßmeister den Männern zu. Dann gebot er Ruhe und fuhr fort:

„Wenn sie euch sagen wollen, der Bischof von Augsburg will die Rottstraß' über Schongau und Füssen ins Tirol richten, so glaubt's net. Selbiger hochwürdige Herr ist so arm wie seine Kirchenmäus' und er find't niemand, der ihm 's Geld dazu gibt. Müßt auch einer dumm sein, heißes Wasser in die Isar trag'n!"

„Bei uns müssen's durch, das ist der richtige Weg, weil er der beste ist. Ebensowenig als uns kümmert, was die draußen im Reich für die Italienerwar' zahlen, kann's uns auch gleichgültig sein, wie tief der Italiener in sein Säckel langen muß."

„Ja, ja; so ist's!" klang es zustimmend aus den Zuhörern.

„Wie soll's werden? Wie viel müssen die Pfeffersäck' in Zukunft zahlen?" schrien die Aufgeregtesten und drängten sich nahe an den Sprecher heran, um den sich der ganze Ring enger und dichter schloß.

Nun entwickelte der alte Kriener seinen ganzen Plan, mit sämtlichen Einzelheiten. Sein Vertrauen in die Güte desselben war mächtig gewachsen, seitdem er sich so von Zustimmung umbraust sah.

„Abstimmen! Abstimmen!" verlangte man tumultuarisch. Schon wollte Kriener dazu schreiten, als sich der Rottmeister, der bis dahin in finsterem Schweigen dagesessen hatte, auf einen Mauerrest schwang und mit mächtiger Stimme ein donnerndes „Halt!" in die Versammlung rief.

„Aushalten! Der Rottmeister will reden," hieß es, nach einigen Augenblicken der Verblüffung.

„Brauchts net, wir wiss'n g'nug! Abg'stimmt soll werden!" schrien wieder andere und drängten mit herausfordernden Mienen an den alten Mann heran, der dastand, wie ein Felsen in wilder Brandung.

Der Kampf um Hören und Nichthörenwollen geriet nahe an den Rand handgreiflicher Beweise. Das wollte der Kriener um jeden Preis verhüten, weil er fürchtete, wenn die Leute in Nebensachen uneinig würden, könnte das für die Hauptsache auch zutreffen. Mochte der Rottmeister sagen, was er wollte, der Boden war so zubereitet, daß dessen Saat nicht mehr aufgehen konnte.

Die kreischende, hohe Stimme des alten Kriener durchschnitt den Lärm, wie wenn ein scharfes Messer durch weiches Fleisch fährt. Zur größten Verwunderung des einen Teiles der streitenden Parteien verlangte nun auch er, daß man den Neuner hören möge.

Erregte, verwunderte Ausrufe; dann Unheil verkündendes allgemeines Gelächter. — Daran folgte eine Ruhe, daß man ein fallendes Blatt gehört hätte.

„Männer!“ rief Neuner mit tiefer, grollender Stimme. „Männer, laßt die Händ’ vom Feuer — es muß euch sonst verbrennen. Ihr wißt net, ihr überschaut net, wohin ihr den Karren führt. Was euch der Floßmeister sagt, das ist nur zur Hälfte wahr, das ist nur die eine Seit’ von der heikligen Sach —“

Wieder erhob sich ein wüstes Geschrei, in das natürlich auch der Kriener einstimmte und es dadurch gefährlich machte. Diesmal ballten sich schon die Fäuste, und die Drohungen klangen roh und gefährlich.

Aber der Rottmeister hielt aus, und wirklich trug seine Ruhe und das allgemeine Rechtsgefühl, daß man in einer Sache beide Teile hören müsse, den Sieg davon. Es wurde abermals ruhig.

„Floß- und Rottleut! Alle wißt ihr, daß ich mehr als zwanzig Jahr der Rottmeister war und der soll aufstehn und es mir vor euch ins G’sicht sagen, der mir beweisen kann, daß ich auch nur einmal den allgemeinen Vorteil net nach allen Kräften und nach bestem Wissen und Gewissen wahrg’nommen hab. Das kann keiner!“

„Der ganze Vorschlag, den der Kriener macht, ließ sich hören, wenn die Zeit darnach wär’. Aber die ist’s net. Es ist wahr und sicher, daß sich die Bozner rühren und alles aufbieten, daß der

Markt wieder zu ihnen kommt. Traut der Red net mit dem Augsburger Bischof! Wo eine Gelegenheit sich auftut, Geld zu machen, da ha 's noch nie an Spekulanten g'fehlt."

„Net wahr is! Keine Schneid hat er, der Rottmeister," schrie der Kriener dazwischen. Dieser ließ sich aber nicht irr machen und sprach weiter:

„Mit Schreien und bloßem Neinsagen und die Augen zudrucken ist in der Sach nix getan. Wie oft hat man in den letzten Jahren hören können: Wenn's euch net paßt, so verlegen wir den Markt. Es liegt etwas in der Luft wie ein Gewitter und wenn der Blitz niederfahrt, so trifft er uns an unserm empfindlichsten Teil: am allgemeinen Wohlstand."

„Schaut euch nur um in Mittenwald! Es sind nicht nur die Floß- und Rottleut, die außer Arbeit und Brot kämen, wenn sie die Rottstraß und den Markt verlegen wollten, sondern noch eine Menge von ehrsamen Handwerkern und Geschäftsleuten, die sich bis jetzt gut und redlich durch'bracht haben und dann vor der leeren Krippen stehen täten."

Wieder ließ sich das schrille, höhnische Lachen des Floßmeisters hören. „Möchst net gleich dazu raten, daß wir uns eingraben lassen sollten, du G'spensterseher, du! Heut is heut und morgen is morgen. Wer die G'legenheit net beim Schopf faßt, dem kommt's aus. Und wann findt sie sich besser als jetzt? Soll'n wir vielleicht noch ein Jahr zuwarten und auf den höhern Profit verzicht'n zu Gunst'n von Leut', die 's Geld mit Scheffeln messen? Das ist natürlich, daß sie 's net gern tun wollen, aber was fragen wir darnach, ob sie wollen oder net. Sie müssen eben!"

„Ja, ja, der Kriener hat recht," brüllten viele der Männer. „Sie müssen zahl'n, ob 's mögen oder net."

Kriener fand es an der Zeit, noch einmal energisch das Wort zu ergreifen, denn er hatte wohl bemerkt, daß die Schreier nicht die Mehrzahl bildeten. Jetzt wollte er seinen höchsten Trumpf loslassen; der Rottmeister konnte nicht mehr geschont werden.

„Freunde, Brüder, Innungsgenossen!" rief er gellend und schwang sich dabei wieder auf den hohen Stein. „Noch nie hat das Zaudern einen Nutzen bracht. Klar und durchsichtig wie Bergquellwasser liegt die ganze Sach' vor euch und ich bin überzeugt, wenn wir abstimmen, so seid ihr alle dafür. Damit haben wir schon zu dreiviertel g'wonnen. Es hat sich dann aber auch zeigt, wer es gut und wer es schlecht mit euch meint. Ich will net behaupten, daß der Rottmeister unter die g'hört. Daß er aber net mit der Zeit geht und net versteht, den Vorteil zu wahren, das sag ich ihm ins G'sicht vor der ganzen Versammlung. Ich hab aber auch einen Beweis dafür! Sein eigens Fleisch und Blut wird ihn widerlegen."

„Tritt herfür, Jörg Neuner, und sag uns und deinem Vater, was du über seine Red' denkst!"

Bewegung, allgemeines Umschauen und Suchen nach dem jungen Mann, der sich bis jetzt im Hintergrunde gehalten hatte. Jörg zögerte, aber die Männer schoben ihn vor, und bald stand er in der Mitte des sich drängenden Ringes.

„Da ist er!" rief triumphierend der Floßmeister. „Sprich Jörg! Brauchst dich vor niemand zu scheuen! Ob du der Sohn von dem da bist, oder net, das ist gleichgültig. Jetzt stehst du da als ein Mann, als ein mündiger Innungsgenosse!"

Bis zu dem Tage der Versammlung hatte Jörg nicht tiefer über die schwebenden Fragen nachgedacht und sich mit dem begnügt, was ihm der Floßmeister und einige Altersgenossen darüber vorredeten. Er wußte zwar, daß sein Vater eine andere Ansicht hegte, allein sein Kopf hatte so viele neue Dinge zu verarbeiten, daß er weder Zeit noch Lust hatte, sich noch besondere Gedanken zu machen. Das Gefühl des Ärgers seinem Vater gegenüber mochte die Gleichgültigkeit, die er gegenüber dessen Ansichten empfand, wenn auch nicht entschuldbar, so doch erklärlich machen. Nun hatte sich dieses Verhältnis vollständig geändert, seitdem er mit Aufmerksamkeit dem Gange der Versammlung folgte. Immer mehr kam es ihm zum klaren Bewußtsein, daß der Floßmeister seine Behauptungen auf schwankenden Grund aufbaue; daß die Wegverlegung des Marktes, wenn die Ansprüche an die Kaufleute einigermaßen gesteigert würden, gar nicht zu den Unmöglichkeiten gehöre.

Jörg war viel zu oft mit den Fremden in nahe Berührung gekommen, um nicht deren sich steigernde Klagen über den weiten und beschwerlichen Weg von Italien nach Mittenwald zu kennen. Die Augsburger und Nürnberger Herrn hatten natürlich wenig gegen Mittenwald, da es für sie Ungleich näher als Bozen lag. Aber darauf kam es nicht an.

Mit einem Male stand es unverrückbar fest vor Jörgs innerem Auge: „Der Vater hat recht — es gibt ein Unglück für Mittenwald, wenn der Floßmeister und sein Anhang mit ihrem Vorschlage durchdringen."

Sein patriotischer Sinn war plötzlich erwacht und stärker geworden als alle anderen Nebenrücksichten. Ob der Floßmeister seinen Haß auf ihn werfen, ob Margaret ihm dadurch unerreichbar wird, das kostete ihn keinen Gedanken, das war neben ihm ins Wesenlose versunken.

Bei der Berufung Krieners auf Jörg war der alte Rottmeister totenbleich geworden. Die Möglichkeit, daß er am eigenen Sohne Widerstand finden könnte, war ihm noch nicht in den Sinn gekommen. Der Blick, den er auf diesen warf, konnte seine Bedenken auch nicht verscheuchen, denn Jörg sah durch die Überraschung, in die er sich versetzt fühlte, nichts weniger als entschlossen aus. Dem Rottmeister wurden die Beine schwach vor Aufregung. Vorgebeugt, ängstlich sah er auf den Sohn hinunter, dessen bisherige Unentschlossenheit aber plötzlich verflogen schien. Jörg streckte sich, hob den Kopf hoch wie in einem festen, unbeugsamen Entschluß; nahm den grünen Hut mit der Spielhahnfeder ab und sprach mit weithin vernehmlicher Stimme:

„Floßmeister Kriener: Ihr habt mich aufgerufen, daß ich Euere Red' und Ansicht bestätigen soll. Auf Ehr und Gewissen: Ich kann es net — mein Vater hat recht."

Namenlose Überraschung malte sich auf allen Gesichtern. Der erste, der sich davon erholte, war der Floßmeister, der von seinem Steine heruntersprang und mit geballten Fäusten auf den ruhig dastehenden Burschen eindräng.

„Schuft! Tropf elendiger, meineidiger!" schrie und kreischte er. „So haltst dein Wort? Heh! Wie viel haben's dir zahlt für dein' niederträchtigen Verrat, die Fremden? Zu schlecht bist, daß dich der Boden tragt! Da, nimm —"

In seinem, ihn gänzlich verwirrenden Zorn schien der Kriener auf alle Vernunft vergessen zu haben. Er holte zu einem Faustschlage aus, den er Jörg ins Gesicht geben wollte. Dieser hatte aber blitzschnell die beiden Arme des wütenden alten Mannes ergriffen und hielt sie fest wie in einem Schraubstocke.

Wildes, wüstes Geschrei hatte sich erhoben. Nach Bauernart drängten sie alle nach den beiden Streitenden zu. Aber die Zunächststehenden hatten doch so viel Besinnung behalten, daß sie Jörg, der keinen Widerstand entgegensetzte, von dem sich wie wahnsinnig gebärdenden Floßmeister, der sich nur langsam wieder einigermaßen beruhigte, trennten.

Aber der geordnete Fortgang der Beratung war durch diesen Zwischenfall vollständig gestört. Die wüsten Leidenschaften gewannen die Oberhand und machten sich in häßlichen Beschimpfungen der beiden Neuner Luft.

Bleich, mit einem verächtlichen Lächeln auf dem Gesichte, rief der Rottmeister seinem Sohne zu:

„Komm Jörg! Wir haben das Unserige getan. Geh'n wir." Aber man ließ sie nicht fort.

„Dableiben! Die Schand anhören! Sich verantworten!" schrie es wirr durcheinander.

Der Lärm legte sich, als einer der Rottleute, genannt der rote Zwerger, sich Gehör schaffte und mit wütenden Gebärden auf die Menge einsprach, die ihm jauchzend zustimmte. Der Mann hatte einen alten Spahn auf den Neuner, weil ihn dieser schon öfter wegen Unregelmäßigkeiten bei der Rottfuhre in Strafe nehmen mußte.

„Habt ihr's g'sehen, wie sie z'sammenhalten wie die Kletten? Haben's auch nötig; ziehen all beid an einem Strick; aufs Worthalten kommt's keinem an. Ist auch gar net anders möglich, wenn die Bruderschaftskameraden net einmal in der Kirch' sicher sind vor Raufhändel und lebensg'fährliche Angriff. Sie kennen all' beid' keine Kameradschaft, dafür aber sind's gut Freund mit allerhand fahrendem G'sindel, zum Trotz und zur Schand für den ganzen Markt. Und solche Leut' sind in der ehrlichen Innung? Der Alte, der durchtriebene Sünder, is unser Rottmeister. Den jungen haben's mit Schand und Spott in den Bach legen müssen. Wie lang laßt ihr euch dös noch bieten? Ich net — ich sag mich los und wer ein richtig's Mannsbild is', der macht's wie ich."

Hier machte er eine Pause, um zu sehen, wie weit die Zustimmung der Menge ging. Da bemerkte er nur für ihn Erfreuliches, denn die Rottleute, mit sehr wenig Ausnahmen, die sich schüchtern in den Hintergrund verzogen, riefen: „Abdanken muß der alte Lump! Davonjagen woll'n wir ihn, weil er gegen uns und unsern Vorteil is! Der Verräter, die ehrlose Bande."

Die zwei Neuner wurden von den Andrängenden derart eingeengt und festgehalten, daß sie sich weder rühren noch verteidigen konnten.

„Halt!" kreischte der Zwerger, dessen Stimme den tosenden Lärm überschrie. „Halt, net anrühren! Seid ihr jetzt auf das Richtige kommen, ihr Manner? Recht habt ihr, zehnmal, hundertmal recht habt ihr. Aber es muß alles seine Art und sein Gang haben."

Es wurde wieder ruhig, weil man begierig war zu hören, was der rote Zwerger noch vorbringen könnte.

„Unser Innungsbrief sagt, daß, wenn sich der Rottmeister, seine Beiständ' und Rät' oder gar der Schreiber was Ehrloses zu schulden kommen lassen, sie in offener Gemein abg'setzt werden müssen. Is dös unser Fall, oder is er's net?" frug er.

„Ja, er is, er is!" brüllten die aufgeregten Menschen.

„So. Mehr braucht's net. Wir können also abstimmen über den Rottmeister Neuner. Schad', daß wir ihn und sein saubern Sohn net aus der Innung tun können, aber dazu braucht's Diebstahl, Raub oder Mord, die wir heut noch net nachweisen können. Was aber net is," bemerkte der Zwerger bös lachend, „dös kann noch werd'n."

Diese tödliche Beleidigung der wehrlos gemachten Neuner wurde als guter Witz aufgefaßt und von der erbarmungslosen Menge wiehernd belacht.

„Hebt's die rechten Händ' auf, ihr Rottleut, wenn ihr für's Absetzen seid!" rief er.

Die große Mehrzahl der Hände wurde sofort in die Höhe gestreckt, auch der Rest folgte, wenn auch mit einigem Zögern.

Zwerger überschaute mit boshaftem Grinsen die Versammlung und tat, als ob er zähle.

„Alle rechten Händ' der Rottfuhrleut sind hoch, also ist einstimmig der bisherige Rottmeister Hans Neuner von der ganzen Rottinnung mit Schand und Spott abg'setzt," jubelte er.

Die Rottleute, unterstützt von den Flößern, gebärdeten sich wie Wahnsinnige.

Der rote Zwerger fuhr fort, seine Rolle als Sprecher der Innung weiterzuführen Er schlug nun vor, da die Rottleute nicht ohne einen Meister sein könnten, sofort eine Neuwahl anzustellen.

Durch frenetische Zurufe, mit allen Stimmen, wurde er selbst gewählt. Das kam ihm freilich etwas überraschend, denn daran hatte er nie denken können, bei seiner überaus getrübten Vergangenheit. Aber Sinn und Verstand schienen den Männern vollständig abhanden gekommen zu sein. An die Vergangenheit des Zwerger dachte niemand; jetzt ist er der Mann, der dem gefühlten Unwillen tätigen Ausdruck gibt, der selbst ein ziemlich armer Teufel ist und deswegen die allgemeine Wohlfahrt heben wird.

Der rote Zwerger mit dem guten, schneidigen Mundstück, der ist der Richtige, der hat gefehlt.

An die Würdigkeit des alten Neuner, seine vielen Verdienste um den Marktflecken die er oft mit persönlicher Opferwilligkeit betätigte; seiner mehr als zwanzigjährigen unausgesetzten Fürsorge für die Rottinnung, daran dachte niemand, das war so vergessen und aus den Gedächtnissen hinweggewischt, als ob es niemals gewesen wäre. —

Es war schon spät am Nachmittage, als die Innungen wieder nach Mittenwald zurückzogen.

Ihr Nahen verriet sich den vielen sie Erwartenden durch überlustiges Jauchzen und Schreien. Die Dinge mußten ja, wenn man sie darnach bemaß, ganz vorzüglich für sie stehen.

Anders war es mit den Fremden. Die sahen zu den Fenstern heraus oder standen am Wege mit höhnischen oder finstern Gesichtern. Klaus Hornnebel bekam einen großen Schreck, als er bemerkte, daß nicht mehr der alte Neuner, sondern der rote Zwerger den Rottleuten als Meister voranschritt. Diesen Zwerger kannte er als wüsten, brutalen Menschen. Noch vor einigen Tagen hatten sie ihm ein Roß gelähmt, das sich nachts verlaufen und auf den Talwiesen am fetten Grase gütlich getan hatte. Der oder die Täter waren keine anderen als der Rottfuhrmann und dessen Knechte; die einen so roh und boshaft als der andere.

Der neue Rottmeister mit zwei Genossen hatte sich mit dem alten Neuner in dessen Haus begeben, um diesem das Innungssiegel, die Kasse und Schriftstücke abzunehmen.

Das war etwas für den rohen, boshaften Menschen! Nun konnte er dem Manne, den er für seinen Feind hielt, seine Gewalt zeigen. In der unverschämtesten Weise bekrittelte und nörgelte er an dem, was ihm der Alte, dessen Lippen sich kaum zu einem kurzen, verachtungsvollen Ja oder Nein öffneten, übergab. Zuletzt wagte er dies auch bei dem Übernehmen des Geldbestandes und behauptete, es müsse viel mehr da sein, als verrechnet war.

Ein Blick in das zornrote Gesicht und auf die geballten Fäuste des alten Neuner ernüchterte ihn soweit, daß er Geld und Papiere zu sich nahm.

Vor dem Fortgehen konnte er sich nicht enthalten, höhnisch zu rufen:

„Für heut is gnug; es is schon ziemlich spat. Morgen in aller Früh will ich aber die Sach nochmal gründlich nachrechnen und ich denk, wir kommen dann an ei'm andern Ort wieder z'sammen."

Das Gesicht des Neuner zeigte ein merkwürdiges Lächeln. Er nickte und sagte:

„Wenn's um's Abrechnen geht, so können wir ja gleich damit anfangen. Komm Jörgl! helf' anpacken!"

Die Türe stand offen — mit der Kraft, die ihm der tobende Zorn gab, packte der Alte den aus einen solchen Angriff nicht vorbereiteten Zwerger an der Brust und an der Hose, trug den wütend Zappelnden bis zur Haustüre und warf ihn wie einen Klotz aus die Straße.

Jörg hatte inzwischen die beiden Rottleute, die vor ihm standen, mit starker Faust am Genick gepackt, sie vor sich hergeschoben und ihrem Meister nachgesendet.

Der alte Neuner lachte wild auf und warf die Türe ins Schloß. Damit war diese Angelegenheit für ihn eine abgeschlossene Sache geworden.

19 Bewegte Tage

Seit dem Tage, an dem Signor Pucci den Besuch im Garten gemacht hatte, war Rab Golli ohne Gruß und Dank aus dem Neuner'schen Haus verschwunden.

Wo er hingekommen war, warum er sich in so wenig dankbarer Weise entfernt hatte — darüber wurde von den Hausbewohnern nicht gesprochen. Sie waren nicht einmal unzufrieden darüber und empfanden es wie eine Befreiung von einer unangenehmen Last.

Die einzige Person, die allenfalls Auskunft hätte geben können, Sonina, schwieg wohlweislich.

Sie war bemüht, sich mit Vernunftsgründen klar zu machen, daß es das Allerbeste war, was dieser Mann hatte tun können.

Bald aber schlug die anfängliche Zufriedenheit in das Gegenteil um und sie begann sich zu sorgen, daß der noch nicht vollständig hergestellte Rab Golli, wohin er sich auch begeben habe, dort nicht die für ihn nötige Pflege gefunden haben möchte.

Rab Golli hatte sich nach dem Lager der Fahrenden zurückgezogen. Vom Pfeiferkönig war er mit offenen Armen empfangen worden. Wenn es nach dem Alten gegangen wäre, würde er seinen Liebling schon längst wieder unter die lustigen Zelte geholt haben. Den langen Aufenthalt in einem festgebauten Hause, unter Menschen, die sich hoch erhaben über einen armen, fahrenden Mann dünken, hielt er für die zur vollen Unabhängigkeit geneigte Natur Rab Golli's nicht zuträglich. Wie leicht konnte es da Anlaß zu unangenehmen Zwischenfällen geben! Klaus Hornnebel war erschrocken, als er sich den jungen Mann näher betrachtet hatte. Es war nicht nur die Blässe der schweren, kaum überstandenen Krankheit, die auf dessen Zügen lag, sondern sein fremdartig verändertes Wesen. Die dunklen Augen brannten und flackerten unruhig in ihren Höhlen; er war so aufgeregt und empfindlich, daß er über das Geringste in unbändigen Zorn geraten und sich kaum mehr von Hornnebel beschwichtigen lassen wollte.

Was das merkwürdigste war — auch von Mita schien er nichts mehr wissen zu wollen, wenigstens übersah er vollständig deren große, freudige Erregung bei seiner Wiederkunft und alle Aufmerksamkeiten, die sie ihm erwies oder erweisen wollte. Nicht einmal geküßt hatte er sie, nach der langen Trennung, und die Hand, die er ihr notgedrungen zur Begrüßung hinstreckte, lag wie kalt und tot in der zitternden Rechten des vor Freude hoch erregten Mädchens. Klaus hatte es gewagt, ihm darüber einen väterlichen, sanften Vorhalt zu machen. Da war Rab Golli ausgefahren, hatte sich und seinen unglückseligen Stand verflucht und gefragt, ob es Vernunft hieße, das gebrandmarkte Geschlecht der Fahrenden noch weiter fortzupflanzen? Es sei genug an denen, die die Erde trägt und sie mit ihren Verzweiflungstränen düngen.

Der Pfeiferkönig wurde sehr ernst und eine große Traurigkeit überkam ihn.

„Dann wirst du mit Mita sprechen müssen," bemerkte Hornnebel finster. „Das Mädchen ist in dem Glauben, daß du sie zu deinem Weibe machen willst. Soll ich dir sagen, daß an diesem Glauben ihr Herz, ihr Leben hängt? Geh' hin und nimm ihn ihr, wenn du den Mut hast. Schlage die Welt um dich in Stücke und zerbrich dabei das Gefäß, das — wie ich fest überzeugt bin — dein einzig, wahres Glück enthalten hätte. Wo willst du hin? Was hast du vor? Bist du vielleicht ein reicher Mann, dem sein

Geld unter fremden Menschen, in fernen Landen eine stille Stätte und eine gesellschaftliche Würde erkaufen könnte?“

„Nein, das bist du nicht; du hast auch nichts gelernt, was dich dazu machen könnte. Du bist und bleibst ein Bettler an der Gutherzigkeit und Neugierde deiner Nebenmenschen, die dich dafür verachten. Dieser Fluch liegt auf dir, wie auf uns allen. Wir werden ihn selbst im Tode nicht los, denn man versagt uns ein ehrlich Begräbnis im geweihten Gottesacker und wirft unsere Leiber auf die Schind- und Schandäcker. Wenn es hoch kommt, gönnt man uns gequälten Unsteten einen Platz an der Kirchhofmauer. Kannst du es ändern? Das ist einmal unser Los und das müssen wir tragen, so hart es auch ist. Dagegen streiten ist Wahnsinn, Selbstvernichtung.“

In düsterem Schweigen hatte Rab Golli zugehört. Als der Pfeiferkönig Mita nannte, machte er eine Bewegung, als ob er bitten wolle, von dieser nicht zu sprechen. Hornnebel hatte das nicht bemerkt, so sehr war er vom Schmerz über das veränderte Wesen des jungen Mannes ergriffen gewesen. Als dieser aber weder etwas entgegnete, noch aus dem dumpfen Hinbrüten, in das er verfallen war, sich aufraffte, da kam es über ihn wie ein Augenblick des Hellsehens. Mit unerbittlicher Klarheit stand vor ihm, was er bei sich das Unglück, das Verbrechen seines Pflegesohnes nannte. Klaus Hornnebel biß die Zähne knirschend aufeinander und wischte sich das Gesicht ab, auf das die Entdeckung die Perlen der Angst getrieben hatte. Aber darüber sprechen, auch nur mit der leisesten Andeutung — nein, das konnte er nicht, das hätte geheißen, Öl ins Feuer gießen. Wenn Rab Golli bei dem Sturze tot am Platze geblieben wäre, hätte er das für kein so großes Unglück erachtet, als daß dieser leidenschaftliche Mensch jetzt seine Augen nach unerreichbaren Sternen richtet. Tiefes, inniges Mitleid überkam den Alten mit dem armen Opfer, der Mita. Für das Mädchen kann diese Enttäuschung den Tod bedeuten.

Er dachte nach und glaubte endlich, einen Ausweg gefunden zu haben. Wie aber, wenn Rab Golli schon so verblendet ist, ihm den Gehorsam zu versagen? Wenn dieser durchschaut, daß er ihn nur unter einem gesuchten Vorwand aus Mittenwald entfernen will?

Klaus Hornnebel zwang sich zur Ruhe und beendete die Unterredung mit einigen leicht hingeworfenen Bemerkungen über die notwendige Schonung, die sich der junge Mann auferlegen möge.

Mita saß in ihrem Zelte bei der kranken Mutter, die noch reizbarer und grämlicher als sonst war. Grund hatte sie, da sie sah, wie ihr Kind täglich stiller und bleicher wurde und ihm manchmal, wenn es sich unbeobachtet glaubte, eine Träne über die Wangen rollte.

Sie wehrte sich lange gegen die Erkenntnis, daß Mita sich unglücklich fühle. Als es dazu gekommen war, da begann sie auch den Urheber, in dem sie unschwer Rab Golli erkannte, mit ganzer Gewalt ihrer Seele zu hassen.

In der Nacht, welche auf die Unterredung der beiden Fahrenden folgte, erkrankte plötzlich Klaus Hornnebel und wie es schien, sehr schwer. Rab Golli war an seinem Lager und half nach Kräften, ihm werktätige Hilfe zu leisten.

Der Alte schien zeitweise das Bewußtsein zu verlieren; dann begann er zu jammern und zuletzt verfiel er in heftige Krämpfe. Hatte er lichte Augenblicke, waren sie von der Sorge in Anspruch genommen, daß er nicht, wie beabsichtigt, nach der freien Reichsstadt Augsburg reiten könne, um für den Zug der Fahrenden die Erlaubnis einzuholen, während der Dauer eines fürstlichen Besuches ihre Künste und Fertigkeiten zeigen zu dürfen.

Ratlos standen einige Medizinkundige, die sich unter den fahrenden Leuten befanden, an dem Krankenlager. Das war ihnen, außer in den Zeiten der Pest, des schwarzen Todes, noch nicht vorgekommen, daß ein Gebrest einen sonst gesunden Menschen derart anfallen könnte. Es war auch nicht viel zu machen mit dem Patienten, der, wenn er zu phantasieren oder zu jammern aufhörte, unerhört grob wurde und sie alle niederträchtige Quacksalber und Pfuscher hieß, die gar nichts verstünden, als Menschen und Tieren vorzeitig in die Grube zu helfen. Wollten sie ihn gar untersuchen, dann schrie er vor unsinnigen Schmerzen gerade hinaus.

Das ging die eine Nacht und den nächsten Tag so. Die Vorstellung, jetzt nicht nach Augsburg reiten zu können, mußte den armen Kranken furchtbar quälen, denn er ließ nicht ab, immer wieder darauf zurückzukommen.

Da begann, um ihn etwas zu beruhigen, Rab Golli Namen von Leuten zu nennen, die für ihn bei den Augsburgern unterhandeln könnten.

Klaus Hornnebel wies in aufgeregtester Weise alle zurück, weil ihm das richtige Vertrauen in diese Männer fehle.

Als der junge Mann keinen mehr vorzuschlagen wußte, sagte er in halber Verlegenheit, nur um dem Kranken irgend einen Trost zu geben: „Dann wird nichts übrig bleiben, als du schickst Hans Reißaus und mich nach der Reichsstadt.“

Das Gesicht des alten Klaus strahlte plötzlich; mit beiden Händen griff er nach der Rechten Rab Gollis.

„Was du sagst! Ja, ja. Das ist der richtige Ausweg — so soll es sein —. Du bist der einzige, den ich ohne Sorge ziehen sehen kann. O Gott! Daß ich hier so liegen muß! Und wer weiß, wie lange noch? Ist Zeit, daß die fahrenden Leute sich um einen anderen als ich bin, umsehen! Auf dich, ja auf dich werden sie kommen. Wer ist doch unter ihnen, der so ist wie du? Jetzt reitest du gegen Augsburg — ich bezweifle nicht, daß es dir gelingt, den Bürgermeister und seine Räte gnädig zu stimmen, auf daß sie uns nicht ganz die Haut über die Ohren ziehen mit Sporteln[1] und Abgaben."

„Wenn ich meine Augen schließe, so kann ich in Frieden fahren. Du hast dann dein Probestück geliefert. Denn zäher und geiziger als diese Augsburger gibt es niemand mehr im ganzen deutschen Reiche."

Mit bittenden Augen, die Hände, welche Rab Gollis Rechte hielten, in Aufregung zitternd, sah Klaus Hornnebel zu diesem empor. Den hatte es eigentlich schon gereut, sich zu dem Ritte angeboten zu haben. Die Aussicht auf die Pfeiferkönigsschaft war ihm in diesen Tagen auch keineswegs verlockend. Die innere Stimme, die ihm zurief: „Fliehe! Fliehe!" — auf diese wollte er nicht hören. Er würde eine schmerzhafte Lust darin empfunden haben, hier zu bleiben, den Verlauf der Ereignisse zu verfolgen.

[1] von latśportula, Geschenk, Körbchen. Bezeichnete Gerichts- und Verwaltungskosten

Nun hatte er aber ohne weitere Überlegung sich angetragen reiten zu wollen und wurde von dem todkranken Mann, dem er so viel Dank schuldete, beim Worte genommen.

Rab Golli fühlte sich in der eigenen Schlinge gefangen und — er ergab sich. Der Pfeiferkönig wollte ihn schon nächsten Tages auf die Reise schicken, doch der junge Mann verlangte seiner Gesundheit wegen noch einen Aufschub von 2—3 Tagen.

Seufzend fügte sich Klaus Hornnebel. Er hätte es am liebsten gesehen, wenn zur Stunde die gesattelten Rosse vor dem Zelte gescharrt hätten.

Die ganze Einwohnerschaft Mittenwalds mit Einschluß der zahlreichen Fremden befand sich in größter Unruhe und Aufregung.

Die Innungen der Flößer und Rottleute hatten eine Abordnung an die italienischen und deutschen Handelsherrn geschickt und diesen mitteilen lassen, daß vom kommenden Neujahr an die Floß- und Rottgebühren eine Erhöhung erfahren würden.

Die ganze Sache kam natürlich nicht überraschend für die Fremden. Sie hatten genügend Zeit gehabt, sich eingehend mit der Angelegenheit zu befassen, obgleich es auch da zu heftigen Kämpfen kam, da die Interessen der Augsburger und Nürnberger ganz andere waren, als die der Italiener.

Schließlich mußten sie sich aber doch geeinigt haben, denn, als die Mittenwalder ihre Sache äußerst siegesgewiß und selbstbewußt vorgebracht hatten, gab als Sprecher Herr Welser von Augsburg die Antwort, es würde ihnen mitgeteilt werden, was darauf zu sagen wäre, insoferne sie sich nicht zwischen heute und morgen eines anderen, d. h. besseren besännen.

Der rote Zwerger wollte auffahren und grob werden. Allein er gab sofort nach, als sich — wahrscheinlich auf einen Wink des Herrn Welsers — der Hintergrund der Stube mit bewaffneten Knechten füllte.

Etwas wie Schreck und Verblüffung hatte sich der Abgesandten bemächtigt. Diesen höhnisch und kalt lächelnden Kaufleuten schien es gar nicht einzufallen gute Worte geben zu wollen oder sich etwa auf Verhandlungen einzulassen.

Als sich Herr Welser im Kreise der Kaufherrn umsah, nickten sie ihm alle beistimmend zu. Verschiedene der jüngeren Herrn konnten sich nicht enthalten, etwas von unverschämten Bauern, denen man es schon zeigen werde, zu murmeln.

Kriener, der Floßmeister, der in diesen Augenblicken nicht so unternehmend aussah als gewöhnlich und sich in großer Verlegenheit die feuchten Haare über die niedere Stirne strich, ermannte sich zu einer Entgegnung auf Herrn Welsers, ihm gar nicht passenden Bescheid. Er meinte:

Wenn jemand hier sei, der sich über etwas zu bedenken habe, so seien es die fremden Herrn und nicht sie, die Mittenwalder. Man habe es satt, nur für andere zu arbeiten und zu schuften; endlich müsse es darin zu einer Umkehr kommen.

Morgen würden sie wiederkommen, sich die Antwort zu holen. Fällt sie nicht zustimmend aus, dann könnten die Herrn erleben, daß ihre Güter vielleicht ein halbes Jahr oder länger in den Ballenhäusern liegen bleiben würden. Was das für eine Zeche mache und für den Handel wäre, das wüßten sie besser als er.

Während der Floßmeister sprach, wuchs den Innungsgenossen der Kamm wieder ganz bedeutend. Der Kriener hatte den richtigen Ton; so gehört es den Leuteschindern hingesagt; da soll mal einer etwas Ordentliches darauf erwidern!

Zu ihrem größten Erstaunen brachen aber sämtliche Herrn in ein fröhliches Lachen aus über diese Drohung und der dicke, joviale Herr Imhof rief ihnen in seinem gemütlichen, schwäbischen Dialekt zu:

„Haltet an! Haltet an! Ihr schiabet euere Karra alleweil no tiafer in de Dreck. Glaubet denn ihr, es geit bloß eine Rottstraß? Ah, für so dumm halt i die Mittewalder doch net! Schlofet darüber und kommt morge und sagt, daß euch heut am helle Tag was dumms traumt hätt."

„Vorläufig gibts bloß eine Rottstraß!" stieß der Kriener heraus. Er fühlte aber dabei etwas ihm kalt über den Rücken laufen.

„Aber nachläufig, nachläufig!" rief ihm Herr Imhof lachend zu. „Was net is, kann werde. In zwei, drei Monat laßt sich viel schaffe. Der Anger bleibt und die Gäns geh'n!"

Die Kaufleute ließen sich weiter in keine unnützen Hin- und Herredereien ein und Herr Welser begleitete artig die beiden Rottmeister mit ihrem Anhange nach der Türe.

„Wie dumm, wie blind!" rief er zu den Herrn gewendet, die jetzt mit ernstgewordenen Gesichtern dastanden. Die Bedingungen der Mittenwalder anzunehmen, hätte eine bedeutende Verteuerung sämtlicher ein- und ausgeführten Waren bedeutet.

Einen endgültigen Bescheid, wie sich einen solchen die Mittenwalder in ihrer Einfalt dachten, konnten die fremden Herrn auch den nächsten Tag nicht geben. Die Sache mußte erst an die verschiedenen Kaufmannsgilden gebracht, von diesen, als ein Ereignis, das nicht nur den einzelnen, sondern die Gesamtheit berührt, wohl erwogen, dann entweder mit Modifikationen angenommen oder verworfen werden. Die Hauptentscheidung fiel nicht hier, sondern in Venedig, Augsburg und Nürnberg.

Die Gesichter der Mittenwalder Abgeordneten wurden sehr lang, als ihnen nächsten Tages angedroht wurde, die ordentlichen Gerichte anrufen zu wollen, wenn sie bis zur endgültigen Regelung der Angelegenheit ihre Floß- und Rottpflicht vernachlässigen sollten.

Der rote Zwerger und der alte Kriener verstanden es aber, in ihren Leuten das Feuer des Trotzes kräftig zu schüren.

Dadurch verflog der erste ungünstige Eindruck, der dazu angetan war, Abtrünnige und Reumütige zu erzeugen, so ziemlich.

Immerhin gab es eine Anzahl Leute, welche schon jetzt bedenklich die Köpfe schüttelten und sehr besorgt in die Zukunft schauten.

Klaus Hornnebel befand sich immer noch sehr schlecht; er schien nur den einzigen Wunsch zu haben, daß die Augsburger Angelegenheit möglichst gut und günstig besorgt würde. Nachdem Rab Golli zugesagt hatte zu reiten und der Kranke ganz auseinander geriet, wenn er nur den leisesten Versuch machte, die Sache hinauszuschieben oder gar auf andere Schultern zu wälzen, so blieb diesem nichts übrig, als den Mantelsack zu packen, sich umständliche Aufträge geben zu lassen, seine Verabredungen mit Hans Reißaus zu treffen und dann auf das Roß zu steigen.

Es war merkwürdig, welche schnelle Besserung über Klaus Hornnebel kam, als er die klappernden Hufschläge sich entfernen hörte. Seine Gesichtszüge verloren sofort den leidenden

Ausdruck; er setzte sich stramm auf seinem Lager auf, dann stellte er sich auf die Beine und reckte die steifgewordenen Glieder, denn des längeren Liegens war er ungewohnt, und hart genug war es ihn angekommen, so lange den Schwerkranken spielen zu müssen.

Nun sah er wieder zufriedener in die Welt. Die fremden Kaufherrn werden in einigen Tagen Mittenwald verlassen, dann haben auch die Fahrenden hier nichts mehr zu schaffen. Rab Golli kehrt nicht mehr hieher zurück. Was das nächste Jahr werden soll, das wird sich finden.

Wofür wäre denn Klaus Hornnebel Pfeiferkönig, wenn er seine Leute nicht beliebig da oder dort verwenden könnte.

Außer einigen flüchtigen Begegnungen mit Rab Golli war Mita nicht mit diesem zusammengetroffen.

Der Gedanke schien ihr ganz unfaßbar, daß sich etwas Trennendes zwischen sie beide geschoben haben sollte und doch sprach alles dafür. Ihr Gemüt verdüsterte sich und sie verfiel in eine teilnahmslose Stumpfheit, die die größte Sorge ihrer Mutter bildete.

Dieses Weib, trotzdem es Lahmheit an die Stelle fesselte, hatte sich durch mancherlei Bemerkungen und Erzählungen, die es teils von Mita, teils von Hornnebel vernommen hatte, seine eigenen Ideen gemacht. Was Mita sich nur mit Widerwillen und zögernd eingestehen wollte, war der alten Frau längst zur Gewißheit geworden und hatte einen ungemessenen Zorn in ihr erregt.

Diese Worte fielen wie Keulenschläge auf Mitas Haupt. Sie hörte die Wahrheit heraus und konnte doch zu keinem Ende, keinem Entschlusse kommen. Ihr Herz zuckte in unsagbaren

Qualen, aber die Augen brannten nur und keine lindernde Träne entquoll ihnen. Einmal hatte sie das unheimliche Schweigen gebrochen, um mit dieser über Rab Golli zu sprechen. Allein was sie hörte, erregte ihren Zorn nur noch mehr und sie nannte das Mädchen eine unglücklich Verblendete, der nicht zu helfen wäre, wenn sie sich nicht selbst von ihrem Liebeswahn frei machen könne.

„Laß ihn laufen, den Treulosen,“ rief sie mit wildem Hohne ihr zu. „Was willst du noch von ihm? Sein Herz ist dir und uns verloren.“

20 Hoch oben auf den Bergen

Die Tage des Aufenthaltes in Mittenwald neigten sich für Sor Sporini ihrem Ende zu. Es war Sonina gelungen, den sehr ernst gewordenen Jörg einige Male anzusprechen, da sich dieser jetzt mehr als früher im Hause aufhielt. Anfänglich wollte er nicht stand halten; er hatte das Gefühl, als ob er das schöne Mädchen fliehen müsse. Die Verhältnisse, in denen sie sich bewegte, waren auch zu fremd und undurchsichtig für ihn, als daß er ihr gegenüber die frühere Unbefangenheit hätte finden können. Seitdem Rab Golli ohne Dank und Gruß verschwunden war, hatte sie mit keinem Wort nach ihm gefragt. Und doch glaubte Jörg bemerkt zu haben, daß die Miene, mit der die Signorina jedesmal von ihrem Platze unter den Bäumen des Obstgartens zurückkehrte, nicht jener glich, mit der sie ihn früher betreten hatte.

Der Bursche legte sich die Frage vor, warum sie jenen Platz nicht mied. Die allernächste Umgebung bot doch ungleich schönere Orte, als dieses reizlose Stück Grasland, mit der unordentlichen Laube und den wenigen Dutzend Obst- und Nußbäumen!

Noch niemals hatte die Italienerin den Wunsch geäußert einen Berg zu besteigen. Nun kam sie aber doch an Jörg mit dem Anliegen heran, sie und ihre Zofe vor der Abreise auf den Karwendel zu führen. Er glaubte seinen Ohren kaum trauen zu dürfen und stellte ihr den Aufstieg auf den schlechten Holzabfuhrwegen und höher hinauf, auf den Jägersteigen, so mühselig und gefährlich dar, als er zu jener Zeit für eine des Gebirges ungewohnte Dame auch wirklich war.

Je mehr er aber sprach und von dem Unternehmen abriet, desto fester schien sich in Soninas Köpfchen der Entschluß auszubauen, die Wunder der Hochgebirgswelt, von denen sie schon so viel vernommen hatte, selbst zu schauen. Zuletzt sagte sie ihm ins Gesicht, daß er es sich wahrscheinlich selbst nicht getraue; er sei ja kein Jäger, sondern nur ein Rottfuhrmann; sie müsse sich um einen andern schauen.

Das konnte sich der Jörg nicht bieten lassen und nach einigem Hin- und Herreden willigte er ein, sie übernächsten Tages auf den Berg zu führen.

Sonina lächelte, sie hatte gewußt, daß sie siegen würde.

Der Morgen hatte noch nicht gegraut, nur im Osten begann das Gewölke einen helleren Schein zu bekommen, als sich die Wanderer auf den Weg machten.

Die beiden Italienerinnen trugen die kleidsame Landestracht, derbe Schuhe und lange Bergstöcke. Was an Wettermänteln und Speisevorräten mitgenommen wurde, steckte in einem großen Rucksack, den ein alter Knecht auf dem Rücken trug.

Der junge Neuner hatte sich nur sehr wenig aufgepackt, um nötigen Falles den beiden Mädchen besser zur Hand sein zu können.

Bevor man den Weg antrat, wurden nur wenige Worte gewechselt. Auf die Italienerinnen machte das Ungewohnte der nächtlichen Stunde einen feierlichen Eindruck, während Jörg die Verantwortlichkeit schwer empfand.

Der Wind strich kalt durch das Tal, die Sterne begannen schwächer zu leuchten, als die kleine Gesellschaft auf einem schmalen Fußpfade über die taubedeckten Wiesen gegen den Berg zu wanderte.

Sonina verspürte ein Schauern; die schweren Schuhe, das Tragen des Bergstockes war ihr ungewohnt. So schritt sie etwas beklommen hinter Jörg. Die Zofe trippelte mit unsicheren Schritten hinter ihr darein und verwünschte zu tausenden von Malen die Laune ihrer Herrin, die sie in dieses barbarische Bauerngewand und zu solchen unsinnigen Fährlichkeiten zwang.

Der ruhigste und gleichgültigste war der den Zug schließende alte Knecht, der ob des guten Lohnes, den er in Aussicht hatte, nur bedauerte, daß das fremde Volk so selten auf den guten Gedanken kam, sich die Berge auch etwas von oben anzusehen.

Wenn die Zofe ausglitt oder in ein kleines Erdloch trat und dabei jedesmal einen schrillen Schrei ausstieß, sagte er ihr zur Ermutigung:

„Tut nix, Jungferle. Weiter oben kommts noch viel ärger."

Sie waren an den Wald herangekommen — kaum daß zwischen den Bäumen, trotz der Laterne, mit der Jörg voranleuchtete, der Ziehweg zu erkennen war. Langsam, Schritt für Schritt stiegen sie aufwärts. Michela hatte anfangs vor Schrecken geschwiegen, als es so finster um sie wurde und das Licht schauerlich dräuende Gebilde erkennen ließ, die geisterhaft den Pfad umsäumten, ihn scheinbar versperrten, zurückwichen und sich zuletzt beim Näherkommen in knorrige Baumstrünke oder Strauchwerk verwandelten.

Nun begann sie fortgesetzt zu jammern und zu klagen über die Finsternis, den schlechten, steilen Weg, die vielen Steine; die schweren Schuhe usw. Beruhigende Worte, die Sonina dazwischen warf, halfen nicht viel. Erst als sich diese ernstlich böse zeigte, wurde Michela etwas ruhiger. Um nicht verurteilt zu sein, ganz schweigen zu müssen, blieb sie mit dem Knechte etwas zurück.

Als man den Berg angenommen hatte, war völlige Windstille eingetreten. Jetzt erhob sich vom Tal herauf ein leises Wehen und durch die Wipfel der Buchen fuhr es wie weiche, schüttelnde Stöße, die nach und nach in ein summendes Rauschen übergingen.

Sonina hob erstaunt den Kopf. „Was ist das?“ frug sie. „Wir werden wohl schlechtes Wetter bekommen?“

Jörg blieb stehen und stützte sich auf den Bergstock. Es war das erste Wort gewesen, das seine Begleiterin, seitdem sie stiegen, an ihn gerichtet hatte.

„Nein, Signorina. Das ist die Sonne, der Tag, den wir noch nicht sehen, sondern nur spüren. Oben, die Gipfel, die sind schon rot und goldig und die kalte Talluft zieht gegen das Licht.“

Der Weg führte aus dem Walde heraus, über eine abgetriebene Stelle hin; die Sterne verblaßten — die fortschreitende Morgendämmerung ließ in fahlen, grauen Tönen bereits die Weite erkennen.

Bis hieher hatte Sonina keine höheren Empfindungen in sich gespürt. Nun bog der Steig scharf um eine Felsenwand. Mit einem Aufschrei der höchsten Überraschung blieb Sonina stehen und sah entzückt nach dem Wunder, das sich vor ihren Augen vollzog.

Der glänzende Sonnenball schien plötzlich über den äußersten Rand der fernen Berge herausgestiegen zu sein. Mit mächtiger Strahlengewalt hatte er die dichten Dunstmassen, die über den Felshäuptern lagerten, durchbrochen.

Wie in den azurblauen Raum hinausgeschleuderte, gelb und rot glühende Massen zogen die Wolken in rascher

Veränderlichkeit dahin. Die Formen und Farben wechselten. Je höher die Sonne sich hob und je glänzender die feuerige Scheibe auf die wiedergeborene Erde herabsah, desto mehr verblaßten der Purpur, der Scharlach und der Goldton.

Die Bergkuppen und Gipfel begannen zu leuchten. Das Licht rann wie eine flüssige Masse in die Täler und verzehrte deren Dunkelheit. Die schräg durchfallenden Strahlen schienen sich an den Umrissen der Bäume zu einer flimmernden Aureole zu gestalten und malten dort, wo sie mehr von oben trafen, die jungen Fichten und Tannen mit einem satten Smaragd-Grün. Unten, aus dem steilabfallenden, trümmerreichen Hang zog vertraut ein kleines Rudel Rotwild zu Holz — die Tiere ab und zu noch ein saftiges Blättchen äsend — der Hirsch mit stolz erhobenem Grinde, den ein weitausgelegtes Geweih zierte, ihnen folgend.

Die Häher ließen sich gegen das Tal zu hören und vom Schlage herüber, auf dem einige alte Fichten und Föhren stehen geblieben waren, klang das Hämmern der fleißig ihrer Nahrung nachgehenden Spechte.

Von einer hohen Steilwand stürzte Wildwasser, schlug auf und prallte schäumend und zerstäubend von mächtigen Felsvorsprüngen ab. Tief, tief unten, dort wo die Fichten wie Zwergbäume heraufschauten, sah man es aus dem Walde, als sich schlängelndes, silberblitzendes Bächlein, über die Wiesen eilen.

Die Wasser rauschen; die Spechte hämmern; die Häher schreien; Drosseln lassen ihren wohllautenden Pfiff ertönen; Axtschläge sind vernehmbar — allerlei Geräusche, harmonische und unharmonische Laute. Und trotzdem läßt die Großartigkeit der Hochgebirgswelt sie gleichsam verschwinden und in sich untergehen: Der Gesamteindruck ist der eines majestätischen Schweigens, das geeignet ist, den Menschen zur Erkenntnis seiner eigenen Unbedeutendheit zu zwingen.

Mit dem reisenden Tage haben sich die gigantischen Massen des Wettersteingebirges und der Zugspitze in sonnendurchleuchtete, dünne Dunstmassen gehüllt, die von den Tälern und feuchten Wäldern aufgestiegen sind und nach und nach, scheinbar spurlos, wieder zerfließen.

Ein ahnungsvolles Staunen hielt den vier Menschen dort an der Ecke des steilen Ziehweges lange den Mund verschlossen. Wie oft waren Jörg und der Knecht Zeugen des wunderbaren Schauspieles gewesen, das in dieser Art ihren Begleiterinnen fremd geblieben war.

Veit, der Holzknecht, nickte beifällig mit dem Kopfe, als wenn er sagen wollte: „Gut hast wieder deine Sach g'macht, du alter Herrgott, du."

Jörg sah strahlenden Auges in die Weite und in die Runde und murmelte vor sich hin: „Wenn das kein Wunder ist, dann gibt es keines mehr im Himmel und auf der Erden."

Sonina empfand zwar die Schönheit des Vorganges; aber zugleich verspürte die verwöhnte Dame etwas wie Müdigkeit und Erschlaffung, die ihr den vollen Genuß schmälerten.

Michela dagegen, aus der der Unmut über die fremdartige Strapaze redete, behauptete, daß in bella Venezia die Sonne ungleich schöner als hier, hinter dem Lido aus dem Meere auftauche. Das Ganze hätte sie sich auch im Bette vorstellen können; wenn es nach ihr gegangen wäre, würden sie keine zehn Rosse in diese Steinwüste heraufgebracht haben.

Erst jetzt bemerkte Jörg mit Verständnis das durch die Tracht veränderte Äußere der Mädchen. Merkwürdigerweise: sie gefielen ihm ungleich weniger als in den venezianischen Kleidern. Das Hohe, das Vornehme, das Sonina durch die reichverzierten, schleppenden Seiden- und Samtgewänder bekam, in die sie ihre schlanke, biegsame Gestalt hüllte, verschwand in den derben, wenn auch malerischen Bauernkleidern und gab ihr das Aussehen von überzarter Schwächlichkeit. Auch die feinen Gesichtszüge kamen nicht zur Geltung; das Köpfchen verschwand fast unter der Last des breiten, grünen Hutes, den hohe Reihen von Goldschnur umgaben.

Die Zofe sah noch ungünstiger aus mit ihrem scharfen Profile und der langen, gebogenen Nase.

Unwillkürlich mußte Jörg Vergleiche ziehen, zwischen den Mädchen und Margaret. Wie kräftig stand diese in ihren Schuhen! Die breite, gewölbte Brust; die Stärke der Glieder; die Größe und nicht zum mindesten: die einfachen und doch so schönen und festen Linien des Gesichtes!

Das ist ein Mädel, wie es in die Tracht und in die Berge hereinpaßt; aus einem Gusse mit der Natur, aus der sie hervorging; wahr, echt und lebfrisch, wenn auch ihr Gesicht nicht so bezaubernd zu lächeln versteht und ihre Augen nicht so feurig blitzen, als die der schönen Italienerin. Was aber daraus spricht, das ist Ehrlichkeit und Treue.

Noch niemals seit den letzten Ereignissen war es Jörg so schwer gefallen, wie in diesem Augenblicke, daß er voraussichtlich nun auf immer von seiner Geliebten getrennt sein könnte. Der alte Kriener muß ihn hassen, weil er sich von ihm losgesagt und wieder ganz auf die Seite des Vaters geschlagen hat. Mit

Spott und Hohn, mit den schwersten Beleidigungen würde er überschüttet werden, so er es wagen wollte, in bisher gewohnter Weise dem Mädchen zu nahen. Da brauchte es ein Wunder, wenn sich das wieder zu seinen Gunsten ändern sollte.

Mit der Liebe zu Margaret, die gerade in den letzten Wochen zu höherer Ausreife kam, hatte die Bewunderung, die ihm die schöne Italienerin einflößte, gar nichts zu tun. Wenn er jetzt das fremde Mädchen betrachtete, so fehlte dieser sogar das sinnlich Reizvolle, das ihm bisher die Vernunft zu benebeln drohte, wie schwüler, schwerer Blumendust. —

An einer passenden Stelle nahmen die Bergwanderer einen kleinen Morgenimbiß ein.

Sonina versuchte den Burschen zum Reden zu bringen, er verhielt sich aber zu ihrem Ärger anscheinend ziemlich teilnahmslos und drängte bald zum Aufbruche.

Sie waren so hoch gekommen, daß der Wald nun vollständig das ihm im Gebirge eigene Gepräge angenommen hatte. Vom Winde niedergerissene Stämme lagen zahlreich umher; alte, graue Baumleichen mit nadellosem Geäste ragten aus sprossendem jungen Fichtengrün; das Unordentliche und Regellose wurde noch vermehrt durch Felsgestein und wirres Stamm- und Astwerk, das beim Durchforsten als unbrauchbar zurückgelassen worden war. Keine starre Wildnis, weil sich die heranwachsende, kommende Generation kraftvoll zwischen Lebendigem und Vermoderndem empordrängte, aber ein zum Ernste stimmender Anblick.

Wo im Frühjahre an den felsigen Stellen donnernde Lawinen niedergegangen waren, fanden sich in manchen Schattenwinkeln noch bedeutende, mit Holz und Baumteilen, sowie

Gesteinsbrocken versetzte Schneehäufungen.

Aus dem Walde tretend machten sich die heißen Sonnenstrahlen in ihrem Zurückprallen von dem weißen Fels jetzt sehr bemerkbar. Michela hatte von neuem zu jammern begonnen und schon des öfteren erklärt, daß ihr die Kraft versage, noch höher zu steigen. Ihre Herrin kehrte sich nicht daran und ging ruhig weiter.

Plötzlich ertönte ein klagender Schrei, die Zofe hatte sich auf den Boden gesetzt und behauptete, sich den rechten Fuß übertreten zu haben.

Sonina machte ein finsteres Gesicht. Aber was konnte sie tun? Ist es so, daß Michela den kleinen Unfall erlitten hat, dann konnte diese nicht gezwungen werden, weiterzugehen. Das Gegenteil zu beweisen, wenn sie sich einigermaßen verstellte, war schwierig, ja fast unmöglich.

Nach kurzer Beratung und Überlegung entschloß sie sich, das Mädchen mit dem alten Knechte zurückzulassen und allein mit Jörg weiterzugehen. Michela sollte einstweilen ausruhen und sich Überschläge mit dem eiskalten Bergwasser machen, das gleich nebenan in schäumenden Kaskaden zu Tal stürzte.

Die Zofe war so erfreut über den raschen Entschluß ihrer Herrin, daß sie fast aus der Rolle gefallen wäre. Dort, unter der schattenspendenden Fichte mit den überhängenden Zweigen, ließ es sich herrlich einige Stunden warten und — schlafen. Bis gegen Nachmittag oder Abend wird der Fuß gewiß wieder so sein, daß sie den Heimweg antreten kann. Außerdem ist sie nicht allein; der alte Veit bleibt bei ihr; verhungern kann sie bei den Vorräten, die dieser trägt und von denen Jörg nur wenig mit sich genommen hat, auch nicht.

Kopfschüttelnd betrachtete Veit den kleinen Fuß, den sie ihm mit wehleidiger Miene entgegenstreckte. Er konnte so gar nichts Außergewöhnliches an ihm entdecken!

„Madl," sagte er. „I mein, du bist a recht a kleins Luderl. Dein Fußerl braucht weder 's Waschen, noch kalte Umschläg."

Sie verstand ihn zwar nicht, aber lachte vergnügt und er stimmte mit ein. Ein gar so fanatischer Bergkraxler war er ja auch nicht mehr.

Dann legten sich beide in den Baumschatten und schliefen und aßen abwechslungsweise, wobei ihnen die Zeit herrlich verging. —

Als sich Sonina mit Jörg entfernte, lag der Widerschein eines höhnischen, triumphierenden Gedankens auf deren Gesicht. Die Gleichgültigkeit, mit der sie der Bursche behandelte, reizte sie von neuem, ihm ihre Macht fühlen zu lassen. Noch kein junger Mann war in ihre Nähe gekommen, der unempfindlich gegenüber dem Zauber ihrer Persönlichkeit geblieben wäre. Den einen zwang es zu besonderer Artigkeit; ein anderer hatte das Bestreben, sich im allerbesten Lichte zu zeigen und aufopferungsvoll für die Schöne irgend eine hohe, oder wenn sie es wollen sollte auch unsinnige Tat zu begehen. Irgend einen Dritten, Sechsten oder Zehnten, den überkamen in ihrer Nähe Gefühle mehr leidenschaftlicher Art, wenn solche sich auch nicht immer ausdauernd zeigten.

Das war für Sonina gleichgültig, mehr als Bewunderung wollte sie im Augenblicke nicht. Wenn sich einer der sie umgaukelnden Schmetterlinge an ihren Flammen versengt hatte, dann erwartete sie einen anderen.

Zurzeit befand sie sich überhaupt in einer merkwürdigen Stimmung. Alle ihre venezianischen Erinnerungen traten in den Hintergrund zurück. Auf diesem dunklen, verworrenen Hintergrund begann ein neues Bild vor ihr aufzusteigen, ausgestattet mit Schönheit des Leibes und des Geistes, das die Züge eines Fahrenden, eines niedrigen, für ehrlos geltenden Mannes trug.

Sonina blieb trotz dieses Einflusses klug und nüchtern genug, um das Wahnwitzige einer solchen Neigung zu überschauen. Sie hielt sich weit erhaben über eine derartige Schwäche, wie sie es nannte, und zitterte doch vor dem Gedanken, daß sie unterliegen könnte. Dazu kam die Abscheu, ja fast die Furcht vor einer Verbindung mit dem jungen Pucci. Trotzdem die Sache auf dem besten Wege war, sich unschädlich zu gestalten, so fühlte sie sich doch noch nicht sicher; es konnten immer noch Zufälligkeiten eintreten, welche zu heftigen, hartnäckigen Kämpfen führen würden. Und was dann?

Wenn sie sich im Augenblick die Mühe gab, den niedrig geborenen Gebirgsmenschen, trotz dessen Widerstreben, zur Bewunderung ihrer Schönheit und Persönlichkeit zu zwingen, so tat sie das, weil sie durch die Aufregungen dieses kleinen neuen Abenteuers den alten, sie verfolgenden gespenstischen Gedanken entfliehen wollte.

Hier wußte sie doch ganz gewiß, daß es nur eine Laune war, die sie dazu trieb. Hätte an Jörgs Stelle ein anderer gestanden, würde das für sie keinen Unterschied gemacht haben. Ob er Schaden davon trug oder nicht, war ihr gleichgültig. Die Spielzeuge der müßigen Stunden warf sie hinter sich, ohne sich um die Scherben zu kümmern.

Der Weg war besser und breiter geworden, die Wandernden schritten über sanft gewellte, mit kurzem aber saftigem Berggrase bewachsene Almen, hinter deren Rändern ein niederer Waldgürtel das kahle, nur in einzelnen Teilen von der Krüppelkiefer, der Latsche, umkletterte Massiv des oberen Teiles des Gebirgsstockes umschloß.

Scheckvieh graste einzeln und in Gruppen, kam wohl zutraulich näher und folgte oft auf lange Strecken, dabei weiche, verlangende Muh-Töne ausstoßend, die dem Salze, ihrem größten Leckerbissen galten, das sie durch Schmeicheln zu bekommen hofften. In der Mitte der Alm, auf einem weithin sichtbaren Hügel, dessen Kopf ein mächtiger, fast flacher Felsbrocken bildet, stand wie aus Erz gegossen ein mächtiger Stier, der das Treiben der Seinen beobachtete.

Von der Grashalde, oben aus dem Walde — von allen Seiten klangen melodisch die Glocken der Herde. Einige Hirten lagen und saßen im Schatten alter Fichten und unterhielten sich damit, aus dem weichen Holz der Zirbelkiefer Löffel und sonstige Gebrauchsgegenstände zu schnitzen, die sie unten im Tale verkaufen wollten.

Dabei sangen sie nach wechselnden Melodien, teils selbst erfundene, teils überkommene, endlose Reihen halb oder ganz gereimter kleiner Verse, wie solche noch heutzutage Schnaderhüpfeln genannt werden, doch trugen sie damals mehr den Charakter des italienischen, mehr melancholisch klingenden Ritornells.

Im Hintergrunde, an den Berg gelehnt, standen die altersgrauen Sennhütten und Ställe für das Vieh. Auch von dort klang fröhliches Singen und Jodeln.

Sonina war nach und nach mit Jörg in ein lebhafteres Gespräch geraten, frug ihn nach diesem und jenem und drückte unverhohlen ihre Freude an der ebenso eigentümlichen als schönen Natur aus.

Nachdem sie eine halbe Stunde in der Sennhütte gerastet und sich an Milch, Butter und Käse gelabt hatten, setzten sie den Aufstieg, der nun anfing sehr beschwerlich zu werden, fort.

Nicht ohne vorher einen listigen Blick nach ihm geworfen zu haben, frug Sonina Jörg, wie er sich seine Zukunft denke, nachdem die Kriener-Margaret einen andern heirate.

Der Bursche blieb plötzlich stehen, diese Frage hatte ihm das Blut zum Herzen gedrängt. Die Italienerin erlaubte sich wohl einen schlimmen Scherz?

„Da müßt ich auch was davon wissen," stieß er heraus. Sonina zuckte die Achseln.

„Eben, das wundert mich, daß es Euch unbekannt sein soll! Die Sache ist richtig und in Ordnung. Auch die Hochzeit ist schon bestimmt, nur weiß ich nicht mehr für wann."

Jörg nahm den Hut ab; diese Nachricht hatte ihm die perlenden Schweißtropfen auf die Stirne getrieben. Er versuchte zu lachen.

„Vater und Mutter reden nicht viel — ich selber bin die letzte Zeit fast net unter die Leut' kommen und hör deswegen net, was sie sich erzählen. Die Margaret sagt net ja und Amen, eh ich sie freigeb'. Aber so weit sind wir net, so weit kommt's auch net. Dasselbig Madl und ich, wir g'hören seit unserer Kindheit zusammen."

Die Italienerin lächelte zufriedengestellt. Je fester Jörg an seinem ehrlichen Glauben hing, desto empfindlicher mußte sein Fall werden, wenn er erst die Wirklichkeit begriff.

„Was ich weiß, das hat mir Michela mitgeteilt, die begierig auf jeden Klatsch ist und, weil sie so schlecht deutsch versteht, manchmal die drolligsten Dinge daher plaudert."

Jörg fühlte auf einmal eine große Herzenserleichterung. Ja, so war es. Die geschwätzige Michela hat ihrer Herrin ungereimtes Zeug hinterbracht.

„Und dem Mädl habt Ihr natürlich gleich geglaubt!" rief er fast mutwillig.

Sonina schüttelte den Kopf. „Der Michela glaube ich nie, weil ich weiß, daß sie lügt."

Der Bursche nickte eifrig Zustimmung.

„Aber ich traf zufällig Margaret, die ich sehr gerne leiden mag. Ein Wort gab das andere und da erzählte sie mir ruhig und ohne Leidenschaft, daß die Kriener und Neuner sich todfeind geworden wären und — wenn sie auch anders wollte — ihre Sache mit dem Jörg ein für allemal aus sein müsse. Denn: einem Todfeind ihres Vaters, der sich nicht gescheut hat, den alten Mann vor den zwei Innungen schlecht zu machen, ja des Verrates an seiner Heimat zu zeihen, dem wolle und könne sie nicht zum Altar folgen."

Ein Schreckensruf entfuhr den Lippen des Burschen. Sonina ließ sich dadurch nicht beirren und fuhr fort:

„Es sei ihr leicht gemacht worden, erzählte Margaret weiter. Der rote Zwerger, der jetzt bei dem Vater Kriener alles gilt, sei vor ein paar Tagen gekommen und habe um sie angehalten. Ihr Vater hat zwar einige Bedingungen gestellt, schließlich habe er aber nachgegeben und sich hauptsächlich darüber gefreut, daß er den Neunerischen damit einen besonders empfindlichen

Schlag versetzen kann."

„Heiliger Gott!" stammelte Jörg mit schwer gewordener Zunge. „Und mich hat das Mädl so mir nix, dir nix aufgeben, wegen dem Loder, dem schlechten Menschen, dem roten Zwerger?"

„Ja, ja, so ist es," bemerkte die Italienerin. „Sie sagte, sie wolle dem etwas wilden, aber doch nicht schlechten Menschen den Daumen ordentlich aufs Auge drücken, dann wird es schon gehen. Von den Mannsleuten sei doch einer wie der andere. Mit dem Jörg hätte sie das größte Kreuz bekommen, denn dem steche jedes hübsche Mädl in die Augen. Wenn sie heiratet, will sie ihren Mann nicht mit anderen teilen."

„Lügen, niederträchtige Verleumdung!" schrie im wilden Zorne Jörg. „Nicht mit ei'm Aug hab ich nebennausg'schaut! Und sie vergleicht mich zum Ungunsten mit dem Zwerger, der den schlechtesten Flanken im Ort und in der Umgegend nachlauft! Wenn's net so traurig und narrisch wär, so wär's zum Lachen!"

„Beruhigt Euch, Jörg. Schert Euch nicht um solche Reden und nehmt es leicht. Weiß ich es ja am besten, daß Ihr weder Augen noch Ohren für andere Mädchen hattet. Das habt Ihr jetzt davon! Leicht mag es Euch immerhin nicht gefallen sein, denn sonst wäret Ihr kein junger, frischer Mann, der das Anschauen wohl verträgt. Aber Ihr seid standhaft gewesen und habt mit Gewalt nichts sehen wollen. Alles nur wegen der, die Euch leichten Herzens um einen ortsbekannten, schlechten Menschen aufgibt."

Jörg ballte die Fäuste und seine Zähne knirschten aufeinander. Wilde, drohende Flüche stieß er aus und am liebsten wäre er umgekehrt und hätte dem roten Zwerger auf möglichst empfindliche Art das Genick gebrochen. Allen mußte er zum Spott geworden sein, weil er als einer der Letzten erfuhr, was er als Erster hätte wissen müssen. Es war ihm, als wenn der Boden unter seinen Füßen abbröckeln wollte und er in einen Abgrund versinken sollte. Mit der Bubenbruderschaft hatte er sich ohne seine Schuld verfeindet. Dieses Verhältnis wird das Leben durchdauern, auch wenn aus den jungen Burschen längst grauhaarige Männer wurden. Auf seinem Vater und ihm liegt der Haß der beiden Innungen, weil sie deren entgegengesetzter Meinung gewesen sind. Wer Recht hat, das wird sich in Bälde zeigen. Und als drittes und größtes: Die verächtliche Absage des für ihn bestimmten Mädchens. Das brachte ihm das Blut ins Sieden!

Was ihm Sonina mitgeteilt hatte, entsprach im allgemeinen der Wahrheit, nur unterließ sie zu sagen, daß Margaret keineswegs freiwillig den Bewerbungen des roten Zwerger nachgegeben hatte, sondern von ihrem Vater unter der Drohung des Verstoßens dazu gezwungen worden war.

Die Eltern genießen in guten bäuerlichen Kreisen eine so große Autorität, daß es zu den seltensten Ausnahmen gehört, wenn ihre Kinder derartigen Geboten nicht folgen wollten. In solchen Auffassungen war das Mädchen herangewachsen; daß sich nach den Vorgängen der letzten Wochen das feindliche Verhältnis der Familien Kriener und Neuner bessern könne, schien ausgeschlossen und so fügte sich Margaret unter Tränen und Schmerzen dem väterlichen Machtgebot.

Sie waren auf einem Felsvorsprung angelangt, von wo aus sich eine wunderschöne Aussicht über die im weiten Halbkreise gelagerten Berge ergab. In ruhiger Majestät ließen sich die steinernen Berghäupter von der heißen, zitternden Luft umflimmern; der Blick fiel in schwindelnd zu beschauende Abgründe, aus denen ein leichter Nebelhauch an den Steilwänden emporkroch; das stumpfe Blaugrün der Latschenfelder stach scharf ab von dem blendenden Weißgelb der Felsen; dort drüben, im Schatten eines tiefen, grünbewachsenen Risses, tat sich ein Rudel Gemsen um, sahen auch wohl nach den Bergsteigern, ließen sich aber im Gefühle ihrer Sicherheit weder im Äsen noch im Ruhen stören. In weiter Ferne zeigten sich die bunten Farben des dem Gebirge vorliegenden ebenen Landes. Die schwarzgrünen, massiven Flecken bedeuteten Wälder; zwischen denen blitzten und schimmerten die Seen; der Lauf der Isar war kennbar an einem hellen, grünumbordeten Streifen; auf weithin ließen sich die Türme von großen und kleinen Dörfern, Marktflecken und Städten unterscheiden, die wie dunkle Inseln in der helleren, farbigeren Umgebung schwammen.

Oberhalb des Gebirgsstockes war das Firmament klar und durchsichtig; im äußersten Westen aber schob sich eine schwere, graue Wolkenmasse herauf, deren nächste Ausläufer bereits hinter dem Massiv des Karwendel verschwanden. Augen für diesen großartigen Anblick hatte aber keines von den beiden.

Die stechende Sonne und das Steigen hatte Sonina ermüdet. Sie setzte sich im Schatten einer Wand auf einen Felsblock und winkte dem Burschen, das gleiche zu tun. Er sah sich nach einer Sitzgelegenheit um; in der nächsten Nähe war nichts derartiges zu finden und so streckte er sich zu Füßen des Mädchens auf den Boden nieder.

Sie sah das mit Unwillen. Warum hatte er sich nicht zu ihr auf den Stein gesetzt? Wenn sie etwas rückt, gibt es Platz für zwei. Sie sagte ihm das. Er schüttelt abweisend den Kopf und starrt finster vor sich hin.

Sonina beißt ihre kleinen Zähne ärgerlich zusammen. Das war grob von Jörg. Was kann man aber von einem Bauernburschen anderes erwarten?

Nun steht sie rasch auf und setzt sich so an den äußersten Rand des fast senkrecht abfallenden Felsens, so daß ihre Füße über den Abgrund hereinhängen.

Jörg hat ihr wie im Traume zugesehen, dann begreift er das Unsinnige, das Gefährliche eines solchen Tuns, er springt auf und reißt sie am Arme zurück, daß sie einen Schmerzensschrei auszustoßen gezwungen ist.

Sonina war bleich geworden, aber aus ihren Augen blitzt es dämonisch.

Der Bursche steht vor ihr, über sein ehrliches Gesicht flammt der Zorn und er ruft ihr zu:

„Signorina! Habt Ihr das Leben satt, daß Ihr Euch auf das Bröckelwerk setzt? Keinen Augenblick seid Ihr sicher, daß das lockere Zeug mit Euch in den Abgrund fallt, hundert und hundert Klafter tief!"

Das Mädchen zuckte die Achseln und wendete sich halb ab. „Ihr habt eine grobe Faust, Jörg Neuner. Ich wüßte nicht, was es Euch kümmern könnte, wenn es mir einfallen sollte, dort hinunter zu springen."

„Das meint Ihr nicht ernst!" gab er warm zurück. „Gut und christlich ist's nie, mit seinem Leben frevelhaft zu spielen. Und Ihr, Ihr habt's gewiß am wenigsten notwendig, Euch aus der Welt hinauszuwünschen."

„Wer weiß?“ sagte sie mit harter Betonung und wendete ihm dabei ihre volle Gestalt zu. „Wer sollte um mich trauern? Vielleicht Signor Pucci, für den ich nur eine Ziffer bedeute?“

„Aber Signorina, Ihr habt doch einen Vater!“ entgegnete Jörg vorwurfsvoll.

„Einen Vater, ja; wie man so zu sagen pflegt,“ antwortete das Mädchen bei finster zusammengezogener Stirne. „Er wird mich so bald vergessen haben, als meine arme Mutter. Sein Herz hängt am Reichtum ungleich mehr, als an mir, seinem Kinde. Was bedeutet denn das Abkommen mit Pucci anders?“

„Und sonst habt Ihr niemand, der sich ernstlich um Euch grämen tät’?“ frug Jörg mit einem bedauernden Kopfschütteln.

Da traf ihn ein so eigentümlich glühender, flackernder Blick, daß es ihm heiß in die Wangen stieg und er seine Augen ins Weite richten mußte, um seine Verlegenheit einigermaßen zu verbergen. So hatte ihn noch kein weibliches Wesen angesehen. Was wollte sie damit, was sollte das bedeuten? Gewiß, wenn dem schönen Mädchen etwas zustoßen sollte, es würde ihm herzlich leid tun. Plötzlich stand ihm vor der Seele, wie er sie gesehen hatte, als sie den wunden, fahrenden Mann an ihrem Arme durch den Garten geleitete. Der war ihr gewiß heißen Dank schuldig geworden! Unbewußt, daß er es tat, nannte er dessen Namen. „Rab Golli!“ hatte er vor sich hingemurmelt.

Sonina fuhr jäh zusammen. Daß sie in dieser Stunde an diesen Mann erinnert wurde! Hatte das Geheimnis, das sie im untersten Grunde ihres Herzens verschlossen glaubte, Flügel bekommen und war ihr zur Schande, Spott und Hohn hinausgeflattert in die kalte Welt? Es überlief sie eisig und es bedurfte ihrer ganzen Kraft, um dem, der ihr hier gegenüber stand, nicht die Bestätigung des Verdachtes, dem seine Frage Wort geliehen hatte, zu geben.

Sie zwang sich zu einem Auflachen. Die Erschütterung, in der sie sich befand, nahm diesem das Wahre, das Natürliche. Der Ton traf auch den sonst arglosen Jörg. Jetzt erst blickte er scharf zu ihr hinüber und mit Staunen bemerkte er ihre verzerrten Züge und die unverhüllte Aufregung, die sie ergriffen hatte. Sein auf das Praktische gerichteter Sinn erfaßte sofort, daß hier etwas sei, an das er nicht rühren dürfe.

Eben wollte er sich an sie wenden, um sie aufzufordern, wieder weiterzugehen, als eine fast schwarze Wolke, die sich unbeobachtet von beiden, über den Grat geschoben hatte, sie in merkbaren Schatten hüllte. Erschreckt blickte er auf. Was er sah, hätte für ihn selbst nicht viel bedeutet. So aber trug er die Verantwortung für ein zartes weibliches Geschöpf, das den Unbilden eines Gewitters zwischen den hohen Gipfeln schlecht gewachsen war.

Unregelmäßige, heiße Windstöße brausten über den Grat herüber; plötzlich wechselte schroff die Temperatur zur eisigen Kälte und schon begannen einzelne, mit Schneekristallen durchsetzte Regentropfen schwer niederzufallen. Gewaltige elektrische Entladungen erfolgten noch hinter dem Gipfel des Berges; ihr Widerschein huschte wie ein plötzliches, fahles Aufleuchten, über das sich in trübe Dämmerung hüllende Felsgestein.

Da, wo sich die beiden befanden, konnten sie unmöglich den Verlauf des Gewitters abwarten, denn kein Baum, kein überhängender Felsblock bot den geringsten Schutz.

Jörg hatte Sonina fest an der Hand genommen und war mit ihr bergab geeilt. Das Brausen und Sausen erhöhte sich — für den Augenblick war eine mündliche Verständigung unmöglich. Dazu peitschten die eiskalten Regentropfen, vermischt mit Schneeflocken und Hagelkörnern ihre Gesichter, denn sie stürmten jetzt dem Winde entgegen.

Banges Entsetzen hatte das Mädchen ergriffen. Das plötzliche Hereinbrechen des Unwetters war ihm unbegreiflich. Was wußte sie davon, daß man im Hochgebirge, so man sich nicht auf einem Gipfel befindet, ein niederstreichendes Gewitter oft erst dann bemerkt, wenn es sich zu Häupten befindet! Je näher man unter dem Berggrat ist, desto überraschender wird die Erscheinung auftreten.

Die hohen Bergseiten stauen ein tiefer heranziehendes Gewitter. Quillt dann das vom Winde getriebene Gewölk vollends auf die andere Bergseite, so tritt das Gewitter dort bereits mit entfesselter Kraft auf.

Jörg suchte einen etwas tiefer gelegenen Graben zu erreichen, dessen dichtes Latschengewirr ihnen einigermaßen Schutz bieten konnte.

Lauter wurde das Brausen des Windes; Schneegewirbel und Hagelstücke verfinsterten den kaum mehr erkennbaren Pfad; das die beiden nun ganz einhüllende schwarze Gewölk entlud sich mit gewaltigen Blitzen, die oben, unten oder seitwärts in Begleitung eines donnernden Schlages zu entstehen schienen. Die Atmosphäre war so mit Elektrizität gesättigt, daß aus den eisernen Spitzen der Bergstöcke eine rasch verschwindende und wieder erscheinende blaue Flamme zuckte und um die Haare der abwärts Fliehenden ein phosphoreszierender Lichtschein spielte. Doch abwärts, immer abwärts!

Ein schmerzlicher Aufschrei Soninas! — Sie war auf dem schlüpfrig gewordenen Gestein ausgeglitten und würde in die Tiefe gestürzt sein, wenn sie Jörgs starke Hand nicht auf- und zurückgerissen hätte.

Sie versuchte weiter zu fliehen, aber die bebende Angst, der Schrecken, vielleicht auch der Schmerz des harten Falles, ließen sie kaum mehr vorwärts kommen.

Das tobende Unwetter schien seine höchste Kraft in sinnverwirrenden Ausbrüchen einsetzen zu wollen.

Kurz entschlossen hob Jörg, da keine Minute mehr zu verlieren war, Sonina empor und trug sie in raschem Laufe, aber fest und vorsichtig jeden Punkt wählend, wo er die schwergenagelten Schuhe aufsetzte, nach dem Graben, dessen Latschengestrüpp bis an den Weg heranreichte.

An ein Durchkommen zu zweien war hier nicht zu denken. Er setzte sie, die in dem Zustande, in dem sie sich befand, willenlos alles mit sich geschehen ließ, ab, trat über den Rand hinunter, gab ihr ein Zeichen, ihm auf dem Fuße zu folgen.

Jörg begann mit mächtiger Gewalt, die mehr als mannshohen Latschenkiefern auseinander zu drücken und zu biegen und sich bis an eine schützende Ecke vorzuschieben. Hier war es verhältnismäßig ruhig; der Sturm brauste über den Graben weg, die eng und wirr ineinander verschlungenen, benadelten Zweige hielten den Schnee und die in immer größeren Stücken fallenden Hagelkörner und kantigen Schlossen so ziemlich ab.

Hoch aufatmend blickte er sich um. Sonina war ihm in ihrer Angst ohne Rücksicht auf die schlagenden Zweige und das rauhe Gestein gefolgt.

Der Platz entsprach der augenblicklichen Anforderung. Schnell richtete Jörg auf dem krummen Wurzelwerk mit Zuhilfenahme von ausgerissenem Grase und seinem Rucksack einen Sitz für das Mädchen. Dann hieb er mit seinem Jagdmesser einige Zweige ab und schob zu Häupten Soninas diese quer durch die Latschenkronen. Dadurch hatte er in wenig Augenblicken ein undurchlässiges Dach geschaffen. Ein Blick auf das Mädchen zu seinen Füßen zeigte sie ihm völlig durchnäßt und von Frost geschüttelt. Nun wickelte er noch den groben Wettermantel um sie und stellte sich so, daß sie der von der Seite kommende Wind nicht unmittelbar treffen konnte. Mehr war für den Augenblick nicht zu tun; alles übrige mußte abgewartet werden. Solche Gewitterstürme gehen in der Regel rasch vorüber und es folgen ihnen oft Stunden des schönsten Sonnenscheines.

Der Hagel war in gießenden Regen übergegangen, dessen Wassermassen unaufgesogen durch das kahle Gestein in wilden Bächen und schäumenden, gelbbraunen Kaskaden in jeder Einsenkung oder Rinne zu Tale stürzten.

In dem steilen Graben, zu Füßen der beiden, begann es nach und nach zu rinnen, zu brausen und zu zischen, Gepolter von rollenden, durch die Wassersgewalt mitgerissenen Gesteinsbrocken wurde hörbar und zuletzt spritzten Tropfen und Schaum bis zu ihnen herauf. Entsetzt blickte Sonina auf diese neue, sich ihr Zoll für Zoll nahende Gefahr und auf Jörg, ihren Retter und Helfer. Doch dieser lächelte und schüttelte verneinend den Kopf. Das beruhigte sie, und nun erwachte nach und nach ein gewisses, seither von dem Schrecken niedergehaltenes Interesse für das großartige Naturschauspiel.

Nach kaum zwanzig Minuten war dieser ganze Höllentrubel über beide hinweggebraust und die Sonnenstrahlen, die das dunstige Gewölk durchbrochen hatten, schimmerten in tausend Farben und blitzten durch den nun fein herabrieselnden nach und nach ersterbenden Regen. Wie ein riesiges, grauschwarzes Ungetüm, mit fahlgelben Rändern, raste das Gewitter über das Tal dem Laufe der Isar nach. Das Flachland schien in Dunst und Nebel gehüllt, nichts war sichtbar von all dem wechselnden Farbenzauber und den bunten Flecken, die Städte, Dörfer, Wälder, Felder oder Seen bedeuteten.

Nun konnten beide daran denken, den Abstieg wieder fortzusetzen. Sonina ergriff die Hand des Burschen und wollte diesem für seine tätige Hilfe danken. Das verwirrte ihn; rasch zog er seine Rechte wieder zurück.

Der Weg bis über die Almen herunter war felsig und daher verhältnismäßig gut. Nun kam eine Mulde, die grasbewachsen und an und für sich etwas sumpfig, zurzeit aber ganz von Wasser bedeckt war.

Sonina schaute ängstlich und verlegen lächelnd darüber hin. Das Wasser mußte ihr bis über die Knie gehen, wollte sie es durchwaten.

Der junge Neuner fand es ganz selbstverständlich, daß es dazu nicht kommen durfte. Ohne etwas zu sagen, hob er das Mädchen empor und begann die Lache zu durchschreiten. Es stieß einen leichten Schrei aus, aber lächelte sofort und schloß die weichen Arme fest um den Nacken des Burschen.

Ein angenehmes, wohliges Gefühl überkam sie. Sie hielt sich fest geborgen in den Armen dieses starken, schönen Mannes. Nun wendete sie ihm ihr Gesicht zu, in das er unwillkürlich gezwungen war, zu blicken. Eine feine, aufsteigende Röte begann es höher zu färben; die Arme schlossen sich fester um des Burschen Nacken und der weiche Leib schmiegte sich inniger an die breite, nun schwer atmende Männerbrust.

Über die Augen, die blitzend in die seinen geschaut hatten, fiel der Schleier der dunklen Wimpern: Ihr Gesicht hob sich verlangend zu ihm empor, die Lippen wölbten sich zu einem heißen Kusse. Jörg hätte nur still zu halten gebraucht und hätte nicht nötig gehabt ihr entgegenzukommen. Da stieg es auch in ihm heiß auf, aber nicht von Liebe, sondern von einem anderen Gedanken. Das Andenken an Margaret hatte sich zwischen diese durstigen Lippen und seine eigenen urplötzlich gedrängt. Er schob seinen Kopf zurück, und kalt und herb klang es, als er sprach: „Signorina, Ihr habt Euch geirrt. Spart das für Rab Golli auf."

Einen Augenblick schien die Italienerin wie gelähmt von dieser Enttäuschung. Ihr das! Von diesem Bauern! Sie machte, aus Zorn und Scham bleich geworden, Miene, sich aus seinen Armen zu winden und ins Wasser zu springen. Aber er hielt sie, daß sie sich nicht rühren konnte und trug sie bis an das Ufer.

Ohne ein Wort zu sagen, stürmte Sonina voraus, so rasch, daß er ihr fast nicht folgen konnte.

Was er empfand, war ein Staunen über sich selbst und etwas wie Verachtung gegen die, die sich ihm so schrankenlos dargeboten hatte. Sein Mannesstolz war beleidigt — ihr Benehmen hatte ihn angewidert.

In Sonina kochte wilder Zorn. Wenn sie stark genug gewesen wäre, würde sie sich nicht besonnen haben, den Burschen in einen Abgrund zu schleudern.

An einer Heuhütte, in der Michela und der Knecht das Unwetter abgewartet hatten, trafen sie auf diese beiden. Sonina bekam dadurch die erwünschte Gelegenheit, über die erschrockene Zofe herzufallen und ihr in harten, scharfen Worten vorzuwerfen, daß sie pflichtvergessen von ihr beim Aufstiege im Stich gelassen worden war. Dadurch erhob sich zwischen beiden ein häßliches, leidenschaftliches Gezänke, das erst aus beiderseitiger Erschöpfung ein Ende fand, als man in die Nähe Mittenwalds gekommen war.

Ohne Dank, ohne Gruß verschwand die erboste Italienerin im Hause.

Fragend und den eisgrauen Kopf schüttelnd, sah der alte Knecht nach Jörg hin. Auch dessen Gesicht zeigte keine freundlichen Züge. Ebensowenig schien er geneigt, dem Knechte irgend eine Aufklärung geben zu wollen. Und so verzog sich dieser brummend nach seiner kleinen Kammer, qualmte einen fürchterlichen Tabak und dachte unter mancherlei, wenig schmeichelhaften Ausrufen über die sonderbare Veränderlichkeit des Weibervolkes nach.

21 Ungestüme Leidenschaften

Das rege Leben und der lebhafte Verkehr im Marktflecken hatte bedeutend abgenommen. Eine große Anzahl der Kaufherrn war schon auf dem Heimwege. Verschiedene der Italiener hatten nach Beendigung und Abwicklung ihrer Geschäfte in Mittenwald die Gelegenheit ergriffen, wie es so üblich war, entweder den Einladungen von Handelsfreunden zu folgen, oder sich eine oder die andere der berühmten süd- oder mitteldeutschen Städte mit eigenen Augen anzusehen.

Selten wurden solche Reisen ohne einen geschäftlichen Hintergedanken unternommen, bildeten doch diese und die Märkte die einzige Gelegenheit, neue Verbindungen anzuknüpfen, die alten weiter zu pflegen und sich über Bedürfnisse und Erzeugnisse des fremden Landes zu unterrichten.

Die Mehrzahl der in Mittenwald zurückgebliebenen Fremden waren Beamte und Gehilfen oder gehörten zum Troß der Kaufherren.

Das Interesse an den Leistungen der Fahrenden hatte naturgemäß sehr abgenommen.

Die Vorstellungen auf dem großen Platze hatten zwar noch nicht ganz aufgehört, allein es war kein Ernst mehr dahinter, und besonders an etwas regnerischen oder kühlen Abenden fehlten die Zuschauer fast gänzlich.

Klaus Hornnebel würde schon längst mit seinen Leuten aufgebrochen sein, wenn er über die Verhandlungen, die Rab Golli mit den Augsburgern führen mußte, bereits Bescheid gewußt hätte.

Er hatte ihm aufgetragen gehabt, sogleich nach deren Abschluß Hans Reißaus mit der Nachricht heimzusenden. Bis zur Stunde war dieser noch nicht eingetroffen.

Das hinderte nicht, daß sich die Fahrenden zur Reise rüsteten, um in möglichst kurzer Zeit aufbrechen zu können.

So vergingen noch einige Tage, als zum größten Staunen Hornnebels Rab Golli auf einem Rosse, das sehr abgetrieben aussah, wieder im Lager erschien.

Damit waren alle schönen Pläne des Pfeiferkönigs gegenstandslos geworden.

Rab Golli, den die Reise vollständig gesundete und der frischer als jemals aussah, gab sich nicht viel Mühe, sich zu entschuldigen, warum er nicht den langen Hans zurückgesendet hatte. Die Angelegenheit war unter günstigen Bedingungen bestens besorgt — die kleinen Dinge zu schlichten, versteht Hans Reißaus besser, als er es jemals fertig gebracht hätte.

Der alte Pfeiferkönig seufzte, sah seinen jungen Schützling besorgt an und gedachte möglichst rasch weiter zu kommen.

Da kam etwas dazwischen, was diesen Wunsch wieder auf Tage hinausschob.

Die Zofe Michela besaß eine erregbare, leicht zum Hasse neigende Gemütsart. Die Behandlung, die ihr die junge Herrin bei dem Abstiege vom Berge und später angedeihen ließ, empfand sie als eine große Ungerechtigkeit.

Die Laune der Herrin war seit dem Bergabstiege geradezu schauderhaft. Als Michela wieder einmal die Gelegenheit benützen wollte, ein doppeltes Trinkgeld dadurch herauszuschlagen, daß sie dieser mitteilte, Signor Pucci habe sich eingehend Bericht über die Bergfahrt erstatten lassen, wurde sie mit Hohn und Schimpfworten überhäuft. Was sie sich denn denke, hieß es, daß ihr einfallen werde, eine niederige, gemeine Verräterin für fortgesetzten Verrat doppelt zu belohnen usw.

Das war unvorsichtig von Sonina; denn in Sachen Pucci wußte die Zofe doch sehr viel, was, wenn ausgeplaudert, zu sehr unangenehmen Erörterungen führen konnte.

Michela war rasch entschlossen. Nach Venedig mußte sie zwar mit der Signorina zurückreisen, dort aber wird sie sich endgültig von ihr trennen. Einem Mädchen von ihrer Gewandtheit stehen alle Türen und Hintertüren offen.

Signor Pucci war nicht wenig erstaunt, als ohne die Vermittlung des Haushofmeisters eines Abends Michela bei ihm erschien und versprach, ein wichtiges Geheimnis mitzuteilen, wenn der reiche Signore dementsprechend in den Beutel langen würde. Ihre Andeutungen, die sie sehr geschickt einflocht, reizten die Neugierde des jungen Mannes derart, daß er eine schöne Anzahl von Goldstücken auf den Tisch legte, die ihr gehören sollten.

Michela war ihrer Sache und deshalb auch der Ducati sicher. Was Signor Pucci von ihr hörte, entfachte ebensowohl seinen Zorn als auch die Begierde, dieser stolzen Dame, die so verächtlich mit ihm umging und von ihm sprach, seine ganze Macht fühlen zu lassen.

Reich beschenkt und mit besonderen Aufträgen entfernte sich Michela und kam zu Hause gerade recht, um ihrer Signorina in zornigem Schimpfen über den geckenhaften, genasführten Signor Pucci kräftig beizustehen. Sie entwickelte dabei so viel Humor und wußte den jungen Mann so gut nachahmend auszuspotten, daß sich Soninas Laune merklich besserte. Als Beweis dieser Wendung schenkte sie der Zofe ein wertvolles goldenes Schmuckstück und nannte sie das treueste Mädchen, das noch jemals in ihren Diensten gestanden hatte.

Der junge Pucci war nach seiner Ansicht der Mann nicht, mit dem man beliebig umspringen konnte und der sich viel um Weiberlaunen zu scheren brauchte. Es war nun einmal ausgemacht, daß er die Sonina Sporini heiraten sollte; die Nebenumstände stimmten; verehelichen mußte er sich so wie so, also wird sie auch von ihm geheiratet werden. Unter den jungen Venezianerinnen gab es für ihn keinen anderen Unterschied, als daß die eine mehr, die andere weniger hübsch war. Launenhaft, verschwenderisch und geneigt zu gefährlichen Liebesabenteuern waren sie alle.

Was er nun zu sagen haben würde, dachte er, machte sich ungleich besser in den eigenen vier Pfählen als auswärts. Deswegen ließ er Signor Sporini bitten, ihn zu besuchen.

Das war etwas außergewöhnlich. Der alte Herr konnte unter den gegebenen Verhältnissen das Ersuchen nicht abschlagen und machte sich in unsicherer und gedrückter Stimmung auf den Weg.

Es kam aber viel ärger, als er es sich jemals vorgestellt hätte! Signor Pucci zeigte sich mit unheimlicher Genauigkeit über alle Pfiffe und Schliche, die von der Signorina angewendet worden waren, um ihn zu einem freiwilligen Rücktritt zu veranlassen, unterrichtet.

Sor Sporini vergoß Bäche von Angstschweiß.

Das war nur der Anfang. Der zweite Teil der vernichtenden Vorwürfe galt ausschließlich seiner Person: Wie er sich habe hergeben können, die beleidigenden Launen seiner Tochter zu unterstützen; ob das von Treu und Glauben spreche, Abmachungen so zu halten, wie er es getan hatte; wie er sich denn gar nicht gescheut habe, die ganze Familie Pucci zu beleidigen und beleidigen zu lassen, ob er so verblendet sei, die unabweisbaren Folgen nicht zu bedenken?

Hier setzte nun Signor Pucci mit ganzer Kraft ein, indem er dem jetzt vor Scham und Aufregung bebenden Manne haarscharf bewies, daß er durch den Druck, der auf ihn ausgeübt werden wird, Hab und Gut, Haus und Hof, Namen und geschäftliche Ehre verlieren müsse.

Signor Sporini wand sich, entschuldigte sich und bat fast fußfällig um eine mildere Auffassung. Er könne nichts dafür, als daß er sich schwach gegen die eigenwillige Tochter gezeigt habe. Er sehe selbst ein, daß er verächtlich handelte und sei geneigt, auf alle Vorschläge, die ihm gemacht würden, einzugehen.

Nachdem es so weit war, stellte sich Pucci wieder zugänglicher und versprach zu vergeben und zu vergessen, wenn ihm Sonina binnen acht Tagen angetraut werden würde. Er wolle aller Flunkerei und allen Launen damit ein rasches Ende bereiten.

Signor Sporini bekam einen Schwindelanfall vor Entsetzen über diesen Vorschlag und behauptete, wenn er auch alles täte und den besten Willen hätte, so wäre dies doch schlechterdings unmöglich. Da müßte das und das und das gemacht werden; die Aussteuer fehle gänzlich; die Hochzeit brauche ganz andere Vorbereitungen, als man solche hier, im fremden Lande, in einem Gebirgsdorfe treffen könne; nicht einmal ein Kleid besitze Sonina für die Trauung.

Signor Pucci lächelte kalt und überlegen. Er zwirbelte sein Bärtchen in feine Spitzen und entgegnete: Wenn dem wirklich so sei, dann müsse er eben doch verzichten. Signor Sporini dürfe sich aber nicht wundern, noch auf dem Heimwege ganz merkwürdige geschäftliche Mitteilungen aus Venezia zu empfangen. Noch heute soll ein Kurier dahin abgehen, der dem Vater Pucci alles mitteilt, was diesem zu wissen notwendig ist, um die künftigen Maßnahmen zu treffen.

Das genügte, um Sporini vollständig mürbe zu machen. Mit genauer Not gewährte Pucci die Konzession, auf den endgültigen Bescheid bis morgen warten zu wollen.

Wie zerschlagen, an allen Gliedern zitternd, wankte der alte Mann nach Hause. Das Ärgste, die Auseinandersetzung mit seiner Tochter, stand ihm ja noch bevor.

Darin hatte er sich auch nicht getäuscht. Sonina bekam einen förmlichen Wutanfall, als sie vernahm, der junge Pucci sei über ihr Gebahren vollständig unterrichtet. Sofort lenkte sich ihr Verdacht auf Michela, die, herbeigerufen, mit frecher Stirne und einer geradezu unheimlichen Mundfertigkeit, wie sie den Weibern ihres Volkes vorzugsweise eigen ist, nach dieser Richtung jede Beziehung mit dem Signor und dem Haushofmeister leugnete. Sonina war keineswegs durch diesen Wortaufwand überzeugt und stellte dem Mädchen, nach der Heimkunft, sofortige Entlassung in Aussicht. Unter Schimpfen und Schelten entfernte es sich.

Nun erst gab Sonina ihrem Vater Gehör, das heißt, sie lachte ihm in das Gesicht und trug ihm auf, dem Signor Pucci zu sagen, daß sie nie die Seine werden könne, denn sie hasse und verabscheue ihn.

Dadurch kam es aber zum heftigen Zusammenstoß mit ihr und ihrem Vater, der sozusagen um seine Existenz kämpfte. Dieser, sonst gegen seine Tochter sehr schwache Mann, war mit einemmale energisch und willenskräftig geworden. Er sagte ihr, daß alles seine Grenzen habe; daß weder Gott noch die Menschen verlangen könnten, daß er um bloßer Mädchenlaunen willen sich zu Grund richten lassen soll. Alles steht für ihn auf dem Spiel: Sein Namen, sein Vermögen, seine Ehre, seine ganze Zukunft. In den Abgrund, in den er versinken wird, wird auch Sonina mitgerissen werden; die großen Spekulationen, mit denen er sich zurzeit befaßt, lägen so, daß das mächtige Haus Pucci, wenn es ihm zum Feinde wird, ihn vernichten, ihn zum Bettler machen kann. Er bittet nicht mehr, sondern er befiehlt mit dem Rechte des Vaters, dem das Gesetz zur Seite steht.

Sonina trotzte und weinte. Als sie einsehen mußte, daß ihr nichts half, der Vater fest auf seinem Willen bestand, schien ihr ganzes Wesen gleichsam zu erstarren, zu vereisen. Mit einem höhnischen Lächeln auf dem leichenblassen Gesichte frug sie, was geschehen würde, wenn sie sich trotz allem und allem nicht willfährig zeige.

„Willst du meinen Tod?" rief er ihr, an allen Gliedern bebend, zu. „Wenn du nicht dem Signor Pucci zur Kirche folgst, so gibst du ihm die Gewalt, seine Drohungen wahr zu machen. Das werde, das will ich nicht überleben!"

Bei diesen Worten warf das Mädchen den Kopf in die Höhe, als hätte sich ihr plötzlich ein Ausweg gezeigt.

„Wenn ich ihm zur Kirche folge — —" murmelte Sonina vor sich hin. Dann wiederholte sie diesen Satz nochmals laut, so daß ihr Vater verwundert ausschaute.

„Du willst ihm also zur Kirche folgen?" frug er lauernd, fast atemlos den Entscheid erwartend, der die böse Angelegenheit mit einem Male aus der Welt schaffen würde.

„Bist du ganz sicher, Vater, daß Signor Pucci dann dein Versprechen für eingelöst nehmen und auf seine Drohungen vergessen wird?“

Signor Sporini lachte etwas gezwungen. „Das ist doch selbstverständlich! Aber was soll das heißen? Welche tolle Einfälle gebiert dein Hirn? Pucci ist im Geschäfte ein Ehrenmann durch und durch und respektiert den Pakt, den wir miteinander geschlossen haben.“

„Geschah das schriftlich, Vater?“

„Nun ja doch,“ antwortete der Kaufherr etwas unangenehm berührt, denn er fühlte sich gegenüber seiner Tochter verlegen und scheute sich, ihr glatt einzugestehen, daß er sie in den Bereich seiner Geschäftsinteressen gezogen hatte.

Zornröte färbte ihre Wangen, aber sie bezwang sich und entgegnete im kalten, aber mit bitterer Ironie gesättigtem Tone: „Du bist Kaufmann und weißt, was du in die Wagschale werfen mußt, um einen hohen Gewinn zu erzielen. Der erste Teil des Geschäftes war auf eine schriftliche Abmachung gegründet. Indem ich meine Einwilligung gebe, tritt dieses Geschäft in eine ganz neue Phase.“

„Das ist gegenüber Signor Pucci nicht nötig!“

Das Mädchen zuckte die Achseln.

„Mein schwacher Verstand begreift nur, daß es dann überhaupt nicht gegeben war, das Schreibzeug zu gebrauchen.“

„O doch! Es handelt sich bei solchen Sachen um den Wortlaut. Daran kann nichts gemäckelt und bekrittelt werden. Käme Derartiges zur Klage, so entscheidet der hohe Senat der Republik strenge auf Grund dessen, wie es schwarz auf weiß zu lesen ist.“

„Manchmal liegt aber verschiedener Sinn in den gleichen Worten!"

Signor Sporini schüttelte energisch den Kopf.

„Das ist es ja eben! Es läßt sich so ziemlich jeder Schriftsatz auf eine unbestimmte Zahl von Arten verstehen. Lesen muß man ihn, wie er gegeben ist. Kind! Wo würden wir hingeraten, wenn es jedem pfiffigen Rechtsverdreher oder phantastischen Kopfe freistünde, das, was er brauchte oder haben möchte, zwischen den Zeilen herauszulesen? Wie es geschrieben ist, so ist es geschrieben und das ist gut."

„Dann wird es nötig sein — für Leben und Sterben — daß du auf Grund meines Jawortes einen zweiten Vertrag mit Signor Pucci machst. Ich glaube diesen Herrn genau zu kennen! Leider werde ich ihn in vielem enttäuschen müssen. Warum? Du weißt, wie ich über ihn denke. Das ist die Bedingung, die ich stelle. Der Vertrag muß lauten, daß, wenn ich ihm zur Kirche folge, er weder jetzt noch später das Recht bekommt, seine Drohungen wahr zu machen. Du bist Kaufmann, Vater, und wirst wissen, wie man sich gegen Nichteinhaltung eines Vertrages zu schützen hat. Die Höhe der Geldsumme, die dabei in Frage kommt, magst du selbst bestimmen."

Sporini sträubte sich anfangs gegen diese Bedingung, allein Sonina erklärte, ihre Einwilligung zurückziehen zu wollen, wenn darauf von einer Seite nicht eingegangen würde.

Besonders ernst war es dem alten Herrn mit der Abwehr nicht; der Vertrag gab ja dem Geschäfte eine ausgezeichnete Unterlage. Er bezweifelte auch nicht, daß Pucci gegenüber dieser „Schrulle" seiner Tochter sich entgegenkommend zeigen würde. Wenn dieser ernstliche Absichten hegte, war das Papier an sich ebenso überflüssig als wertlos.

Seine Tochter zeigte sich nun sehr beruhigt und begann ihn nun auf das Genaueste auszufragen, wie es mit dem Erbteil ihrer Mutter stehe. Sporini verwunderte sich zwar, daß Sonina mit einemmale ein so reges Interesse an geschäftlichen Dingen — nach denen sie sonst nie frug — zeigte, aber erteilte ihr eifrige Belehrung darüber, daß das bedeutende Kapital auf der Banca di Venezia niedergelegt sei und es zu dessen Erhebung nichts als einer Anweisung von seiner Hand bedürfe.

„So hat also niemand ein Recht auf dieses Geld?"

„Nein, nicht das geringste; es ist dein Eigentum, mit dem du schalten und walten kannst, wie es dir gut dünkt."

„Da könnte ich mein Eigentum ebenso gut in eigener Verwahrung haben!"

„Das schon. Aber warum solltest du dich mit der Verwaltung von solchen Summen plagen? Du verstehst das nicht und könntest in Schaden kommen!"

Nun verlangte sie, daß ihr die Anweisung sofort übergeben werden sollte. Der Alte versuchte ernstlichen Widerstand zu leisten, aber er war nicht gewöhnt, gegenüber seiner Tochter Recht zu behalten. Nach wenigen Minuten hielt sie das wichtige Papier, unterschrieben und versiegelt, in ihren Händen. Er hatte es getan, kopfschüttelnd, aber er ergab sich, weil seine geschäftskluge Tochter sich ebenfalls seinen Wünschen gefügig gezeigt hatte.

Noch gleichen Abends erschien er bei Pucci und setzte diesen von der Bedingung der Tochter in Kenntnis. Der junge Herr wollte auffahrend werden, besann sich aber bald eines Besseren, lachte und unterschrieb vor Zeugen, mit dem künftigen

Schwiegervater, den ihm vorgelegten Vertrag, ohne sich im geringsten an der großen Summe zu stoßen, die er bei dessen Nichteinhaltung zu zahlen haben würde.

Ein reitender Bote wurde an den fürstbischöflichen Pfleger auf das Schloß Werdenfels bei Garmisch gesendet, der die Erlaubnis einholen mußte, auf Grund der vorgelegten Papiere die Trauung in Mittenwald zu gestatten. Der vielgewandte Haushofmeister als Bote entledigte sich trefflich seines Auftrages, nachdem von Sporini und Pucci, für den Fall der sofortigen Genehmigung, ein ganz bedeutender Beitrag zum Umbau der Mittenwalder Kirche in Aussicht gestellt worden war.

Auch der Fahrenden bedurfte man. Sie sollten den Hochzeitszug mit Musik begleiten und öffentliche, für das Volk kostenlose Tanz- und andere Vergnügungen veranstalten. Brautvater und Bräutigam wollten es sich Erkleckliches kosten lassen, um den Mittenwaldern zu zeigen, wie reiche Venezianer Hochzeit halten.

Rab Golli saß in finsterem Sinnen in seinem Zelte. Er kämpfte mit dem peinigenden Gedanken, zu Mita zu gehen, um ihr ehrlich zu gestehen, daß er, von wahnsinniger Leidenschaft zu einem hoch über ihm stehenden Weibe erfaßt, sie nicht mehr lieben könne.

Er machte sich bittere Vorwürfe über seine Schwachheit, wie er es in einem Augenblicke nannte, um im nächsten zu behaupten, daß er mit einer solchen Leidenschaft im Herzen ein Schurke wäre, wollte er Mita weiter an sich ketten.

Ein Schatten verdüsterte den Eingang des Zeltes — da stand sie selbst vor ihm, äußerlich ruhig, ihn mit großen Augen scharf aber traurig anblickend.

Rab Golli sprang auf, eine heiße Röte stieg ihm in das Gesicht.

„Du kommst nicht zu mir — so muß ich zu dir kommen," sprach das Mädchen matt und tonlos, bei starrem Gesichtsausdrucke. Der junge Mann sah zu Boden und schwieg.

„Gib dir keine Mühe," fuhr sie erregter fort, „ausdenken zu wollen, was du mir etwa sagen könntest. Ich weiß alles! Wenn du glaubst, daß du mich abschütteln könntest, wie etwas lästig Gewordenes, so irrst du dich. Du gehörst mir; niemand hat ein größeres Recht auf dich als ich!" rief sie nun leidenschaftlich. „Unsere Geschicke waren seit unserer Jugend verbunden; in den Sternen sind sie zu lesen."

Rab Golli lachte verächtlich auf. „Glaubst du denn wirklich an diese wahnsinnigen Märchen, Mita? Sind sie nicht erdacht und gemacht für das dumme Volk, um uns die Taschen zu füllen mit den Vettelpfennigen, die sie für das Gaukelspiel, das wir ihnen vormachen, uns verächtlich vor die Füße werfen? Was hat das mit uns zwei zu tun?"

Mita war einen Schritt zurückgetreten und streckte den Arm abweisend von sich; auf ihrem bleichen Gesichte malte sich Schrecken, Entsetzen, Mitleid — eine vollständige Mischung widerstreitender Gefühle.

„Lästere nicht, Rab Golli! Wie kannst du mit einem verächtlichen Worte auslöschen wollen, was unsere Väter von den Urvätern als heilige Vermächtnis übernahmen? Keine Hexerei treiben wir — nichts haben wir mit dem Bösen und seinen Werken zu tun. Zwischen Himmel und Hölle aber gibt es eine dritte Macht, die zu den guten uns freundlichen gehört; die uns dient, wenn wir sie bitten und rufen. Davon haben wir

Kenntnis, wenn wir sie auch nicht begreifen und oft falsch verstehen.

Deine heutige Überzeugung ist neu, so neu als die Leidenschaft in dir, die deine Vernunft verdunkelt.

Oder kannst du im Ernste glauben, daß ein junges, schönes, von den Edlen ihrer Nation vielumworbenes Weib sie alle zur Seite stößt, um dir in die Arme zu sinken?

Lebst du in diesem Wahn, so wird er dein Verderben werden. Denn du bist stolz, Rab Golli, und ein hochdenkender Mann, trotzdem dich das Schicksal unter die fahrenden Leute geworfen hat. Du verträgst tausendmal eher den Zorn, als die Verachtung eines Menschen, an dem dir etwas liegt. Aber du wirst Verachtung erfahren. Hohnlachend wird dasselbe Weib, das dir jetzt vielleicht mit teuflischer Huld zulächelt, dich fragen, mit welchem Rechte du dich an sie drängst. Du, der Gaukler, der Seiltänzer, der ehrlose, fahrende Mann!“

„Und wenn es so wäre!“ antwortete Rab Golli mit dumpfer Stimme, aus der es wie leidenschaftlich verhaltene Traurigkeit klang. „Wenn es so wäre und ich hätte in verruchtester Weise an dir und allen gesündigt, denen ich Dank schulde — so kann ich nicht anders, ich muß meinem Verhängnis entgegengehen.

Ich verletze dich tief, Mita; ich reiße roh die Wunden auf, die ich dir selbst geschlagen habe, wenn ich meine feste Überzeugung beschwöre, daß Sonina meine Gefühle teilt.“

„So wie sie dies meint — Vielleicht, ja. Sie folgt dabei dem Taumel des Augenblicks, dem Wunsche einer Stunde. Das ist zu wenig für dich, Rab Golli; an dieser Quelle würdest du vor Durst sterben,“ entgegnete ihm leidenschaftlich bewegt Mita.

Der junge Mann schüttelte den Kopf.

„Gib mich frei, Mita und wenn du mir verzeihen kannst, so tue es, um der himmlischen Barmherzigkeit willen. Wohin mich meine Wege führen werden — wer weiß es? Du verdienst etwas Besseres, als einen Mann, der dir nur sein halbes Herz bieten könnte."

„Nein, ich nehme das nicht an!" rief sie ihm fest, fast drohend zu. „Wenn du wüßtest, wie ich dich liebe, so könntest du ermessen, daß ich dich nicht deinem Verderben ohne Kampf entgegengehen lasse. Es wird die Stunde kommen, in der du dich an dieses Wort erinnerst und — in dieser Stunde wirst du wieder mir gehören."

„Oder dem Tode, denn ich könnte eine Enttäuschung nicht ertragen," entgegnete finster Rab Golli und wendete sich dabei von ihr ab.

Als er wieder aufblickte, war Mita aus seinem Zelte verschwunden.

Aber die Worte des Mädchens hatten die Flamme des Zweifels in seine Seele geworfen. Sie flackerte auf, sie schien erlöschen zu wollen — sie war da und brannte unter der Asche.

Um sie zu beschwören, wiederholte er sich unablässig jedes Wort, das Sonina zu ihm gesprochen, jeden Blick vergegenwärtigte er sich, den sie ihm zugeworfen hatte.

Es wurde ihm schwül und unheimlich in seinem Zelte. Er sprang auf und eilte ins Freie, weitab von dem lebhaften Treiben des Lagers der Fahrenden.

So kam er an die Stelle, wo die Leutasch zischend und schäumend im sich überstürzenden Wellengekräusel die Klamm verläßt, welche sie sich im Verlaufe von abertausenden von Jahren durch das harte Felsgestein gefressen, gesprengt und gebohrt hatte. Kalt wehte es aus der schauerlichen Schlucht, in der eine schummerige Dämmerung herrschte.

Zu seinen Füßen brodelte und kochte es; der eisige Gischt spritzte ihm in das Gesicht; Erdklöße, an den Felsen zerschmetterte Äste und Baumstämme, mit, von der Wassersgewalt oder den Würfen an das Gestein abgewetzter, in Fetzen davonhängender Rinde, wirbelten in raschem Aus- und Untertauchen vorüber. In dem dunklen Schlunde, aus dem die graugrün gefärbten Wasser kamen, erschallte ein unausgesetztes rauschendes Donnern, das alle anderen Laute übertönte.

Und finstere, gewalttätige Gedanken hatten diese mächtigen Stimmen einer großartigen Bergnatur in dem jungen Manne wachgerufen!

Wenn er, um alles zu vergessen, alles zu beenden, dort hinunter spränge: wie weit würde er gestoßen, gewirbelt, geschleppt werden müssen, bis seine Seele frei würde?

Wenn ihn dann die Wasser mitnehmen, mitleidslos reißen und zerren über Stock und Stein, wie hier eben diesen Stamm. O, das wird eine schauerlich fröhliche, häßliche Fahrt geben! Was werden sie dazu sagen, wenn sein fast bis zur Unkenntlichkeit verstümmelter Körper am Einfluß der Leutasch in die Isar an die weiße Sandbank geschwemmt wird, an der sich stets, als gutem Futterplatz, die Raben zu schaffen machen?

Am Lebensanfang die Raben, die hungrig auf die Beute lauern und auch bei seines Lebens Ende!

Es graute, es schwindelte ihm; gewaltsam riß er sich von dem betäubenden, verwirrenden Einfluß der dahinstürmenden Wasser los. Noch wollte er leben!

Rab Golli war herumgeirrt, planlos den Pfaden und Steigen folgend, gegen Abend befand er sich unterhalb des Marktfleckens, dort, wo der Auwald beginnt, und erst hier besann er sich auf die Umgebung und beschloß, in das Lager der Fahrenden zurückzukehren.

Sein Weg führte ihn durch Mittenwald. Wenn er nicht einen großen Umweg machen wollte, mußte er an dem Neunerschen Hause vorüberkommen. In nicht geringer Aufregung betrat er die Straße. Er hoffte und bangte davor, aus irgend einem Zufalle Soninas ansichtig zu werden.

Wegen einer Anzahl ausgefahrener Wagen war er gezwungen, die dem Hause gegenüberliegende Straßenseite einzuschlagen und wollte, ohne aufzublicken, vorübergehen. Der Widerstand, den er leistete, war aber schwach, deswegen suchten seine Augen alsbald die Fenster ab. Plötzlich öffnete sich eines, Sonina erschien, trat aber rasch einen Schritt zurück. Vorsichtig hob sie die Rechte und zeigte zweimal die ausgespreizten fünf Finger. Mit dem Daumen der linken Hand deutete sie seitlich ihrer Schulter nach der Richtung des Obstgartens. Das Fenster schloß sich — das Mädchen war mit leichtem, grüßenden Kopfnicken verschwunden.

Rab Golli war stehen geblieben; das Herz schlug ihm hämmernd an die Rippen; er wagte kaum zu atmen, um auch nicht das geringste der Zeichen zu verlieren.

„Komme diese Nacht um zehn Uhr in den Obstgarten!" war zweifellos der Sinn derselben.

Das war unschwer zu bewerkstelligen. Wenn der junge Mann mit Vorsicht einige Zäune überstieg, konnte er höchstwahrscheinlich gänzlich unbemerkt dort erscheinen.

Die Nacht zeigte sich einem derartigen Vorhaben günstig, weil der Mond erst in den frühen Morgenstunden aufging und außerdem schweres Gewölk, rasch bewegt von heftigen Winden in den hohen Regionen, das Licht der Sterne nur selten zur Geltung kommen ließ.

Gegen zehn Uhr war es so finster geworden, daß sich auch schon auf wenige Schritte kein größerer Gegenstand von einem andern unterscheiden ließ.

Der fahrende Mann wartete, lange bevor die Turmuhr zum Schlage der zehnten Stunde aushob, am Eingange der Laube, die für ihn süße und bittere Erinnerungen erweckte.

Er fieberte; die Pulse schlugen in seinem Kopfe so stark, daß er sie selbst zu hören glaubte. Was würde sie ihm zu sagen haben? Phantastische Vorstellungen huschten wie gespenstige Schatten durch sein Gehirn. Einen Augenblick glaubte er vor der glücklichsten, reichsten Stunde seines Lebens zu stehen, oder er meinte, die Zeit sei herangekommen, wo der Frevel, den er in seinen geheimsten Gedanken an diesem so weit über ihm stehenden Geschöpf begeht, furchtbar an ihm gerächt werden wird.

In seinem krankhaften Sinnen und Denken hatte er vollständig das Nahen eines langsam und vorsichtig herankommenden weiblichen Wesens überhört, das einige Augenblicke, ohne sich zu rühren, hinter ihm stehen blieb.

Wie einen Zauberschlag fühlte er plötzlich das Gewicht einer Hand auf seiner Schulter. Mit einem unterdrückten Aufschrei schnellte er empor und wendete sich. Seine scharfen Augen zeigten ihm, trotz der herrschenden Finsternis, die Umrisse der Gestalt Soninas.

Alle trüben, häßlichen Gedanken waren wie weggeweht; er fühlte nur mehr das unaussprechliche Glück, das ihre Nähe auf ihn ausströmte. Feurig warf er sich zu ihren Füßen, ergriff die Hände, die sich ihm nicht entzogen und bedeckte sie mit brennenden Küssen.

Das Mädchen mochte ähnliche Gefühle in sich tragen, denn dessen Brust hob und senkte sich in heftigen Atemzügen. Doch plötzlich entzog sie rasch ihre Hände dem in den Schauern leidenschaftlicher Liebe Erbebenden.

„Steht auf, Rab Golli — laßt diese Dinge. Ich freue mich, Euch nach so langer Zeit wieder sprechen zu können," flüsterte Sonina. „Kommt, setzt Euch zu mir in die Laube. Gut ist gut, besser ist besser. Wer weiß, ob nicht ein Knecht oder eine Magd wach sind und uns belauschen." Sie glitt voran und nahm auf der Bank Platz. Rab Golli folgte und setzte sich neben sie.

„Ihr werdet erraten haben," fuhr sie im gleichen Tone fort, „daß es nur etwas ganz Ungewöhnliches sein kann, das mich hieher führt. Darf ich Euch für meinen Freund halten; wollt Ihr mir helfen, wenn ich auch Schweres von Euch verlange?"

„Signorina! Fordert mein Leben, laßt mich hundert Tode sterben! — Für Euch tue, für Euch wage ich alles, alles!" schwor mit vor Leidenschaft zitternder, nur mühsam unterdrückter Stimme, Golli.

„Das wußte ich," nickte sie.

„Das wußtet Ihr und habt mich nicht mit den Füßen von Euch gestoßen, mich nicht verachtet?"

„Wirklich gute Freunde sind selten."

„Nennt mich, behandelt mich wie einen Sklaven, nur laßt mich Euch zeigen, daß mein einziges Glück darin liegt, Euch zu dienen."

„Das sollt Ihr auch. Denkt aber nicht, daß es ein leichtes sei, was ich von Euch verlange. Doch hört: Mein nach Besitz und Reichtum lechzender Vater hat mich soviel als wie an Signor Pucci verkauft, d. h. er zwingt mich, schon in zwei Tagen dessen Weib zu werden."

Rab Golli stöhnte und knirschte mit den Zähnen.

„Und davor kann Euch nichts retten?" murmelte er.

„Nichts, wenn — Ihr nicht mein Retter werden wollt."

Ein heißes, haßerfülltes „Ah!" entrang sich seinen Lippen.

„Befehlt über mich, Signorina. Ihr braucht eine Tat! Bei dem siebenmal verfluchten Höllenfürsten, der diesen Gedanken in das Haupt Eueres Vaters gelegt hat, schwöre ich, daß Euch Signor Pucci nicht zum Altare schleppen wird. Daß er es nicht kann, dafür laßt meinen Dolch sorgen!"

Rab Golli war ausgesprungen, in heftiger Erregung faßte seine Hand nach dem Griffe der Waffe.

„Nicht doch, Rab Golli," sagte sie begütigend und legte ihre Hand auf dessen Arm. „Keinen Mord, Rab Golli. Wir sind nicht in Venezia. Die schwerfälligen Deutschen verstehen solche Dinge zu leicht falsch! Nehmen wir an, Ihr geht dem Signor an das Leben, so wird man höchst wahrscheinlich Euch ergreifen und Ihr bezahlt mit dem Eurigen. Der Richter wird weiter fragen, wem mit dieser Tat ein Gefallen erwiesen wurde. Da werden sie — wenn Ihr auch schweigt — unschwer auf mich kommen.

Um darüber Gewißheit zu haben, legen sie Euch dann auf die Folter. Die lehrt die Menschen sprechen, auch wenn ihnen der Mund mit tausend Eiden versiegelt ist."

„Nein, nein!“ rief Rab Golli wild begeistert. „Nein. Sie könnten mich in Stücke reißen ich würde dennoch schweigen.“

„Lassen wir das,“ herrschte sie ihn fast unwillig an. „Ich habe Euch nur zeigen und andeuten wollen, daß Euere Mittel nicht die meinen sind.“ Der junge Mann beugte sein Haupt und legte beteuernd seine Hand auf das Herz.

„Ich habe geschworen: Euere Feinde sind auch die meinen.“

„Auch ich habe geschworen, nun und nimmer das Weib des Signor werden zu wollen, den ich hasse und verachte. Mein Entschluß ist gefaßt — vernehmt, was ich Euch darüber zu sagen habe und was ich von Euch erbitten will.“

Sie hatte Rab Golli zu sich auf die Bank niedergezogen und drängte sich fest an ihn. Eifrig, ohne zu stocken, entwickelte sie in gedämpftem Flüstern ihren Plan. Der fahrende Mann begriff rasch; seine Zustimmung zeigte er, indem er eine Hand des Mädchens ergriff, sie drückte und nicht mehr freigab. Was er dazwischen sprach, war kurz und sachlich.

„Und wenn alles geschehen ist, wie Ihr es befehlt, was dann?“ frug er, als sie geendet hatte, mit stockendem Atem und schwerer Zunge.

Die weiche, warme Gestalt drängte sich näher an ihn.

Noch einmal wiederholte er seine Frage, inniger, dringender. Wieder keine Antwort, aber er fühlte sich umschlungen und ein heißes Lippenpaar preßte sich zu einem brennenden, verlangenden Kuß auf die seinen.

Wie lange das leidenschaftliche Geben und Nehmen dauerte? Er wußte es nicht, als er sich wieder allein sah.

Taumelnd, wie in schwerem Rausche, aber ein jubelndes Glücksgesühl im Herzen, verließ er den Garten. —

22 Ein kühner Brautraub

In Mittenwald wurde mit allen Glocken geläutet und Böllerschüsse dröhnten von der Seite des Karwendel. Zehnfach warf das Echo den Schall hin und her, ließ ihn fast ersterben und dann wieder, fortrollend, erstarken, so daß es klang wie eine Schlachtkanonade.

Die Straße vom Neuner-Hause bis zur Pfarrkirche war mit zerhackten Binsen und Blumen bestreut; die Bubenbruderschaft waltete ihres Amtes und hielt darauf, daß von einer bestimmten Zeit an weder Hunde noch Groß- und Kleinvieh frei laufen gelassen wurden und die Mitte des Weges möglichst frei blieb von Fuhrwerk oder ungezogenen Buben, die heute ein ganz besonderes Vergnügen darin fanden, sich mit dem Grünzeug zu bewerfen und aus Aufregung und gespannter Erwartung auf die kommenden Dinge, sich johlend jagten und balgten. Eine Hochzeit vornehmer Fremder, hier, in Mittenwald!

Rasch hatte sich die Kunde verbreitet gehabt; von weither kamen die Leute geströmt, um sich diese Merkwürdigkeit anzuschauen. Einiges ganz Unbestimmte über die Umstände, unter welchen die Hochzeit stattfand, war in das Volk gedrungen und hatte romantische Gestalt angenommen. Signor Pucci war darnach eine Art von Ritter Blaubart. Sieben Frauen soll er bereits gehabt haben. Die meisten sind in Venedig, das bis zum ersten Stockwerk im Wasser liegt, spurlos verschwunden. Die Bauern meinten, wenn er eine Frau hat los sein wollen, wird er sie wohl nur aus dem Fenster geworfen haben. Da sich die Richter nicht dazwischen legen, könne es den anderen Leuten auch recht sein. Hier ginge das nicht; kaum, daß einer sein Weib ordentlich durchprügeln darf, ohne daß sich die Nachbarn darein mischen. Diesmal will der Italiener es mit dem schönen, bleichen Fräulein probieren. Aber die ist mondsüchtig, steigt nachts auf die Dächer oder treibt sich im Freien herum. Zweimal ihr ganzes Gewicht, hat er dem geizigen Sor Sporini in frisch gemünzten Dukaten auf den Tisch legen müssen usw.

In der großen Herberge „Zum goldenen Stern“ rüsten sie das Mahl. Aber die Wirtin haben sie schon aus der Küche herausgeärgert. Da drinnen ist alles voll italienischer Köche, die auf eine Weise sieden, braten, Makkaroni machen und sich benehmen, daß einem Hören und Sehen vergehen könnte.

Signor Sporini hatte ein Altarbild gespendet und dazu eine erkleckliche Summe dem Pfarrer zu Händen gestellt; Signor Pucci dagegen stiftete zum Gedenken der heutigen Eheschließung eine heilige Messe, was auch eine schöne Summe kostete. Die abendliche Volksbelustigung mit aufgelegtem Freibier bestritten die venezianischen Herrn aus ihrer Tasche.

Die Hochzeitsgäste, zu denen alle noch anwesenden vornehmeren italienischen Kaufherrn, und wenn sie standesgemäße weibliche Begleitung hatten, auch diese gehörten, begannen sich im Brauthause zu sammeln. Auch im Marktflecken waren die schönsten Mädchen und Burschen aufgeboten worden zum Ehrengeleit als Kranzjungfrauen und Begleiter des Bräutigams. Die kräftigen Gestalten, in der kleidsamen Tracht ihres Tales, boten einen prächtigen Gegensatz zu dem feineren Wuchs und Putz der Italiener und der soliden Kleiderpracht der Augsburger und Nürnberger Herrn.

Dicht gedrängt stand das Volk zu beiden Seiten der Straßen. Hauptsächlich staute es sich am Neunerschen Hause und bei der Kirche. Alt und jung, groß und klein — was nicht krank und bresthaft war, eilte herbei, um den glänzenden Zug zu schauen.

Voraus ritt, in prächtiger Venezianer Kleidung, auf reichgeschmücktem weißen Hengste, von dessen Geschirrteilen lange, bunte, seidene Bänder flatterten, der Haushofmeister des Signor Pucci, der einen blumenumwundenen, goldenen Heroldstab in der Rechten trug. Diesem folgten, auf Rappen, vier Reiter, je zwei in den Farben der Häuser Sporini und Pucci. Sie und ihre Rosse waren ebenfalls mit Bändern und Schärpen mit langen Goldfransen, sowie Blumen geschmückt.

Klaus Hornnebel heute in Gestalt und Funktion eines Musikmeisters, ging hinterher mit einer Schar fiedelnder, auf Doppel- und Querpfeifen, Flauten, Hörnern, Zinken und sonstigen Instrumenten, einen großen musikalischen Lärm vollführenden Gesellen.

Nach den Musikanten kamen eine Anzahl von Dienern, welche Gefäße mit feinem Olivenöl, Kannen mit edlem Weine, einer schön geschnitzten und verzierten Truhe voll arabischen Weihrauchs; die Stiftungsurkunden für die Messe und das Altarbild, sowie auf einer goldenen Platte einen Beutel mit Geld — alles Geschenke für die Kirche — trugen.

In hellblauem, silbergestickten Samtgewande folgte, geleitet von seinen Beiständern, der Bräutigam, der sehr vergnügt und selbstbewußt aussah. Auf seinen Schultern hatte er einen karmesinroten, mit Zobel breit verbrämten kurzen Mantel. Den hohen Hut zierte eine große, blitzende Diamantagraffe, die eine wallende weiße Straußenfeder zu halten hatte.

Ihm zur Linken schritt Signor Sporini, dessen schmächtige, unbedeutende Gestalt sich ganz in der Pracht und unter dem

Gewichte seiner reichen Kleidung zu verlieren schien.

Nun folgten im langen Zuge die geladenen fremden Herrn, zu zweien, denen sich die Notabeln Mittenwalds angeschlossen hatten. Das gab ein buntes Bild von Farben und Trachten! Denn neben den reichen Gewändern venezianischen Schnittes in hellfarbigen Samten und glänzendem Atlas sah man solche, die ganz dunkel gehalten, aber desto mehr mit Gold, Silber und edlem Gestein verziert waren.

Trotz der heiß brennenden Sonne trugen die reichen Handelsherrn aus Augsburg und Nürnberg über ihren Gewändern aus Samt oder den feinsten flandrischen Tüchern kostbare, mit dem seltensten sibirischen Rauchwerk gefütterte Mäntel. Auch waren Herrn zu sehen in der Tracht, wie sie am Hofe der Ludwige entstanden war, mit großen Perücken und feinem Galanteriedegen. Die stachen dann wohl sehr gelungen ab von den Mittenwaldern mit den kurzen Lodenwämsern und runden, mit Spielhahnfedern geschmückten Hüten.

Blumenstreuende kleine Mädchen gingen vor der Braut, die geführt war durch eine italienische Signorina, der Tochter eines Genueser Kaufherrn und — der Margaret Kriener, als junge, schöne Vertreterin des Mittenwalder weiblichen Geschlechtes. Auch hier folgte ein kleiner Zug von Frauen und Mädchen, in ebenso reichen als kleidsamen und bunten Trachten. Beschlossen wurde die lange Reihe durch Diener in den Farben der beiden Häuser — ganz zuletzt schritten der Büttel und seine Knechte, welche das nachdrängende Volk abzuhalten suchten und dabei mit den neugierigen Leuten ihre liebe Not hatten.

Das Fräulein war in weißen, gestickten Brokatstoff gekleidet, eine Kostbarkeit, die Sor Sporini durch reitende Boten von

Augsburg hatte kommen lassen und erst am selben Morgen angekommen war.

Sonina hatte sich die letzten Tage, nach Sporinis Ansicht, höchst sonderbar betragen. Wenn man ihr von Pucci und den Vorbereitungen zur Abreise sprach, schien sie nicht darauf zu hören. Stundenlang saß sie im finsteren Hinbrüten da, dann bekam sie auf einmal einen Zärtlichkeitsanfall und wollte ihren alten Vater fast mit Küssen ersticken. Als sie fertig und geputzt in ihrer Stube wartete, in welche der Signor eintrat, um ihr die Ankunft der Brautführerinnen zu melden, bat sie ihn unter heißen Tränen um Vergebung für alles Böse, was sie ihm bereitet und was vielleicht noch in Zukunft kommen könnte. Schließlich wurde der sonst ziemlich gemütsharte Mann davon selbst so gerührt, daß auch er weinte und beide einen Abschied nahmen, als ob es eine Trennung auf ewig bedeuten sollte.

Michela hatte es heute nicht besonders gut gehabt; es gelang ihr nicht, die Herrin zu bestimmen, zum Hochzeitsgange andere Schuhe und Unterkleider anzulegen als an den gewöhnlichen Tagen. Als erst Sonina, im Gegensatze dazu, alle kostbaren Schmucksachen, die sie besaß, anlegen wollte, fand Michela dies für eine Braut, die nur durch eigene Schönheit glänzen sollte, gänzlich unpassend. Sie drang aber mit ihrer Ansicht nicht durch.

Die Aufregungen des Tages mußten schwer auf der jungen Braut gelastet haben, denn ihre Wangen waren sehr bleich und begannen sich erst in fliegenden, rasch wechselnden Wallungen wieder etwas zu färben, als der Hochzeitszug bereits das Haus verlassen hatte.

Auch sonst war das Mädchen eigentümlich anzusehen, denn dessen Hand schien den großen Strauß weißer Blumen gewaltsam auf die hochschlagende Brust zu pressen, während die Blicke, statt, wie es herkömmlich gewesen wäre, den Boden zu suchen, aufgeregt nach allen Richtungen flatterten.

Die Spitze des Zuges war bereits in der Kirche verschwunden, empfangen von Gesang und Orgelspiel — das letzte Drittel durchquerte eben die Hauptstraße, da erhob sich plötzlich ein Lärm von aufkreischenden Weiberstimmen, in das sich wildes Schimper und Schreien aus männlichen Kehlen mischte. Wer noch nicht in der Kirche, aber nächst derselben war, drehte sich entsetzt oder erschrocken um, denn das aufgeregte Lärmen ließ böse Dinge ahnen. Von vorwärts, rückwärts, von den Seiten drängte sich alles nach einem Punkte, dessen Mitte die laut jammernden und schreienden Mädchen und Frauen waren. — Einige deuteten nach der Richtung der Straße, die nach Partenkirchen zu führte. Wer sich hinzudrängte, frug aufgeregt und hastig. Die etwas sagen konnten, wurden deshalb nicht verstanden.

Es dauerte erst geraume Zeit, bis man wußte, daß die Braut fehle, daß sie auf unbegreiflich freche oder kühne Weise mitten aus dem Zuge, zwischen ihren Führerinnen und Begleiterinnen heraus, geraubt worden sei.

Die in der Kirche Befindlichen wurden erst aufmerksam, daß etwas Außergewöhnliches vorgefallen war, als niemand weiter eintrat und das wilde Geschrei von außen Gesang und Orgelspiel zu übertönen begann.

Schreckensbleich und voll Entsetzen stürzten alle heraus, der Bräutigam an der Spitze. Daß es sich um Sonina handelte, wußte man bereits. Ob aber diese tot oder lebendig sei, oder was sonst mit ihr vorgekommen war, davon bekamen sie erst durch die aufgeregten, wild durcheinander schreienden Menschen Kunde, von denen sie umringt wurden.

Niemand hatte bemerkt gehabt oder war es aufgefallen, daß die Zuschauer auf jener Seite der Hauptstraße, wo sie den Zug durchschneiden mußte, fast ganz aus fahrenden Leuten, aus dem Lager vor dem Marktflecken bestanden. Drei, vier Mann hoch waren sie am Platze. Zwischen solches „Gesindel“ drängte man sich nicht gern.

Plötzlich waren deren Reihen durchbrochen worden; ein anscheinend fremder, durch einen großen Bart unkenntlich gemachter Mann stürzte vor, ergriff die Braut, riß sie in seine Arme und lief damit der nächsten Ecke zu.

Die fahrenden Leute waren entweder zu verwundert und entsetzt, oder sie hatten sonstige Gründe, um den Verbrecher nicht auf der Stelle niederzuschlagen und ihm seine edle Beute zu entreißen. Einige Mittenwalder und Hochzeitsgäste, die den Zwischenfall bemerkt hatten, wollten sofort die Verfolgung des Räubers aufnehmen. Die Fahrenden und was dazu gehörte, boten aber eine undurchdringliche Mauer, packten die Leute, die nacheilen wollten, zu zweien und dreien an und erzählten ihnen aufgeregt, daß soeben ein mächtig starker Mann, der sehr wohl der Butzimann oder der Gottseibeiuns gewesen sein könne, so feurig hätten dessen Augen geglänzt, die Braut mitten aus dem Zug geraubt hätte. Nicht rühren und nicht regen hätten sie sich können, und deswegen konnten sie auch nicht abwehren oder helfen. Als der Mann mit dem Mädchen über die Straße gelaufen sei, konnte man sehr wohl bemerken, daß er hinke, wie jener, von dem sie gesprochen hätten.

Während derartig heftig hin und her geredet und geschrien wurde, waren die Hufschläge davongaloppierender Rosse längst verhallt. Der Räuber mußte bereits einen bedeutenden Vorsprung haben, als der Befehl erteilt wurde, Pferde zu bringen, Bewaffnete darauf zu setzen, ihm die Signorina wieder zu entreißen und den Wicht tot oder lebendig einzubringen.

Signor Sporini bot einen bejammernswerten Anblick. Er war völlig zusammengebrochen. Jetzt dämmerte in ihm langsam der Gedanke auf, daß es nicht Recht gewesen sei, seine Tochter zu dieser ihr verhaßten Verbindung zu drängen. Ob bei dem Raube ihr Einverständnis mitgewaltet habe oder nicht, wer der Täter gewesen sein könnte — darüber hatte er nicht einmal eine Vermutung.

Die Zeiten waren im allgemeinen ruhig; hier im Gebirge war es sicherer als sonst im Reiche und seit langen Jahren hatte man nichts von einem räuberischen Überfall vernommen. Aber trotzdem war es nicht unmöglich, daß die freche Tat ausgeführt wurde, um ein hohes Lösegeld zu erpressen, wie das in Italien so und so oft schon vorgekommen war. Aber hier in Deutschland! Es gab keine Raubritter mehr und von einer Räuberbande hatte man in diesen Gegenden niemals etwas gehört!

Signor Pucci schäumte vor Wut. In den ersten Augenblicken hegte er den Verdacht, daß der alte Sporini ihm einen Streich gespielt hätte. Plötzlich stand ihm zu seinem Entsetzen der Wortlaut des Vertrages vor Augen, den er vor einigen Tagen abgeschlossen hatte. Die Schande, der Spott, die Braut verloren und dazu die durch eine unmäßig hohe Summe gebundenen Hände! Nicht einmal rächen konnte er sich, wenn ihn der alte

Fuchs betrogen haben sollte. Es war zum Verzweifeln!

Alle möglichen Anordnungen zur Verfolgung wollte er treffen. Aber da kamen Einreden, die ihn völlig verwirrten. Wohin hatte sich der Verbrecher gewendet?

Er konnte ebensowohl gegen das Tal der Isar und zur Seite, gegen Partenkirchen geflohen sein, als er sich in die Richtung gegen den Walchensee gewendet haben mochte.

Außerdem war nicht ausgeschlossen, daß der Räuber überhaupt keine dieser Richtungen eingeschlagen hatte, sondern, um irrezuführen, im Bogen, gegen die Karwendelseite, Mittenwald umging, um die Straße nach der Scharnitz zu gewinnen. Diese Ansicht fand viel Zustimmung.

Dann: War er nur allein gewesen bei seinem Bubenstück, oder hatte er Helfershelfer? Wie viele waren dies wohl?

Alle Fragen wollten überlegt und beantwortet sein, sollte man die Verfolgung nicht in das Planlose hinein übernehmen.

Zuerst wurde festgestellt, daß hinter einer Hofmauer, in nächster Nähe der Hauptstraße, zwei Rosse längere Zeit gestanden haben mußten. Von wem sie dorthin gebracht worden waren, hatte niemand gesehen. Alle Menschen beschäftigten sich, den Hochzeitszug anzuschauen; wer zu Hause geblieben war, verspürte offenbar kein Interesse, sich nach belanglosen Nebendingen umzusehen.

Hufspuren gab es die Menge auf der Straße. Doch war die Witterung so lange trocken gewesen, daß kaum mehr zu unterscheiden war, ob sie von gestern oder heute stammten.

Die meisten Menschen hatten sich, da es nichts mehr zu sehen gab, wieder verlaufen. Und noch hatte man sich nicht entschieden, nach welcher Richtung die Verfolgung geschehen sollte. Damit bekam aber der Räuber einen bedeutenden Vorsprung.

Die einzige, jedoch unbestimmt gegebene Nachricht über die Geraubte, erhielt man von einem halbblöden Burschen, der an einem der letzten Häuser des Ortes unter einem Baum gelegen hatte und gesehen haben wollte, wie eine weiß gekleidete Dame mit einem Manne an ihm vorbeijagte. Sie habe auf einem schwarzen Pferd gesessen, der Mann auf einem braunen. Mehr konnte man aus dem schwachsinnigen Geschöpf nicht herausbringen. Über die Richtung der Flucht war dadurch entschieden, daß diese nicht gegen die Scharnitz führte, sondern derselben entgegengesetzt.

23 Entweder — oder!

Jörg Neuner, der sich auch im Zuge befunden hatte, war mittlerweile nach Hause geeilt, um seinen Eltern die Schreckenskunde mitzuteilen. Er traf aber dort niemand an. Offenbar hatten sie schon davon gehört und waren ausgegangen, um sich nach Sor Sporini umzusehen. Jörg mußte an Vater und Mutter in dem Trubel auf der Straße vorübergekommen sein, ohne sie bemerkt zu haben.

Er war in die untere Stube getreten, blieb in dieser einige Augenblicke stehen und dachte nach, was er vielleicht in der Sache tun könne. Das Schicksal des schönen Mädchens ging ihm, trotz deren vielen Fehlern, sehr zu Herzen. Auch er zermarterte sein Gehirn, wer wohl der Täter gewesen sein möchte. Einmal blitzte in ihm flüchtig der Name: „Rab Golli" auf. Er verwarf aber mit einem abwehrenden Kopfschütteln sofort diesen Gedanken. Es wäre mehr als Wahnsinn von dem fahrenden Mann, wollte dieser gesucht haben, sich der italienischen Signorina zu bemächtigen.

Die Türe wurde plötzlich aufgestoßen und herein stürmte mit allen Zeichen der Aufregung und des Schreckens — Mita.

„Jörg Neuner! Euch bin ich nachgegangen, Euch bin ich gefolgt — Ihr müßt helfen! Bei allen Heiligen im Himmel! Ihr müßt ihn einholen und ihm das Mädchen entreißen," rief sie mit Schmerz und Leidenschaft durchbebter Stimme, stürzte auf ihre Knie, faßte die Hand des Burschen und ließ heiße Tränen darauf fallen.

Die elementare Leidenschaft, mit der dies geschah, die so gar nicht zu dem ruhigen, gesetzten Wesen Mitas paßte, wie er es kannte, verfehlte ihre Wirkung auf Jörg nicht. Er empfand darüber die größte Überraschung, fühlte jedoch sofort, daß hier etwas Entscheidendes an ihn herantrete.

Er suchte Mita zu veranlassen, sich zu erheben. Da er sie zittern und beben sah, rückte er einen Stuhl in ihre Nähe. Sie dankte mit einem abwehrenden Zeichen und wiederholte ihre Bitte womöglich noch eindringlicher.

„Weißt du was Genaueres? Sprich! Wer war der Räuber? Wo ist er hin?“ rief er, nun auch im Banne hoher Erregung stehend.

Mita schüttelte den Kopf. „Nein, es ist kein Raub; es ist eine abgemachte Entführung. Die Signorina war damit einverstanden, daß Rab Golli — —“

Jörg fühlte diesen Namen wie einen Schlag!

„Rab Golli! Nicht möglich!“ rief er, sich gewaltsam zum Zweifel zwingend.

„Und doch ist es so. Die Signorina hat den Plan gemacht, Rab Golli hat ihn ausgeführt.“

„Woher weißt du das?“

„Von Hans Reißaus, der die Pferde hinter der Hofmauer hielt und der Signorina rasch aufsteigen half. Eben traf ich ihn, wie er nach dem Lager zurückschleichen wollte. An seinem Gesichte, und weil er mir auszuweichen suchte, erkannte ich, daß er mehr wisse, als er gerne sagen wollte. Aber er mußte mir standhalten!“

„Was soll ich dabei tun? Wenn das Fräulein sich rauben lassen will, so ist das ihre Sach’. Der Nächste ist der Bräutigam und der Vater. Während wir reden, werden die Flüchtigen schon verfolgt,“ entgegnete ablehnend der Bursche.

Aber Mita fing von neuem an, inständig zu flehen.

„Nein, nein, nicht mit Gewalt, das würde Blut kosten. Ich kenne Rab Golli! So lange die Signorina ihn nicht selbst zurückstößt, wird er sie nicht herausgeben, sondern wie ein Löwe verteidigen."

Im gleichen Augenblicke entstand auf der Straße ein Geräusch vieler, sich rasch nähernder Schritte, in das sich bedauernde Ausrufe mischten. Mita, die in der Nähe eines Fensters stand, warf einen raschen Blick durch die Scheiben.

„Da! Seht hin, Jörg Neuner! Dort bringt man den alten Signor Sporini, ohnmächtig, vielleicht bald eine Leiche. Das ist ihr Werk! Reitet, holt sie ein, sagt ihr, daß der arme Mann stirbt, wenn sie nicht zu ihm zurückkehrt! Es ist nicht möglich, daß sie so gottverlassen sein kann, mit dem Buhlen zu fliehen, während ihr Vater, den sie auf dem Gewissen hat, hier mit dem Tode ringt."

Noch immer zeigt sich Jörg unschlüssig, obgleich ihn die Angelegenheit mit allen begleitenden Umständen bereits in die größte Aufregung versetzt hatte.

Nachdem sich Sonina in solcher Weise von den Ihren los riß, bezweifelte er sogar, daß selbst die Kunde von dem Zustande ihres Vaters sie bewegen könnte, wieder zurückzukehren.

Die Leidenschaft, der Schmerz und der Zorn schien aus Mita ein anderes Wesen gemacht zu haben. Ihre Wangen waren gerötet und die Augen glänzten im wilden, fast fanatischen Feuer. Alles Zittern und Beben der nun hoch aufgerichteten Gestalt war verschwunden. Sie hatte etwas Gebieterisches, als sie jetzt mit ausgestrecktem Arme in die Richtung gegen Osten deutend ihm zurief:

„Jörg Neuner, Ihr werdet sie finden und einholen und zwar in der Richtung nach dem Walchensee. Bedenkt, Ihr handelt unter dem Zwange Eueres Schicksales, das ich in jener Nacht aus Euerer und — meiner Hand gelesen habe."

Jörg erschrak. Diese befehlende Weisung, die Erinnerung an die nächtliche Stunde, in der ihm das Mädchen wahrsagte, und dabei ein so eigentümliches, unerklärliches Benehmen gezeigt hatte, packten ihn in tiefster Seele, da er so wenig, als fast alle Genossen seiner Zeit, frei von Aberglauben war.

„Dein und mein Schicksal! Was sollen die miteinander zu schaffen haben?" stieß er mit schwerer Zunge heraus.

Mita zuckte die Achseln. „Mögt Ihr glauben oder nicht — in den Sternen steht es und das ist, was ich Euch damals vorenthielt, weil ich es selbst nicht begreifen konnte. Nun aber glaube ich, den Schlüssel zu dem Geheimnis zu haben: durch Euch wird einem schwergebeugten Vater die Tochter und mir — derjenige zurückgegeben werden, der mir — bevor sie ihn umstrickte — mit heiligen Eiden geschworen hat, mich zu lieben und mich zu seinem Weibe zu machen.

Eilt! Zaudert nicht! Ihr seid das Werkzeug, das Gott ausgesucht hat, um schweres Unrecht wieder gut zu machen."

Sie hatte Jörg bei der Hand ergriffen und nach der Türe hingezogen, was er jetzt willenlos geschehen ließ. Er fühlte sich wie im Traume und Einflüssen gehorchend, die über seinem Willen standen.

Mita wich nicht von seiner Seite. Im Stalle half sie ihm das beste und schnellste Pferd, das dort stand, satteln und zäumen, reichte ihm eine Peitsche, bot ihm stumm die Hand zum Abschiede und blieb so lange vor dem Hause stehen, in dem das Abreiten des jungen Mannes wegen der großen Aufregung und Fürsorge, die die plötzliche, gefährlich scheinende Erkrankung des italienischen Herrn hervorgerufen hatte, gar nicht bemerkt wurde, bis der davongaloppierende Reiter für sie unsichtbar geworden war.

Jörg konnte eben noch bemerken, daß sich bei der Kirche ein Trupp Berittener sammelte, allein sie warteten offenbar noch auf etwas und zögerten abzureiten.

Er hörte ihre Zurufe, aber achtete nicht darauf und sprengte weiter. Erst nach und nach kam er wieder zu klaren Gedanken und begann zu überlegen, wie er die Stunde Vorsprung, die die Flüchtenden haben mochten, wieder einbringen könnte. Diese, bevor sie an den Walchensee kamen, einzuholen, war wohl unmöglich. Aber dort konnte es geschehen, wenn es ihm glückte, vor ihnen die Stelle zu erreichen, wo die Straße vom Katzenkopf herunterkommend, dicht zwischen See und unzugänglichem Felsgestein hinführt. Seinem braven, gutgefütterten Flamänder Hengst konnte er Ausdauer und Kraft zutrauen, wenngleich dieser wahrscheinlich an Schnelligkeit den Rossen des fahrenden Mannes nachstand. Dafür waren aber jene in schlechterem Futterzustande und werden bald das erste Feuer auf den Gebirgswegen verloren haben. Rab Golli mit seiner Begleitung muß sich an die Straße halten. Jörg kennt aber von Jugend her eine Menge Wege, die die Strecke bedeutend kürzen. Ohne langes Besinnen schlägt er diese ein und reitet, was sein Gaul vermag und die Umstände gestatten, weiter.

Sonina hatte sich auf dem Gange nach der Kirche in einem Zustande furchtbarer Aufregung befunden. Wird Rab Golli zur rechten Zeit und am richtigen Ort erscheinen? Sind alle Vorkehrungen so getroffen, daß das kühn geplante Vorhaben gelingen kann? Ein Schlag, ein Messerstoß, ausgeteilt von einem, der denkt, die freche Tat verhindern zu müssen, kann alles zu nichte machen. Dann ist sie rettungslos dem Schicksal, das sie in Puccis Arme führt, verfallen. Aber gesetzt, der fingierte Raub gelingt, werden sich nicht sofort Verfolger finden, die sie gegen ihren Willen zurückbringen? Warum hat sie dem zu weichen Gefühle nachgegeben? Ob ihren Vater durch die Pucci ein großer Geldverlust trifft, oder nicht — wenn er versteht die Augen aufzumachen, bleibt ihm trotzdem ein Vermögen, daß er noch immer als reicher Mann gelten wird. Fast bereute sie, dieser romantischen Idee nachgegeben zu haben.

Und jetzt begann sie für dies Gelingen des Planes und für sich zu zittern.

Als Rab Golli, der vielleicht in der zweiten oder dritten Reihe der Menschen, die sich an dem Straßenübergang drängten, gestanden haben mochte, sich auf sie stürzte und sie rasch auf seine Arme hob, hatte sie einen Schrei ausgestoßen und Widerstand geleistet, der ihr aber, so er ernst gemeint gewesen wäre, nichts genützt hätte, denn sie fühlte, daß der Mann, der sie trug, Riesenkraft besaß.

Es wurde ihr auf's Pferd geholfen, Rab Golli ergriff einen Zügel des mutigen Rappen und fort ging es in sausendem Galopp durch den Ort und von diesem aus weiter, wohin, darüber konnte sich Sonina keine Gedanken machen.

Mächtig griffen die ausgeruhten Pferde aus; wie spielend gewannen sie die Höhen, von denen die Straße nach Mittenwald hinabführt. Ohne die Gangart des Gaules zu verlangsamen, sah von hier aus Rab Golli zum ersten Male nach rückwärts. Zu seiner Freude konnte er keinen Verfolger bemerken. Es war also ein tüchtiger Vorsprung, den sie bereits gewonnen hatten.

Die Pferde begannen keuchend zu atmen; der Schaum stand in Flocken auf ihren Leibern; man mußte ihnen Zeit geben, sich wieder etwas zu erholen.

Rab Golli zog die Zügel an und im Schritt ritten sie eine ziemlich steil abfallende Wegstrecke hinunter. Das hatte den Rossen gut getan. Über der Einsenkung, von wo es wieder aufwärts ging, fielen sie, als ob sie wüßten, warum es sich handle, wieder in eine scharfe Gangart und verlangsamten diese erst, als es wieder abwärts ging.

Noch verharrten die beiden Menschen in Schweigen. Soninas Gedankengang hatte, nachdem sie erst wieder richtig zum Bewußtsein der Gegenwart gekommen war, sich fortgesponnen und jetzt traten ihr die Schwierigkeiten der Lage, die sie sich selbst geschaffen hatte, mit Klarheit vor die Augen. Besonders eine Erinnerung begann sie lebhaft zu beschäftigen und zu quälen: das war die heiße Frage, die Rab Golli gestellt hatte: „Was wird geschehen, wenn alles glücklich gelungen ist?"

Sie hat damals die Antwort auf eine Art zu umgehen gewußt, die ihrer sinnlichen Empfindung für den schönen und interessanten Mann, den sie zu ihren Füßen sah, entsprach.

Aber er wird sich damit nicht begnügen. Ein einziger Tropfen kühles Wasser auf die Lippen eines Verschmachtenden gebracht, reizt dessen Durst, Wahnsinn erzeugend. Was wird sie ihm dann sagen? Es fällt ihr doch nicht ein, sich zeitlebens an einen fahrenden Mann zu fesseln! O, er gefällt ihr; er paßt für eine geheime, romantische Tändelei — aber sonst? Er kann ja nur ihr Werkzeug sein. Ist sie erst über der österreichischen oder italienischen Grenze, dann wird sie ihn schon abzuschütteln wissen, ohne ihm besonders weh zu tun. Einige Rücksicht muß sie ja auf ihn nehmen; für das Wagnis, dem er sich ausgesetzt, hat er den Lohn bereits erhalten.

Den Vater wieder zu versöhnen, dessen finanzielle Interessen sie so schlau gewahrt hat, wird ihr ein leichtes sein. Was die Menschen in Venezia sagen, ist ihr gleichgültig. Dort herrscht eine so laxe Auffassung von Moral und Sitte, daß man sehr bald ihr deutsches Abenteuer vergessen oder doch nur mit Lachen darüber sprechen wird und obendrein dem hochmütigen, unbeliebten Signor Pucci den Tort[1] gönnt, der ihm angetan worden ist. Dies alles aber nur, wenn es ruchbar werden sollte, daß der Raub mit ihrem Einverständnis geschah. Im anderen Falle wird sie dastehen in einem romantischen Glorienschein. Es kann ihr nicht schwer fallen, eine Geschichte zu erdichten, wie sie den frechen Räuber überlistete und ihm entkommen ist. Es ist auch nicht nötig, sofort nach Venezia zurückzukehren, war sie doch völlig unabhängig durch das mütterliche Vermögen und hatte Verwandte genug in Verona, Bolognia und Firenze, unter deren Schutz sie sich einstweilen begeben konnte. Sie wollte leben, genießen — deswegen hatte sie auch alle Schranken mit starker Hand niedergerissen.

In der Brust Rab Gollis tobte ein anderer Kampf. Kühn hatte er die Geliebte geraubt — jetzt wollte er die Frucht seiner unerhörten Tat genießen. Für ihn gab es keinen Zweifel, daß sie ihm fortan folgen werde, wohin es auch sei. Er zitterte nur davor, daß sie verfolgt, eingeholt und ihm der köstliche Preis des Wagnisses mit Gewalt wieder entrissen werden könnte.

---

[1]Kränkung

Ehe er sie sich entreißen läßt, bevor ein anderer die Hand nach ihr ausstreckt, um sie zu besitzen, will er eher sie und sich verderben. Das schwört er sich, bei dem Heiligsten, das er kennt.

Die Sorge für das Gelingen des Planes nimmt mehr und mehr Besitz von ihm. Der Vorsprung, den sie haben, ist gut, aber die Pferde unter ihnen werden sichtlich matter. Sie sind von triefendem Schweiß bedeckt und beginnen zu keuchen. Man hört fast bei jedem Trab- oder Galloppsprung das gegenseitige Anschlagen der Eisen. Sein Gaul hat eines verloren, das in hohem Fluge klirrend an eine Felswand anprallte. Bis jetzt war die Straße öd und menschenleer; bei Krün und Wallgau haben sie diese Dörfer umritten. Wegen der Mittagsstunde blieben sie unbemerkt, da sich die Leute in den Häusern hielten.

Sonina war noch immer im weißen Brautkleide. Aber vorsorgend barg Rab Gollis Mantelsack alle für die Flucht nötigen Kleidungsstücke.

Das Umkleiden mußte gewagt werden, und so zog er die Zügel an und hielt an einem dichten Fichtengehölz. Mit wenig Worten erklärte er dem Mädchen das Vorhaben. Sonina nickte Gewährung, sprang vom Pferde und verschwand mit dem Mantelsack in dem Wäldchen, während er das Ohr auf die Erde legte und gespannt auf den Ton etwa sich nahender Hufschläge hörte. Es war nichts zu vernehmen, und er atmete um vieles erleichtert auf.

Wenige Minuten hatten für Sonina genügt, um sich in einen dunkeln, unauffälligen Reiseanzug zu hüllen, über den ein grauer Staubmantel geworfen war; ein Schleier verdeckte ihr Gesicht, auf dem Kopfe trug sie ein Barett. Rab Golli hatte den entstellenden Bart längst von sich geworfen. Sie machten jetzt den Eindruck von ein paar jungen Reisenden aus gutem Hause, wie man solche damals häufig auf den Heerstraßen sah.

Die Pferde hatten ihren größten Durst in einem kleinen Wasserlauf gestillt, der, von der Höhe kommend, neben der Straße sich zu einem mäßigen Tümpel erweiterte.

Und nun ging es wieder weiter im schärfsten Trabe, den die Tiere leisten konnten.

Schon mehrmals war der Gaul, den Rab Golli ritt, aus Müdigkeit gestolpert. Nun begann er auf dem Hinterbeine, dem das Eisen fehlte, zu lahmen, denn er hatte sich auf dem steinigen Wege den Huf abgelaufen und zersplittert.

Mit Entsetzen wurde das von dem jungen Manne bemerkt. Soninas Roß war das frischere und stärkere. Ob aber der leichte, ungarische Gaul im Notfall imstande ist, nach den Anstrengungen des heutigen Tages zwei Menschen schnell noch eine gute Strecke zu tragen, war mehr als zweifelhaft.

Sonina hatte das Gleiche bemerkt und schaute, angstvoll fragend, zu Rab Golli hinüber.

Er bemühte sich zu lächeln und suchte sie mit dem großen Vorsprung, den sie gewonnen hätten, zu trösten. In der bisherigen Schnelligkeit weiter zu reiten, war aber unmöglich geworden. Dazu wollte Sonina, die anfing sehr müde zu werden, wissen, welches Ziel er dem Ritte für heute gesteckt hätte. Darauf konnte Rab Golli nur antworten, daß er hoffe, heute noch den Kesselberg überschreiten zu können, um von da ins Flachland zu kommen, woselbst sie wegen der Gelegenheit, nach jeder Seite auszuweichen, vor Nachstellung soviel als gesichert seien. Gelegenheit zu übernachten findet sich dort unten ungleich leichter als im menschenarmen Gebirge mit seinen Zwangsstraßen. Er bat um Geduld und erging sich in Beteuerungen des Glücksgefühles, das seine ganze Seele eingenommen habe. Für sie, für ihren Besitz, wird ihm nie ein Wagnis zu groß, eine Gefahr zu schrecklich sein. Während er aber so spricht, steht er Qualen aus bei dem Gedanken, daß die Kraft der Rosse nicht aushalten werde.

Sie hasten weiter, die Huftritte klappern immer müder und unregelmäßiger auf dem harten Boden. Das lahmende Pferd bleibt trotz allen Antreibens zurück und fällt zuletzt in hinkenden Schritt, aus dem es sich nicht mehr bringen läßt. Sonina wird von Ungeduld verzehrt, aber sie zügelt ihr Roß und gerät in finsteres Schweigen.

So waren sie über den Katzenkopf gekommen, einen ziemlich steil abfallenden Berg, der sich in die große Ausbuchtung des Walchensees hineinschiebt.

Da geschah, was Rab Golli mit Angst befürchtet hatte: sein Gaul stürzte, legte sich auf die Seite und war nicht mehr hoch zu bringen.

Der Reiter wurde weggeschleudert und blieb einige Augenblicke betäubt liegen. Sonina sprang mit einem Schrei vom Pferde und stürzte zu ihm hin. Als sie ihn erreichte, hatte Rab Golli schon wieder die Besinnung gewonnen und erhob sich rasch mit angstvollen, verstörten Blicken. Er hatte sich nichts verletzt und machte sich sofort daran, dem gefallenen Tiere, das schwach stöhnte, den Sattel abzunehmen, ihn auf das andere Pferd zu legen, das einstweilen ruhig an den Büschen seinen Hunger stillte, und es so zu satteln, daß das Mädchen hinter ihm auf der Kruppe Platz nehmen konnte.

Diese Tätigkeit nahm beide derart in Anspruch, daß sie vollständig überhörten, wie gedämpfte, rasche Hufschläge aus der feuchten Wiese, hinter den Büschen, die deren Rand umgaben, hörbar wurden. Gleich darauf sprang ein mächtiges, dampfendes Roß mit einem Reiter in Gebirgstracht wenige Schritte von den emsig Beschäftigten auf die Straße.

Aus beider Kehlen entrang sich der erschreckte Aufschrei: „Jörg Neuner!“ Der fahrende Mann griff blitzschnell nach seinem langen Dolche, den er im Gürtel trug und stellte sich vor das bebende, von hoher Glut übergossene Mädchen. Sonina begann sich zu schämen!

„Keinen Schritt heran, Jörg Neuner, wenn Euch Euer Leben lieb ist!“ rief er dem Gebirgler zu, der von seinem Roß gestiegen war, dessen Zügel er um eine junge Buche schlang.

Jörg kümmerte sich nicht um den drohenden Zuruf.

„Ihr seht, Rab Golli,“ sagte er ruhig und leidenschaftslos, „Ihr seht, ich habe keine Waffe bei mir, als diesen zersplitterten Peitschenstiel, den Ihr wohl nicht fürchten werdet, Ich vertraue auf die Signorina und Euch, daß ich ohne Waffe zum Ziel komme.“

Nun hatte sich auch Sonina gefaßt und auf die Macht vertrauend, deren sie sich über die Männer bewußt war, trat sie vor und frug mit entschlossener Stimme: „Was wollt Ihr hier, Jörg Neuner? Möchtet Ihr uns etwa den Weg sperren? Was mischt Ihr Euch in Dinge, die Euch nichts angehen! Mögt Ihr tun, was Euch gut dünkt — mein Entschluß ist nicht zu ändern. Ja, ich will sogar etwas von Euch verlangen. Gebt uns Euer Roß, verkauft oder geliehen, wie Ihr wollt! — Rab Gollis Pferd ist nicht mehr zu gebrauchen. Hier! Nehmt das Gold; ich hoffe, das Tier wird damit dreimal bezahlt sein."

Sonina hatte eine Tasche geöffnet, die sie an der Seite trug, und entnahm dieser eine Handvoll Goldmünzen.

Mit verachtungsvoller Gebärde schob Jörg ihre Hand zur Seite. „Signorina, ein solcher Handel gilt vielleicht bei Euch zu Land, bei uns nicht. Doch, was red' ich! Während wir hier die Zeit vertragen mit unnötigem Geschwätz, liegt vielleicht Euer Vater in den letzten Zügen. Hat ganz darnach ausg'sehen, wie sie ihn ohnmächtig zu uns ins Haus tragen haben."

Die Italienerin stieß einen schwachen Schrei aus und fuhr mit der Hand nach ihrem Herzen. Rab Golli, der im Begriffe war, die Sattelung seines Rosses zu beenden, hielt inne und blickte mit finsteren, besorgten Mienen auf das bleich gewordene Mädchen.

Jörg Neuner sprach weiter: „Was Ihr zu tun vorhabt, das geht mich nix an; ich bin Euer Richter nicht, wenn ich auch nicht versteh, daß ein Fräulein wie Ihr, Signorina, Vater, Bräutigam und — ich sag's frei heraus! — ihren guten Ruf im Stich laßt und — Ihr müßt schon wieder die Wahrheit hören: mit einem Mann, der zu den fahrenden Leuten g'hört, den die Menschen zu den Ehrlosen zählen, ins Land lauft."

Rab Golli ballte die Fäuste und knirschte mit den Zähnen, aber er schwieg, obgleich ein wilder Zorn in ihm über den Mann aufloderte, der so ganz ohne Furcht, auch in seiner Gegenwart die innerste Meinung sagte.

Es traten einige Augenblicke des Schweigens ein, während deren Jörg das Mädchen scharf beobachtete.

Wie Bedauern klang es aus seiner Stimme, als er wieder begann:

„Ihr habt gehört, Signorina, warum ich Euch den Weg verlegt hab' und nachgeritten wär, wohin Ihr heut oder morgen gekommen sein würdet. Es gilt das, was ich eine heilige Pflicht heiß'! Euer Vater ist am Sterben — wohl durch Eure Schuld. Wollt Ihr sie wirklich so groß machen, daß Euch der Herrgott selber sie nimmer vergeben kann, daß Ihr in die Welt geht und den Alten, einsam, im fremden Land sterben laßt?"

„Mein Vater ist ein harter Mann," entgegnete Sonina und wendete sich dabei ab, um nicht Jörg's vorwurfsvollen Blicken zu begegnen. „Er ist ein harter Mann und hängt mehr an Geld und Gut als an seiner Tochter. Ich will mich nicht für immer von ihm trennen — die Zeit ist vielleicht nicht ferne, in der ich wieder zu ihm zurückkehren werde. Auch gegen die Tücken des Signor Pucci ist er gesichert —"

„Ihr seid hart und unkindlich!" unterbrach sie zornig der Bursche. „Eure Lust und Leidenschaft steht Euch höher als die Kind'spflicht. Glaubt mir: der Rausch, der Taumel, die Verhexung von heut, die halten nicht stand, und die Reu kommt über Euch, wenn Ihr das Abenteuer mit dem Menschen da satt habt."

Rab Golli stieß ein Ächzen des höchsten Zornes aus. „Hochmütiger Bauer!" rief er und trat dabei drohend näher. „Wenn ich dir nicht Dank schuldig wäre, weil du mich mitleidig als wunden Mann aufgehoben und im eigenen Haus gesund hast werden lassen, so müßte ich dich für den Schimpf töten. Wisse: Freiwillig ist mir die Signorina gefolgt und ich würde sie auch nicht hindern, zu ihrem kranken Vater zurückzukehren, wenn — sie ihr Versprechen einlöst, wenn sie mir das Wort hält, das sie mir gegeben hat."

Sonina hatte sich rasch und stolz gegen den fahrenden Mann gewendet.

„Welches Wort, Rab Golli?“

Dieser sah verwundert aus. „Wenn die Signorina Sporini ihr Versprechen halten will, mir dann später zu folgen, mein Weib zu werden.“

Sonina lachte hart und schneidend auf.

„Wann gab ich ein solches Versprechen? Ihr irrt Euch, Rab Golli! Wenn ich zeigte, daß ich Euch zu schätzen wußte und Ihr einiger Gunstbezeugungen Euch zu rühmen habt, so ist das noch kein Versprechen, kein bindendes Wort. Ich forderte — Eurer Ergebenheit gewiß — Euch auf, mir zur Flucht zu verhelfen. Ihr sollt mich an einen Ort bringen, wo ich einstweilen vor den lästigen Nachstellungen dieses mir verhaßten Signor Pucci sicher bin. Das ist alles, aber es genügt, um mich Euch dankbar verbunden zu fühlen. Mit dem reichsten Lohn werde ich nicht sparen. Und nun weiter! Jörg Neuner wird meinen Vater grüßen und unsere Flucht nicht länger aufhalten. Zurückkehren kann ich nicht.“

Während Sonina so sprach, war in dem Wesen und Äußeren des fahrenden Mannes eine furchtbare Veränderung vorgegangen. Er zitterte und zuckte zusammen, seine von Entsetzen starrenden Augen unterliefen rot; es schwindelte ihm, als wenn sich der Boden unter seinen Füßen jäh geöffnet hätte und er sich in einem wirbelnden Sturz befände. So hatte sie mit ihm gespielt! Dazu sollte er ihr dienen und gut genug sein! Er schauderte unter dieser brutalen Mißhandlung. Blutströme schossen ihm brausend vom Herzen zum Gehirne und machten ihm alles, bis auf den einzigen Gedanken vergessen, sich an diesem

Weibe, das ihn in den Kot getreten und verachtungsvoll von sich gestoßen hatte — genau so, wie es ihm von Mita vorausgesagt worden war — zu rächen. Sterben mußte sie und er mit ihr, denn was soll ihm sein jammervoll geschändetes, zerrissenes Leben. Diese schöne, gleißende, giftige Viper mußte vertilgt werden, ehe sie noch mehr Unheil und Verderben anstellen konnte. Er, er war ihr Henker — er, der ehrlose, verachtete fahrende Mann, dem ein solches Geschäft von Rechts wegen zukommt, weil es so in der Ordnung der Dinge der Welt liegt.

Sonina hatte die Veränderungen an Rab Golli nicht wahrgenommen, sonst hätte sie sich nicht von ihm bei der Hand fassen lassen, wohl aber tat dies Jörg. „Ist das dein letztes Wort, Sonina Sporini!" frug der Fahrende mit vor Leidenschaft heiserer Stimme.

Das Mädchen wollte sich von ihm losmachen. Er drückte ihre Hand so fest in der seinen, daß es einen Schmerzensschrei nicht unterdrücken konnte.

„Laßt mich! Warum haltet Ihr mich so fest? Zäumt das Pferd, wir wollen reiten! So verlieren wir die gute Zeit — später können wir über unsere Sache weiter reden."

„Nein, das kannst du nicht," stieß er zähneknirschend und vor Erregung seiner nicht mehr mächtig heraus. „Das kannst du nicht, weil du jetzt sterben mußt, Metze!"

Blitzschnell hatte seine rechte Hand den Dolch aus dem Gürtel gerissen, der Arm erhob sich zum tödlichen Stoße. Doch Jörg hatte nach dem Benehmen Rab Gollis, auf die verachtungsvolle Abweisung hin, die diesem geworden war, eine Gewalttat vorausgesehen und befürchtet. Mit voller Kraft warf er sich auf den Wütenden und hielt dessen Arm im Stoße auf.

Sonina machte sich schreiend los und lief den Weg aufwärts, woher das Klappern eiliger Hufschläge ihr entgegen klang.

Unterdessen rangen die beiden Männer wie auf Tod und Leben. Der urwüchsigen, gewaltigen Körperkraft des Gebirglers stand die vollendete Geschmeidigkeit des gymnastisch geschulten, jugendlichen, fahrenden Mannes gegenüber. Immer noch hielt die Faust den spitzen Dolch krampfhaft umklammert und Jörg hatte Mühe, dessen bedrohliche Nähe von sich abzuwehren. Im stummen, nur von dem Ächzen und Schnauben höchster Anstrengung begleiteten Ringen, suchte einer des andern Herr zu werden. Minuten verrannen, der Kampf blieb unentschieden. Es konnte Jörg nicht daran liegen, Rab Golli an das Leben zu gehen. Würde er das gewollt haben, hätte er gesucht, sein eigenes Messer zu ziehen. Allein er dachte nicht daran. Nur die gefährliche Waffe wollte er dem völlig Sinnlosen entreißen und diesen zeitweilig unschädlich machen. Schon gab der fahrende Mann einige Zeichen der Ermüdung, denn der ausdauernden Kraft des Burschen hatte er bisher nur durch seine Ringkunst standgehalten, Jörgs Faust war bereits bis an das Handgelenk des Gegners vorgerutscht und drohte es auszurenken oder zu zerbrechen. Da wich dieser einen Schritt zurück, mußte dabei aber auf einen Stein oder eine Wurzel getreten sein, denn er knickte zusammen und stürzte dröhnend rückwärts, wobei er den fest um ihn geklammerten Jörg mit sich riß.

Einige Augenblicke mochte Rab Golli von dem durch das Gewicht seines Gegners verstärkten Fall bewußtlos gewesen sein, dann versuchte er sich mit aller Gewalt frei zu machen. Er fand aber keinen andern Widerstand mehr, als die Schwere des auf ihm lastenden Körpers, der mit konvulsivischem Zucken zur Seite rollte.

Rab Golli war aufgesprungen und sah entsetzt nach dem vor ihm Liegenden, dessen Wams an der linken Brustseite einen blutigen Fleck zeigte, der sich rasch vergrößerte. „Tot!“ schrie es in ihm. „Warum mußtest du dich zwischen sie und mich werfen?“ Dann schleuderte er den Dolch weit von sich.

Es blieb ihm keine Zeit zum weiteren Nachdenken, denn plötzlich sah er sich von heraneilenden Bewaffneten umringt, die ihn mit derben Fäusten packten und niederrissen.

Er leistete in der apathischen Verzweiflung, in der er sich befand, keinen Widerstand. Nun mochte alles gehen wie es wollte; so oder so muß ein Ende werden.

Mittlerweile war auch Signor Pucci herangekommen und wollte sofort unter Schimpfen und Schreien in blinder, rachsüchtiger Wut mit dem gezückten Degen auf den Wehrlosen eindringen.

Unter denen, die Rab Golli festgenommen hatten, war auch der Unterrichter von Mittenwald gewesen, der dem Italiener die Waffe aus der Hand schlug und schwur, den Signor packen zu lassen, so er es wage, die Hand an einen Gefangenen zu legen, der dem Gerichte verfallen sei, das ihn mit Sicherheit für seine Untaten werde rädern und köpfen lassen.

Rab Golli wurde gebunden und sah wirren Auges finster vor sich hin. Kein Wort kam über seine Lippen, bis der leidenschaftliche Pucci, der seinen wütenden Haß in Worten ausströmen lassen mußte, ihm die geballten Fäuste vor das Gesicht hielt und in seinem, gegen Sonina wiedererwachten Mißtrauen zorngeifernd frug: „Heh! Schuft! Räuber! Mörder! Hat sie dich angestiftet, die Signorina, oder hast du sie aus eigenem Antriebe geraubt?“

Wie ein Blitz fuhr der Ausdruck innerer Befriedigung über das Antlitz des fahrenden Mannes. Jetzt hatte er doch noch, was er so heiß ersehnt hatte! Seine Rache.

Sagt er diesem wütenden Menschen die Wahrheit, dann stößt dieser das ränkevolle Weib von sich, was sie, wenn auch nicht in solcher Art, selbst angestrebt hat.

Schweigt er aber und nimmt alle Schuld auf sich, so besteht der Signor auf seinem Recht, Sonina muß sein Weib werden. Das Weib dieses Pucci zu sein, ist für sie eine Höllenqual, und die soll sie tragen, so lange sie lebt.

Was ist da ein jäher Tod mit seinem kurzen körperlichen Schmerz gegen ein langes Leben, in dem der Haß und Abscheu Orgien feiern, dem der alles ausgleichende Schimmer der Liebe fehlt? Er kennt dieses Weib und weiß, was er ihr damit antun wird. Unfroh wird sie sein alle ihre Tage; von Genuß zu Genuß wird sie stürmen, um sich betäuben zu wollen; und nichts wird ihr genügen, sie befriedigen; stets wird sie, die stolze Sonina, ihre entwürdigenden Sklavenfesseln fühlen. Das Ende von allem wird eine ekle Ernüchterung sein und dann verfällt sie der unfruchtbaren, seelenpeinigenden Reue, die auch seinem Andenken gelten wird.

Ein böses Lächeln zuckte um Rab Gollis Mund, als er antwortete: „Ihr habt mich in Euerer Gewalt, Signor Pucci. Es hilft mir nichts mehr — ich weiß, daß ich für meine Tat sterben muß. Was soll ich da mit der Wahrheit geizen?

Wir sind arme Leute, wir Fahrenden. Geld und Gut blendet. Da habe ich die Signorina geraubt, weil ich dachte, das wird mir von ihrem Vater und Euch ein hohes Lösegeld einbringen.

Verrechnet hab' ich mich, das ist alles.

Aber die Signorina, diese reine, makellose Jungfrau, die ist Euer würdig geblieben. Verzeiht mir, wenn Ihr könnt, und ich Euch dafür nicht zu gering bin. Es ist noch gut an der Zeit — da kann der Pfaffe schon noch seinen Segen spenden zu dieser ganz besonders würdigen Verbindung."

Dann verfiel der Fahrende in ein dumpfes Schweigen, das er trotz Schmähungen und Mißhandlungen nicht mehr brach. Widerstandslos ließ er sich zwischen den Bewaffneten weiter schleppen.

Jörg Neuner, der bei einer tiefen Brustwunde nur noch schwache Lebenszeichen gab, wurde notdürftig verbunden und auf eine Art Sänfte gelegt, die man aus zwei langen, jungen Fichten herstellte, welche an den Seiten zweier hintereinander gestellten Pferde befestigt wurden.

Seine Seele schien den jungen, in der Kraft der Jahre gefällten Leib verlassen zu wollen und bereit zu sein zu der Reise nach jenen Regionen, von denen es keine Wiederkehr gibt.

Signor Pucci hatte, als er von Rab Golli abließ, sich eifrig mit Sonina beschäftigt, die auf alle heftigen Verwünschungen, die dieser gegen den Räuber und Mörder schleuderte, und auf alle Glückwünsche zu ihrer Errettung, an der er sich den Heldenanteil zumaß, trotzdem er der Letzte war, der ankam, keine Entgegnung hatte.

Er fand dies selbstverständlich, denn die Aufregungen des heutigen Tages waren doch ganz bedeutend, wenngleich alles — nach seiner Ansicht — noch ganz gut abgelaufen war. Denn Rab Golli, der fahrende Mann, der war für alle Zeiten unschädlich gemacht.

Wenige Minuten später lagerte wieder heilige Ruhe über diesem Erdenwinkel. Nur ein kleiner Fleck, vom Herzblut eines braven Mannes geröteter Erde, war noch zu sehen. Aber wie bald wird auch das verschwunden sein. Die Wellen des Alpensees rauschen wie schon seit ungezählten Jahrtausenden, und wie sie es tun werden nach eben so gewaltigen Zeiträumen, um endlich doch zu verrinnen. Die Berge, die herunterblicken, auch sie haben ihre Zeit. Das einzig stetige in der Gottesschöpfung ist die ewige Veränderung, der Triumph des Lebens über den Tod, der zu neuem Vergehen führt.

24 Merkwürdige Entwicklungen und das Ende

Das gab eine Aufregung in Mittenwald, als der Räuber eingebracht wurde, den man einstweilen, kettenbehängt, in ein Gefängnis des Rathauses warf und scharf bewachte.

Gegen dieses Ereignis trat die Teilnahme um die Person des todwunden Jörg Neuner in den Hintergrund. Viele behaupteten sogar, der ganze Handel hätte ihn nichts angegangen; er hätte die Hände davon lassen sollen, dann läge er jetzt nicht im Sterben. Ja, der Haß ging so weit, daß den Neunerschen das Unglück, das sie getroffen hatte, schamlos genug! vergönnt wurde.

Die Mittenwalder waren natürlich um die lustigen Hochzeitsveranstaltungen in der Hauptsache gekommen. Deswegen ärgerten sie sich auch nicht, als gleich in der auf den ereignisvollen Tag fallenden Nacht anhaltendes Wagengerassel und Roßgestampf das Ort durchtönte, weil die Fahrenden ihres Weges weiter zogen.

Rab Golli wurde verhört und dann auf einer Karre, an Händen und Füßen gefesselt, von einem Schwarm Bewaffneter begleitet, nach dem festen Schloß, dem Werdenfels bei Garmisch gebracht, woselbst der fürstbischöflich freisingische Pfleger der Grafschaft Werdenfels, der die höchste Gerichtsbehörde bildete, seinen Sitz hatte.

Tiefe, lichtlose unterirdische Kerker sorgten dafür, daß von dort kein Gefangener entkam.

Nach der juristischen Gewohnheit der Zeit probierten sie an Rab Golli auch die Folter. Man mußte aber alsbald damit einhalten, da er rückhaltslos alle Schuld auf sich nahm und seine Richter inständig bat, ihn möglichst bald aus dem Leben zu schaffen.

Die Herrn waren auch des besten Willens, ihm diesen Gefallen zu erweisen und so verurteilten sie ihn zu dem, was ihm von „Gottes und Rechts wegen“ gehörte: gerädert zu werden von unten auf, d. h. daß ihm zwar die Glieder durch den Henker zerbrochen, der Herzstoß aber erspart bleibt, weil er dann noch lebendigen Leibes enthauptet werden soll.

Um den bischofsgetreuen Mittenwaldern nichts entgehen zu lassen, was ihnen ebenfalls von „Gottes und Rechts wegen“ gehörte, und worauf sie sich schon lange freuten, sollte die Hinrichtung in diesem Marktflecken stattfinden.

Es war an einem nebligen Spätherbstmorgen Ende Oktober des gleichen Jahres, als sich ein kleiner Zug, bestehend aus einem halben Dutzend Bewaffneter, einem, von einer verhungerten Mähre gezogenen Bauernkarren, in dem Rab Golli gefesselt lag, sich vom Schloß Werdenfels gegen Mittenwald bewegte.

Der in einen roten Mantel gehüllte Meister Hämmerlein von Weilheim, ein in Justifizierungen viel bewanderter und weitberühmter Mann, folgte mit zwei Knechten.

Man war, wenig von Neugierigen belästigt, unangefochten bis Klais gekommen, woselbst sich die Kriegsleute an einigen Kannen Bier und Branntwein stärkten und dabei in menschenfreundlicher Wallung — morgen hat ja doch alles ein Ende für ihn! — ihres Gefangenen auch nicht vergaßen. Dann zog man guter Dinge wieder eine halbe Stunde weiter.

Der Weg wird schlechter; der Wald tritt näher an die Straße heran; die Reiter kommen rascher vorwärts als der Karren mit dem armen Sünder. Da springen plötzlich aus den Büschen 30-40 gutbewaffnete, vermummte Kerle, werfen den Fuhrmann vom Wagen und binden ihn. Die Bewaffneten erhalten von rückwärts Feuer und flüchten, nachdem sie sich in der Minderzahl sehen, so rasch sie ihre Rosse tragen, gegen Mittenwald, während der Scharfrichter und dessen Knechte vorziehen, in gleicher Schnelligkeit gegen Partenkirchen auszureißen.

Indessen war nicht versäumt worden, dem Gefangenen die Fesseln mit kundiger Hand abzuschlagen. Schon nach wenigen Minuten war der Platz wieder ruhig und menschenverlassen, und das hungrige Rößlein konnte sich daran machen, das am Wegrande sprossende Gras abzuweiden.

Das gab ein Aufsehen in der Grafschaft!

Die Gerechtigkeit war um ihr Opfer betrogen, die Mittenwalder kamen um das erhebende Schauspiel der Hinrichtung.

Daran änderte sich auch nichts, als der Pfleger die Bedeckungsmannschaft wegen gezeigter Feigheit eintürmen ließ und strenge Nachforschungen bis an alle Grenzen der Grafschaft anbefahl.

Die frechen Befreier und Rab Golli verstanden es, den Klauen der Werdenfelser fern zu bleiben.

Man hatte zwar Grund anzunehmen, daß die fahrenden Leute die Täter gewesen seien, aber die Nürnberger wie die Werdenfelser hängen eben keinen, den sie nicht haben.

Im Volksmunde gestaltete sich der Fall so, daß ein Weib, das man bei dem Überfalle bemerkt haben wollte – jedenfalls eine Hexe! – im Bunde mit dem Satan! der in Gestalt eines fast überlangen Burschen mit dabei gewesen war, diese ganz unerhörte Befreiung unter höllischem Beistande bewerkstelligt hatte. Ebenso möglich war aber auch, daß der Teufel nicht auf den Scharfrichter warten wollte und den Rab Golli deswegen schon früher holte. –

Zehn Jahre waren verflossen, seitdem der letzte Markt in Mittenwald gehalten worden war. Dicke, mit Siegeln und Unterschriften versehene Briefe der Kaufmannsgilden aus Venezia, Augsburg und Nürnberg hatten damals dem Rate des Marktfleckens mitgeteilt, daß man nicht willens sei, dem Ansinnen der Rott- und Floßleute nachzugehen und aus diesen Gründen der seit 192 Jahren dort abgehaltene große Markt wieder nach Bozen, wo er schon vor dieser Zeit stattfand, zurückverlegt werden wird.

Das war ein Jammern, Zürnen und sich gegen das Geschick auflehnen! Dutzende von den kleinen Zwischenhandelsgeschäften, eine bedeutende Anzahl jener Betriebe, die nur auf den Fremdenverkehr sich stützten, waren dadurch ruiniert. Und wie sah es erst um die Floß- und Rottleute aus, nachdem der Bischof von Augsburg die neue Straße eröffnet hatte?

Volksgunst ist ein sehr veränderliches Ding, das mußten jetzt der Kriener und der Zwerger im vollsten Maße auskosten. Seit dem Eintreffen der Absagebriefe gehörten sie zu den gehaßtesten Männern in Mittenwald und alles Zutrauen und alle Gunst wendete sich dem so verkannten alten Neuner und seinem Hause wieder zu.

Dort hatte es schwere Tage und Nächte gegeben. Jörg rang Wochen mit dem Tode und nur der aufopferungsvollen Pflege der Margaret Kriener, die herbeigeeilt war, als er todwund gebracht wurde, und die sich trotz dem offenen Schimpfen und Schelten ihrer Eltern und dem anfänglichen Widerwillen, das die Neunerischen zeigten, nicht abweisen ließ, hatte er seine allmähliche Rückkehr in das Leben zu danken. Später wurden beide ein Paar und lebten in einer höchst glücklichen Ehe, reich an Kindersegen. Ihre Nachkommen pflanzten das Geschlecht fort bis auf die heutigen Tage.

Auch bei den italienischen Gästen im oberen Stockwerke wartete der Tod an der Türe, bereit, die Seele des alten Mannes entgegenzunehmen. Aber es kam damals auch nicht dazu. Sonina zeigte sich als ganz passable Krankenpflegerin. Nach wenigen Wochen waren auch diese Fremden aus Mittenwald verschwunden. Gehört hat man dort nichts mehr von ihnen. Man hatte anderes zu tun, als ihnen nachzufragen. Wäre auch schwer gewesen, denn von Venezia kam auf lange Jahre hinaus niemand mehr in das jetzt weltfremd und einsam gewordene Gebirgsort.

Die Not war hoch gestiegen in Mittenwald, denn die Leute hatten in ihren üppigen Tagen das richtige Arbeiten verlernt. Wenn aber die Not am höchsten steigt, ist die Hilfe am nächsten. Matthias Klotz, der bei den berühmten Geigenmachern Italiens in die Schule gegangen war, vermittelte seinem arm gewordenen Heimatsorte nach zwanzigjähriger Abwesenheit diese Kunst, die heute noch blüht und nach und nach die Grundlage von dessen jetzigem Wohlstand wurde.

Wer kennt sie nicht, die Mittenwalder Geigen, Cellos, Bässe und sonstigen Musikinstrumente?

Wir schreiben 1689 und befinden uns in der Märchenstadt Venezia.

Es ist ein lauer Spätherbstabend; auf dem Canale grande schießen schwarze Gondeln hin und her, oft mit Wappen und sonstigen Zieraten geschmückt, und geführt von reich oder fein kostümierten Gondolieren. Viele Gondeln tragen kunstgearbeitete Laternen; manche sind unbeleuchtet; oft klingt aus dem Deckhäuschen der Ton einer Mandoline und weicher Gesang. Viele richten ihre Fahrt nach dem gotisch gebauten, vornehmen Palazzo Foscari, dessen hohe Bogenfenster mit den bunten Glasgemälden festlich beleuchtet über dem düstern Wasserweg blitzen.

Dort soll heute ein großes Fest stattfinden und zwar zu Ehren eines Gastes der Foscari, eines Fremden, des spanischen Grafen Partinaza.

Ganz Venezia kennt die Schönheit von dessen Gattin, aber meist vom Hörensagen, denn gezeigt hat sie sich erst sehr wenigen. Der Graf aber ist eine Berühmtheit.

Wir sehen in ihm einen von jenen Männern, die besonders im siebzehnten Jahrhundert es verstanden, sich den Anschein zu geben, im Besitze von Wissenschaften und Kräften zu sein, zu denen hinan nur wenig Auserwählte gelangt waren.

Wie sie dazu gekommen waren, lag stets in einem romantischen Dunkel. Mehr oder weniger folgten sie alle Cagliostros Spuren, behaupteten, sich auf die Bereitung von das Leben verlängernden Elexieren und das Goldmachen zu verstehen, bei sonstigen adeptischen und wunderbaren Kunststücken.

Man glaubte an sie, deshalb hatten sie leichtes Spiel, wurden die Freunde der Fürsten und Reichen, die ihre Dienste mit echtem Gold bezahlten. Wenn sie hier in aller Stille verschwanden, tauchten sie dort mit großem Pompe und Pracht wieder auf.

Was sie von der Menge erhoben, war die Steuer auf deren Dummheit und Unwissenheit, Dinge, die nicht den Anschein haben, seltener und weniger zu werden in dieser Welt.

Der Saal war dicht gefüllt im Palazzo Foscari, alles erwartete mit Ungeduld die berühmten Fremden. Besonders laut war eine Gruppe adeliger Kaufherrn und junger Nobili, die sich um die schöne Witwe des seit einem Jahre verstorbenen Signor Pucci, ihr eifrig den Hof machend, drängten. So laut diese lachte, so sehr sie die schönen Augen blitzen ließ, so scharf auch ihre Zunge war — ein feiner Beobachter hätte wahrnehmen müssen, daß ihr all dies nicht von Herzen kam. Es war etwas Gemachtes, etwas Gezwungenes in ihrem Wesen.

Plötzlich wurden die Flügeltüren aufgerissen, der Haushofmeister stieß den gold- und juwelenbesetzten Stock dreimal scharf auf den kunstreichen Mosaikboden und verkündete mit lauter Stimme: „Seine Herrlichkeit Graf Partinaza und die Gräfin!"

Alles schwieg; neugierig wendeten sich die Augen der ganzen Versammlung dem schönen Paare zu, das mit edlem Anstande den Saal betrat und an der Türe von dem Ducca Foscari nebst dessen Gattin in Artigkeit und formvollendetster Weise empfangen wurde.

Auch Sonina Pucci — die ehemalige Signorina Sporini — wendete ihre Augen den Eintretenden zu.

Was war das? Hatte sie nicht diese Menschen schon einmal gesehen? Sie kramte in ihren Erinnerungen und konnte nichts Bestimmtes finden. Das ärgerte und reizte sie. Von diesem Augenblicke beobachtete sie in möglichster Nähe den spanischen Grafen und dessen schöne Frau, die sich mit edlem Anstande unter den venezianischen Herrn und Damen bewegten.

Das Fest nahm seinen Fortgang, die beiden Fremden blieben dessen Mittelpunkt. Partinaza, der sich erst lange bitten ließ, zeigte staunenswerte Dinge. Er verwandelte Eisen in Gold, indem er es einige Minuten in eine Flüssigkeit legte — aber, was man bisher noch niemals gehört und gesehen hatte, was noch keiner der berühmtesten Männer fertig gebracht hatte: Er konnte die Gedanken der Anwesenden erraten!

Etwas wie Grauen vor dieser übernatürlichen Begabung erfaßte die Menschen, die sonst gewohnt waren, das Leben aus dem Vollsten zu genießen und tändelnd und lächelnd am Rande gähnender Abgründe zu wandeln.

Soninas Unruhe hatte stetig zugenommen. Endlich blitzte in ihr eine Erinnerung auf, die ihr Entsetzen erregte. Aber, was wollte sie? Der Mann, dem sie galt, war längst nicht mehr, man hatte ihn — —.

Wie im Fieber schlugen ihre Zähne zusammen und sie vermochte trotz des Schauders, der sie erfaßt hatte, doch ihre Blicke nicht von dem stolzen, bleichen Mann zu wenden, der sich mit vornehmer, überlegener Gelassenheit alle Huldigungen gefallen ließ, die ihm die enthusiasmierten Nobili bereiteten.

Die Aufregung hatte sich Soninas derart bemächtigt, daß sie um jeden Preis Gewißheit haben wollte. Geschickt verstand sie es, in die Nähe des Grafen zu kommen. Lange suchte sie einen von dessen Blicken festzuhalten. Als es ihr gelungen war, hatte sie die Empfindung, als wenn sich zwei glühende Dolche in ihr Herz gebohrt hätten.

Rab Golli! wollte sie aufschreien, denn jener Mann glich diesem. Ihr nächster Blick überzeugte sie aber, daß dies Wahnsinn gewesen wäre. Was hatte dieser stolze, spanische Edle mit dem unglücklichen, fahrenden Mann gemein?

So wurde die Signora nach allen Polen wilder Erinnerungen getrieben. Schon wollte sie sich, geistig und körperlich fast gebrochen, zurückziehen, da stand auf einmal Partinaza mit lächelndem Gesichte vor ihr. Aber hinter diesem Lächeln lauerte etwas, das ihr Entsetzen erregte, das sie bannte, dem sie sich nicht entziehen konnte.

Willenlos folgte sie dem Spanier auf den Balkon, von wo aus er ihr eine merkwürdige Lichterscheinung am Firmamente zeigen wollte. Niemand war ihnen gefolgt, sie waren allein. Das bebende Weib lehnte und klammerte sich an die Marmorbalustrade — es fühlte: Jetzt kommt das Gericht — jetzt kommt die Verdammung.

Einige Minuten herrschte Schweigen zwischen den beiden. Vom Kanale herauf tönte weicher Gesang und das leise Geplätscher der von den Rudern bewegten dunklen Flut. Die Sterne leuchteten; am Rande des Horizonts erhob sich die blinkende Sichel des Neumondes. In den Wassern spiegelte sich der Widerschein der Tausende von Lichtern, die in den hell erleuchteten Sälen der Palazzi glänzten, oder eine am Buge einer Gondel angebrachte Fackel verbreitete ihren roten Schein über den Kanal und ließ ihn gespenstisch über die oberen Stockwerke der Prachtbauten huschen.

Hier fast wollüstiger Friede — dort ein schweigender, aber trotzdem erbarmungsloser Kampf.

Der Graf fing an zu sprechen. Zuerst Gleichgültiges, bei dem er die Antwort nicht abwartete, dann stockte er. Sonina begann wieder aufzuatmen. Wie konnte sie nur solche Ideen bekommen? Ihre Nerven, o ihre schlechten Nerven! Sie hätten ihr fast einen bösen Streich gespielt.

Von neugewonnener Kraft durchstossen, blickte sie in das Gesicht des Grafen. Zwei Augen, flimmernd von wildem Haß und Hohn, schauten sie daraus an. So brannten sie damals im Gesichte jenes Mannes, den sie verachtungsvoll von sich gestoßen hatte, trotzdem er ihr Retter und — Geliebter gewesen war.

Sonina stieß einen kurzen Schrei aus und streckte abwehrend beide Hände gegen den ihr entsetzlichen Anblick.

„Rab Golli!“ hauchte sie, von tödlichem Schrecken erfaßt.

„Ja, Rab Golli hieß er,“ sprach der Graf mit erbarmungsloser Kälte, jedes Wort scharf betonend. „Rab Golli, den du zu dir hoch erhoben hattest, um ihn desto tiefer hinabzuschleudern. Erkennst du ihn?“ Er stieß ein scharfes, gellendes Lachen aus.

„Auch er erkennt dich, denn seine Augen haben nicht aufgehört, auf dir zu ruhen, aber nicht in Liebe, sondern in Haß und tödlicher Verachtung. Meinst du, er wüßte nicht, daß du acht Jahre eines qualvollen Lebens an der Seite eines elenden Menschen hinter dir hast? Daß dein Inneres jammervoll zerrissen ist; daß dich die Übersättigung erdrückt und die Reue um eine vergeudete, verlorene Jugend zu verzehren beginnt?

Ein einziges Wort, eine Bejahung hätte es ihm damals an dem Alpensee gekostet, und du wärst von all dem verschont geblieben. Aber er hat es nicht ausgesprochen, weil seine Liebe sich in Haß gewandelt hatte und er seine Rache haben wollte.“

„Gnade, Gnade!“ wimmerte Sonina und wollte zu den Füßen ihres Richters stürzen. Der riß sie rauh empor und zischte ihr zu:

„Steh’ auf Weib! — Wenn du knien willst, so knie vor deinem Gott, der dir vielleicht verzeihen wird. Ich kann es nicht; ich fluche dir auf Zeit und Ewigkeit!

Das war doch ein köstliches Kunststück des Grafen Partinaza," sagte er jetzt mit völlig veränderter Stimme und überlegenem, schneidenden Hohne, „daß er den armen, geräderten und geköpften, ehrlosen fahrenden Mann, den Rab Golli wieder auferstehen ließ! Nicht wahr, schöne Signora, das hat er gut gemacht?

Jetzt nehmt meinen Arm, ich will Euch in den Saal zurückführen."

Entsetzensstarr, unfähig, einen eigenen Willen oder nur einen Widerspruch zu zeigen, gemartert, zerschlagen wankte sie neben ihm her und würde zu Boden gesunken sein, hätte er ihren zuckenden Arm nicht fest in dem seinen gehalten.

„Hört Ihr die Musikanten, Signora! Elend fahrend, geächtet Volk, hier, wie auf der andern Seite der Alpen," sprach der „spanische Graf" im leichten Plaudertone, von dem aber jede Silbe das blasse Weib an seiner Seite wie mit Keulenschlägen traf. „Der Tanz beginnt — schade, daß ich nicht mit Euch den Reigen führen darf! Wir wären ein so schönes Paar; so gut zusammenpassend; so ganz ein Körper, eine Seele. Verzeiht deshalb, daß ich Euch hier verlassen muß; meine Gattin, die Gräfin Mita, hat den Wunsch ausgesprochen, sich bald zur Ruhe zu begeben, da sie etwas leidend ist. Ihr versteht, daß der Wunsch meines vielgeliebten Weibes für mich Befehl ist.

Gehabt Euch wohl, Signora. Daß Ihr dieses Festes gedenken werdet, so lange Euch zu atmen vergönnt ist, deß bin ich gewiß."

Mit einer tiefen Verbeugung entfernte sich der Graf. Bald darauf sah man ihn mit seiner Gattin das Fest verlassen. Stolz und hochaufgerichtet waren beide durch die Doppeltüre geschritten; hunderte von Augen sahen ihnen bewundernd nach. Ein Paar jedoch, Soninas, in denen malte sich wildes, verzweiflungsvolles Entsetzen. Dann schienen sie erlöschen zu wollen, blitzten wirr und angstvoll — mit schwerem Aufschlage auf dem Mosaikboden stürzte die Signora ohnmächtig zusammen.

Andern Tages war Graf Partinaza spurlos aus der meerumgürteten Stadt verschwunden.

Man hörte hie und da von ihm, wenn er durch seine Künste besonders von sich reden machte an den Fürstenhöfen oder in den Städten, in denen er sich zeigte. — Dann erlosch die Kunde, er und seine Gattin waren verschollen.

Ungefähr ein Jahr nach dem Auftreten des Grafen in Venedig klopfte Sonina Pucci an die Pforte des Klosters auf Murano.

Sie gehörte damit zu jenen, die den Weltschmerz hinter Klostermauern heilen und vergessen wollen.

So, wie sie war, konnte ihr das nicht gelingen.

Eine Beute der Reue und Unzufriedenheit, lebte sie verbittert noch mehrere Jahre.

Die Sehnsucht nach der Welt, in der sie geglänzt hatte, verließ sie nie. Doch hatte sie den Mut und die Kraft nicht mehr, den Platz, den sie dort verlassen, wieder einzunehmen.

Sonina starb schwer und ungern.